लुई ब्रेल

लुई ब्रेल

प्रत्यूष कुमार

प्रभात
पेपरबैक्स
www.prabhatbooks.com

प्रकाशक

प्रभात पेपरबैक्स

4/19 आसफ अली रोड, नई दिल्ली–110002

फोन : 23289555 • 23289666 • 23289777 ❖ फैक्स : 23253233

इ-मेल : prabhatbooks@gmail.com ❖ वेब ठिकाना : www.prabhatbooks.com

संस्करण

प्रथम, 2017

मूल्य

एक सौ पच्चीस रुपए

अ.मा.पु.स. 978-93-86300-23-2

मुद्रक

आर–टेक ऑफसेट प्रिंटर्स, दिल्ली

LOUIS BRAILLE
by Pratyush Kumar

Published by **PRABHAT PAPERBACKS**
4/19 Asaf Ali Road, New Delhi-110002

ISBN 978-93-86300-23-2

₹125.00

भूमिका

नेत्रहीनों के लिए 'ब्रेल लिपि' का आविष्कार करने के लिए लुई ब्रेल जगत् प्रसिद्ध हैं। फ्रांस में जनमे लुई ब्रेल नेत्रहीनों के लिए ज्ञान के चक्षु बन गए। ब्रेल लिपि के निर्माण से नेत्रहीनों के पठन-पाठन की कठिनाई मिटानेवाले लुई स्वयं नेत्रहीन थे।

लुई ब्रेल का जन्म 4 जनवरी, 1809 को फ्रांस के एक छोटे से ग्राम कुप्रे में एक मध्यमवर्गीय परिवार में हुआ था। उनके पिता साइमन रेले ब्रेल शाही घोड़ों के लिए काठी और जीन बनाने का कार्य किया करते थे। पारिवारिक आवश्यकताओं के अनुरूप पर्याप्त आय न होने के कारण साइमन को अतिरिक्त मेहनत करनी पड़ती थी। तीन वर्षीय बालक लुई के खेलने की वस्तुएँ वही थीं, जो उसके पिता द्वारा अपने कार्य में उपयोग की जाती थीं, जैसे कठोर लकड़ी, रस्सी, लोहे के टुकड़े, घोड़े की नाल, चाकू और काठी-जीन बनाने में काम आनेवाले लोहे के औजार। एक तीन वर्षीय बालक का अपने नजदीक उपलब्ध वस्तुओं के साथ खेलना और शरारतों में लिप्त रहना नितांत स्वाभाविक भी था।

एक दिन काठी के लिए लकड़ी को काटने का सूजा अचानक उछलकर इस नन्हे बालक की आँख में जा लगा और बालक की आँख से खून की धारा बह निकली। रोता हुआ बालक अपनी आँख को हाथ से दबाकर सीधे घर आया और घर में साधारण जड़ी लगाकर उसकी आँख पर पट्टी बाँध दी गई। शायद यह माना गया होगा कि छोटा बालक है, अत: चोट स्वत: शीघ्र ही ठीक हो जाएगी। बालक लुई की आँख के ठीक होने की प्रतीक्षा की जाने लगी। कुछ दिन बाद बालक लुई ने अपनी दूसरी आँख से भी कम दिखाई देने की शिकायत की, परंतु यह उसके पिता साइमन की साधनहीनता रही होगी अथवा लापरवाही, जिसके चलते बालक की आँख का उपयुक्त इलाज नहीं कराया जा सका और धीरे-धीरे वह नन्हा बालक

पूरी तरह दृष्टिहीन हो गया। रंग-बिरंगे संसार के स्थान पर उस बालक के लिए सबकुछ गहन अंधकार में डूब गया। अपने पिता के कार्य में उत्सुकता रखनेवाले लुई ने अपनी दृष्टिशक्ति एक दुर्घटना में गँवा दी।

लुई कोई साधारण बालक नहीं था। उसके मन में संसार से लड़ने की प्रबल इच्छाशक्ति थी। उसने हार नहीं मानी और अपने पिता के मित्र पादरी वेलेंटाइन की सहायता से 'रॉयल इंस्टीट्यूट फॉर ब्लाइंड्स' में दाखिला ले लिया। उस समय लुई बारह वर्ष का हो चुका था। इसी दौरान विद्यालय में लुई को पता चला कि शाही सेना के सेवानिवृत्त कैप्टन चार्ल्स बार्बर ने सेना के लिए ऐसी कूटलिपि का विकास किया था, जिसकी सहायता से सैनिक टटोलकर अँधेरे में भी संदेशों को पढ़ सकते थे। कैप्टन चार्ल्स बार्बर का उद्देश्य युद्ध के दौरान सैनिकों के सामने आनेवाली परेशानियों को कम करना था। बालक लुई का मस्तिष्क सैनिकों के द्वारा टटोलकर पढ़ी जा सकनेवाली कूटलिपि में दृष्टिहीन व्यक्तियों के लिए पढ़ने की संभावना ढूँढ़ रहा था। लुई ने पादरी वेलेंटाइन के सामने इच्छा प्रकट की कि वह कैप्टन चार्ल्स बार्बर से मिलना चाहता है। पादरी ने कैप्टन से लुई की मुलाकात की व्यवस्था करवाई। मुलाकात के दौरान लुई ने कैप्टन के द्वारा सुझाई गई कूटलिपि में कुछ संशोधन प्रस्तावित किए। कैप्टन उस नेत्रहीन बालक के आत्मविश्वास को देखकर दंग रह गए। कैप्टन ने लुई के बताए संशोधनों को स्वीकार कर लिया।

कालांतर में स्वयं लुई ब्रेल ने अथक परिश्रम करते हुए इस लिपि में अनेक संशोधन किए और अंततः सन् 1829 में छह बिंदुओं पर आधारित लिपि बनाने में सफल हुए। लुई ब्रेल के आत्मविश्वास का अभी और इम्तिहान होना बाकी था। उनके द्वारा आविष्कृत लिपि को तत्कालीन शिक्षाशास्त्रियों द्वारा मान्यता नहीं दी गई और उसका मखौल उड़ाया गया। सेना के सेवानिवृत्त कैप्टन चार्ल्स बार्बर के नाम का साया लगातार इस लिपि पर मँडराता रहा और सेना के द्वारा उपयोग में लाए जाने के कारण इस लिपि को सेना की कूटलिपि ही समझा गया, परंतु लुई ब्रेल ने हार नहीं मानी। पादरी वेलेंटाइन के सहयोग से लुई ने अपनी आविष्कृत लिपि को दृष्टिहीन व्यक्तियों के बीच लगातार प्रचारित किया। उन्होंने सरकार से प्रार्थना की कि इसे दृष्टिहीनों की भाषा के रूप में मान्यता प्रदान की जाए। यह लुई का दुर्भाग्य रहा कि उनके प्रयासों को सफलता नहीं मिल सकी और तत्कालीन शिक्षा-शास्त्रियों द्वारा इसे लिपि के रूप में मान्यता दिए जाने योग्य नहीं समझा गया। अपने प्रयासों को सामाजिक एवं संवैधानिक मान्यता दिलाने के लिए संघर्षरत लुई 43 वर्ष की अवस्था में अंततः सन् 1852 में जीवन की लड़ाई हार गए।

लुई ब्रेल द्वारा आविष्कृत छह बिंदुओं पर आधारित लिपि उनकी मृत्यु के उपरांत दृष्टिहीनों में लगातार लोकप्रिय होती गई। बाद में शिक्षा-शास्त्रियों द्वारा उनके किए गए कार्यों को गंभीरता से समझा जाने लगा। लुई की मृत्यु के पूरे एक सौ वर्ष बाद फ्रांस में 20 जून, 1952 को उनके सम्मान का दिवस निर्धारित किया गया। इस दिन उनके ग्राम कुप्रे में एक सौ वर्ष पूर्व दफनाए गए उनके पार्थिव शरीर के अवशेष पूरे राजकीय सम्मान के साथ बाहर निकाले गए। सेना के द्वारा बजाई गई शोक धुन के बीच राष्ट्रीय ध्वज में लपेटकर उन्हें पुनः दफनाया गया। इस तरह एक राष्ट्र द्वारा अपनी ऐतिहासिक भूल का प्रायश्चित्त किया गया।

इस पुस्तक में महान् आविष्कारक लुई ब्रेल की जीवन-कथा का वर्णन किया गया है।

अनुक्रम

क्रांति के दौरान एक शादी

5 नवंबर, 1792 के दिन ग्यारह बज रहे थे। कुप्रे ग्राम के विद्यालय के शिक्षक और घंटा बजाने वाले पियरे डेजॉट ने विशेष अंदाज में घंटा बजाया, जिसकी गूँज चारों दिशाओं में सुनाई पड़ी।

उस दिन छोटे से चर्च को मोमबत्तियों से रोशन किया गया था और शरद कालीन फूलों से सजाया गया था। कुप्रे के साज निर्माता सीमोन रेने ब्रेल और मोनीक बेरोन का विवाह समारोह आयोजित किया जा रहा था।

बेंचों और कुरसियों पर रिश्तेदार और मित्रगण बैठे हुए थे। इस अवसर पर बेहतरीन पोशाक में सजे-धजे अंगूर उत्पादक जीन बेरोन मौजूद थे। सीमोन रेने की माँ और सास हेनरीट पिरेट जेनेविया ऑविल किनारी वाली टोपी पहनकर चहक रही थीं। इनके अलावा रिश्तेदार, पड़ोसी और दुकानदार कार्यक्रम में उपस्थित थे। इस अवसर पर सीमोन रेने को अपने पिता की अनुपस्थिति महसूस हो रही थी, जो बुखार के प्रकोप के चलते सन् 1782 में ही गुजर गए थे।

मोनीक और सीमोन रेने झुककर पादरी के सवालों का जवाब दे रहे थे। जब एक-दूसरे को अँगूठी पहनाने की पवित्र वेला आई, तब पादरी एक्रींट ने परंपरागत धर्मोपदेश का पाठ शुरू किया। पादरी ने कुप्रे में रहनेवाले वर पक्ष और कन्या पक्ष के पूर्वजों का उल्लेख करते हुए ईसाई धर्म के प्रति उनकी आस्था की सराहना की। पादरी ने उन दोनों परिवारों की प्रशंसा करते हुए पति-पत्नी के भावी जीवन के लिए शुभकामनाएँ दीं।

विवाह समारोह सादगीपूर्ण वातावरण में संपन्न हुआ। इस विवाह से लगभग दो माह पूर्व ही फ्रांस में क्रांति की शुरुआत हो चुकी थी, मगर पेरिस शहर से चालीस किलोमीटर की दूरी पर स्थित कुप्रे का ग्रामीण माहौल शांत बना हुआ था और क्रांति के प्रभाव से अभी तक अछूता था। पेरिस से आनेवाली साप्ताहिक स्टेज

कोच के जरिए ही कुप्रे के निवासियों को पेरिस की छुट-पुट खबरें मिलती थीं।

सितंबर महीने तक ग्रामीण क्षेत्र में भी क्रांति का प्रभाव दिखने लगा था। कुप्रे के निवासी पियरे साइप्रियन गुरडेन की हत्या कारमेस कारागार में कर दी गई थी। गुरडेन थियोलॉजी के विशेषज्ञ थे और मियोक्स में पादरी के रूप में कार्य कर रहे थे। सरकार के इस बर्बर कार्य की वजह से कुप्रे के निवासी बगावत करने पर उतारू हो गए थे।

उसी महीने की 24 तारीख को इंडरे और लोइरे से नेशनल गार्ड के साठ सैनिक लेफ्टिनेंट कैप्टन की अगुआई में कुप्रे पहुँच गए और टाउन हॉल को घेरते हुए बागियों को अपने हथियार जमा करने का आदेश दिया। मेयर के आदेश का विरोध करते हुए कुप्रेवासियों ने लिखित आदेश दिखाने पर जोर दिया। अधिकारी ने उन्हें डपटते हुए कहा कि उसका आदेश ही अपने आप में कानून है। इसके बाद गाँव के प्रत्येक घर की तलाशी ली गई। सैनिकों की ऐसी हरकत से कुप्रेवासी क्षुब्ध हो उठे और विरोध करने लगे। सैनिकों ने छह बंदूकें, बीस चाकू, छह पिस्तौल, पाँच तलवारें और एक ढाल बरामद की।

29 सितंबर तक गाँववासियों का रोष भी बढ़ता चला गया था। मोंट्री से फौज की टुकड़ी को बुलाकर कुप्रे में अंगूर के बगीचे के आसपास टिका दिया गया। लगातार उत्पीडन बढ़ने के कारण कुप्रेवासियों के मन में नवजात गणतंत्र के प्रति अविश्वास बढ़ता जा रहा था। गाँववासियों के मन में पुरानी जमींदारी प्रथा की अच्छाइयों का प्रभाव अभी भी बना हुआ था और उनके दिल में जमींदारों की यादें रची-बसी हुई थीं।

उथल-पुथल भरे घटनाक्रम के बाद गाँववासियों का जीवन सामान्य होने लगा था। वे खेतीबाड़ी और पशुपालन जैसी जीविका के कार्यों से अधिक दिनों तक दूर नहीं रह सकते थे। वॉल्मी की जीत और ऑस्ट्रियाई कैदियों के आगमन के साथ ही देश में देश-प्रेम की भावना का संचार हुआ था। आम लोगों के चेहरे पर मुसकराहट लौट आई थी। पाँच नवंबर को विवाहित जोड़ा कुप्रे की सड़क पर आगे-आगे चल रहा था और पीछे-पीछे शोभायात्रा के रूप में रिश्तेदार और मित्र चल रहे थे। सभी हँसी-मजाक कर रहे थे। उसी दिन असेंबली में सम्राट् के खिलाफ मुकदमा शुरू करने की तैयारी हो रही थी।

अपने-अपने दरवाजे के सामने खड़े गाँववासी नवविवाहित जोड़े का गरमजोशी के साथ स्वागत कर रहे थे, तालियाँ बजाते हुए परंपरागत तरीके से आशीर्वाद दे रहे थे—''सुखी रहो, कई बच्चों के माता-पिता बनो।''

इस जोड़े की चार संतानों ने जन्म लिया। 5 नवंबर, 1793 को कैथरीन जोसेफीन पैदा हुई; 9 मार्च, 1795 को लुई सीमोन पैदा हुए; 15 जनवरी, 1797 को मेरी केलीन पैदा हुई और 4 जनवरी, 1809 को लुई ब्रेल पैदा हुए, जिन्हें बाद में दुनिया भर की नेत्रहीन आबादी ने अपना मार्गदर्शक माना।

□

जन्म

"उन्हें माता-पिता का असीम स्नेह प्राप्त हुआ था और मैं ऐसा महसूस करती हूँ कि उन्होंने उस स्नेह को उसी प्रकार ग्रहण किया, जिस प्रकार पौधा सूर्य की किरणों को ग्रहण करता है।"

—हेलन केलर

सन् 1809 के शुरुआत में तीन ऐसे बालकों का जन्म हुआ, जिन्होंने इतिहास की दिशा को बदलकर रख दिया—अमेरिका के सोलहवें राष्ट्रपति अब्राहम लिंकन, ब्रिटेन के क्रम-विकास के सिद्धांत के जनक चार्ल्स डार्विन और दुनिया भर में नेत्रहीनों की शिक्षा का मार्ग प्रशस्त करने के लिए लिपि का आविष्कार करनेवाले फ्रांसीसी आविष्कारक लुई ब्रेल। अपने समय में ब्रेल की प्रतिभा का प्रचार उनके देश से बाहर नहीं हो पाया था, मगर बाद में पूरी दुनिया के नेत्रहीनों के लिए उनका आविष्कार वरदान बन गया।

यह 4 जनवरी, 1809 का दिन था। पेरिस से बीस मील की दूरी पर पहाड़ी की तलहटी में स्थित गाँव कुप्रे के चौराहे पर लटक रही प्राचीन घड़ी की घंटी ने चार बार 'टन-टन' की आवाज के साथ चार बजने का संकेत दिया। सर्दी के मौसम में घंटी की टनटनाहट तीखी और तेज थी, मगर शायद ही उसे किसी ने सुना था। गाँववासी गहरी नींद में सोए हुए थे।

संकीर्ण कोबलस्टोन स्ट्रीट के दोनों ओर बने भूरे पत्थरों के घरों में अँधेरा छाया हुआ था, लेकिन एक घर के भीतर रोशनी थी। टार्टे स्ट्रीट की सीढ़ियों से फार्म हाउस की खिड़की के भीतर मोमबत्ती की धुँधली पीली रोशनी को देखा जा सकता था। यह सीमोन रेने ब्रेल और उनकी पत्नी मोनीक का घर था। सीमोन रेने ब्रेल शाही घोड़ों के लिए जीन और काठी बनाने का काम करते थे। अभी-अभी

मोनीक ने एक बालक को जन्म दिया था।

इस दंपती की तीन संतानें पहले से थीं, जो बड़ी हो चुकी थीं। कैथरीन सोलह साल की थी और माँ की तरह ही ठिगने कद की थी, सीमोन चौदह साल का था और हट्टा-कट्टा था तथा मेरी केलीन ग्यारह साल की थी। तीनों भाई-बहनों ने गाँव के ऊपरी हिस्से में मित्रों के घर रात गुजारी थी। सुबह होते ही वे तेजी से घर पहुँचकर जन्म लेने वाले भाई या बहन का स्वागत करना चाहते थे। साथ ही घर और बाहर के कार्यों को निपटाना चाहते थे। सीमोन ने कौतूहल के साथ अपने फार्म हाउस का ओक लकड़ी से निर्मित दरवाजा खोला। तीनों भाई-बहन पत्थर के फर्श पर चलते हुए नीचे की तरफ बने हुए कमरे में बिस्तर के पास पहुँच गए।

मोनीक ने थकान से बोझिल आँखें खोलीं, ''आओ मेरे बच्चो, अपने नए भाई को देखो।''

तीनों भाई-बहन अपनी माँ की बगल में लेटे हुए नवजात शिशु की तरफ देखने लगे। वह बच्चा नन्हा सा था। उसका रंग लाल था और वह कमजोर नजर आ रहा था।

''क्या यह बचा रहेगा?'' मेरी केलीन ने पूछा।

''हमें इसे जिंदा रखने के लिए हरसंभव कोशिश करनी पड़ेगी।'' मोनीक ने कहा, ''कल तुम्हारे पिताजी इसे पंजीकरण करवाने के लिए मेयर के दफ्तर में लेकर जाएँगे।''

अगली सुबह पहाड़ियों से ठंडी हवा बह रही थी, जो हड्डियों में ठिठुरन पैदा कर रही थी। इसके साथ ही बारिश शुरू हुई और हिमपात भी। ऐसे प्रतिकूल मौसम में ब्रेल परिवार ने नवजात बालक को पंजीकरण के लिए मेयर के दफ्तर तक ले जाने के लिए तैयार किया। कैथरीन ने बालक को गरम ऊनी कपड़ों से लपेट दिया था और सावधानीपूर्वक उसे पिता के हवाले करते हुए कहा था, ''कृमिकोष के भीतर सुरक्षित पतंगे की तरह इसे सँभालकर ले जाइए।''

बारिश की वजह से भीगी हुई कोबलस्टोन स्ट्रीट पर सीमोन रेने ब्रेल सँभलते हुए कदम बढ़ा रहे थे। हवा के तेज झोंके ने ऊनी कपड़े को हिला दिया था। उन्होंने दृढता के साथ बच्चे को बाँहों में सँभाल रखा था। जब उन्होंने मेयर के दफ्तर का दरवाजा खोला, तब गाँव की घड़ी ने दस बजने का संकेत दिया।

''कैसे हैं महाशय ब्रेल?'' ड्यूटी पर तैनात डिप्टी मेयर ने कहा, ''इतनी सर्द सुबह में आप घर का अलाव छोड़कर यहाँ कैसे आ गए? जरूर कोई महत्त्वपूर्ण बात होगी।''

''मैं यहाँ अपने नवजात बेटे का पंजीकरण करवाने आया हूँ।'' सीमोन रेने ने जवाब दिया।

''हाँ, यह तो महत्त्वपूर्ण बात है ही, बहुत महत्त्वपूर्ण बात है।''

गवाही देने के लिए एक पंसारी और एक अंगूर उत्पादक को बुलाया गया। धूल भरे शेल्फ से मोटा रजिस्टर नीचे उतारा गया। डिप्टी मेयर ने चाकू से कलम को छीलने के बाद रजिस्टर के सेक्शन के पन्नों को पलटना शुरू कर दिया। उसे एक पन्ना मिल गया, जिस पर लिखा था— सीमोन रेने ब्रेल और मोनीक बेरोन ब्रेल। उनके नामों के नीचे उनकी संतानों के जन्म की तारीखें लिखी हुई थीं। उसने आखिरी तारीख को पढ़ा।

''महाशय ब्रेल! क्या बात है, ग्यारह साल के बाद आपकी नई संतान का पंजीकरण होने जा रहा है?''

''हाँ महाशय, किस्मत का खेल है। यह बालक मेरे बुढ़ापे का सहारा बनेगा।''

डिप्टी मेयर ने कलम को स्याही में डुबोया और बालक के जन्म का औपचारिक पंजीकरण करने में जुट गया। बीच-बीच में कुछ पूछने के लिए वह ठिठक जाता।

''लड़का है या लड़की?''

''लड़का है!'' सीमोन रेने ने गर्व के साथ कहा।

डिप्टी मेयर ने लिख लिया और पूछा, ''नाम क्या रखा है?''

''लुई, सिर्फ लुई, '' सीमोन रेने बोले, ''बीच में और कुछ नहीं है।''

पन्ने पर हस्ताक्षर किए गए, फिर रेत की सहायता से स्याही को सोखा गया। लुई ब्रेल का पंजीकरण पूरा हो चुका था। इस दौरान बालक ऊनी कपड़े में लिपटा हुआ सोया रहा।

गवाहों ने अपने गाँव के मशहूर जीन-काठी निर्माता से हाथ मिलाया और उसकी पीठ थपथपाते हुए कहा, ''एक और बेटे का जन्म हुआ है, बधाई!'' अंगूर उत्पादक ने नवजात बच्चे की तरफ मुड़कर सलाम किया और बोला, ''कुप्रे का भावी जीन-काठी निर्माता!''

''नहीं-नहीं, यह वैसा नहीं करेगा।'' सीमोन रेने बोले, ''मेरा बेटा सीमोन मेरे पेशे को आगे नहीं बढ़ाएगा। हमने फैसला किया है कि हमारा यह बेटा खूब पढ़ाई करेगा।''

''अच्छा-अच्छा!'' अंगूर उत्पादक ने कहा, ''प्रोफेसर बनेगा, हमने आज भावी प्रोफेसर का दर्शन कर लिया है, बहुत खूब!''

सीमोन रेने मेयर के दफ्तर से बाहर निकल गए। हवा के झोंके ने ओक की लकड़ी के दरवाजे को बंद कर दिया। घर पहुँचकर उन्होंने जूतों पर जमी हुई बर्फ को साफ किया और बालक को लेकर अपनी पत्नी के करीब गए—''सुनती हो, हवा इतनी सर्द है मानो कोई चुड़ैल झपट्टा मार रही हो। मुझे विश्वास है कि ऐसी हवा हमारे लिए किसी तरह के अमंगल का संकेत है।''

''आप भी कैसी बातें करते हैं? अब हमारा कोई अमंगल नहीं होगा।'' मोनीक ने कहा, मगर अंदर-ही-अंदर वह आश्वस्त नहीं हो पा रही थी।

तीनों बच्चे पिता के पास आ गए थे। वे पंजीकरण की प्रक्रिया के बारे में जानना चाहते थे। पिता ने विस्तार से सारा हाल सुनाया कि किस तरह डिप्टी मेयर ने चाकू से कलम को नुकीला बनाकर स्याही में डुबोया और लिखना शुरू किया, किस तरह अंगूर उत्पादक ने बच्चे को प्रोफेसर कहकर संबोधित किया। तीनों भाई-बहनों ने नन्हे से जीव की तरफ देखा, जिसका सिर गंजा था और जो अब रोकर अपनी माँ को बताने की कोशिश कर रहा था कि उसे भूख लग आई थी। तीनों भाई-बहन हँसने लगे। उन्हें बच्चा प्रोफेसर किस्म का नहीं लग रहा था।

उसे बड़ा तो होने दो। मोनीक ने प्रतिवाद करते हुए कहा, ''तब तुम लोग हँसना बंद कर दोगे। इंतजार करो और देखते रहो।''

मोनीक ने बच्चे को सीने से लगा लिया। वह मासूम बच्चे को गौर से निहारती हुई सोचने लगी कि बड़ा होकर वह क्या बनने वाला है और कल्पना करने लगी कि बड़ा होने के बाद वह बालक कैसा नजर आने वाला है—''शायद!'' वह फुसफुसाई, ''एक दिन तुम प्रोफेसर बन जाओगे मेरे बच्चे!''

माँ की बात शायद बच्चे को पसंद आई। उसने रोना बंद कर दिया और उसके होंठ लरज उठे, मानो वह कहना चाहता था कि माँ की बात उसे अच्छी लगी है।

सीमोन रेने अलाव के पास बैठ गए और दोपहर के भोजन का इंतजार करने लगे। शरीर की ठिठुरन कम होने लगी और यह सोचकर पुलकित हो उठे कि किस्मत उनके ऊपर कितनी मेहरबान रही है।

उन्हें साठ वर्ष पूर्व निर्मित पत्थरों का यह फार्म हाउस जीन-काठी बनाने की दुकान और दूसरे कई घर अपने पिता से विरासत में उस समय मिले, जब वे कुप्रे में आकर शाही घोड़ों के लिए जीन और काठी बनाने का काम करने लगे। पत्थर से निर्मित फार्म इस हाउस में बड़ी रसोई, लिविंग रूम, बड़ा शयनकक्ष और बच्चों के सोने के लिए दो कमरे थे। इस घर में खिड़कियों की संख्या कम होने के कारण अँधेरा रहता था, मगर मोनीक दीवारों पर सफेद रंग पोतकर अँधेरे को

कम करने की कोशिश करती थी।

सीमोन रेने ने कुप्रे में साढ़े सात एकड़ कृषि भूमि खरीदी थी। यह उपजाऊ जमीन थी और इस जमीन से ब्रेल परिवार लाभान्वित होता रहा था। साल भर मदिरा की आपूर्ति करने के लिए कृषि भूमि में अंगूर का उत्पादन किया जाता था। गेहूँ की फसल पैदा कर पूर्ति की जाती थी। गाय और मुरगियों के लिए चारे का इंतजाम भी कृषिभूमि से हो जाता था। साल भर के लिए जरूरी सब्जियाँ भी उगाई जाती थीं और जरूरतमंद पड़ोसियों के बीच सब्जियों का वितरण भी हो जाता था।

सीमोन रेने ने अपने पेशे में खास पहचान बनाने के लिए लगातार मेहनत और लगन के साथ काम किया था। उनकी जैसी प्रतिष्ठा बन गई थी, उसे ध्यान में रखते हुए उन्हें हमेशा गुणवत्ता का ध्यान रख़ना पड़ता था। जीन व काठी का निर्माण करते समय उनका लक्ष्य हमेशा उत्कृष्टता को प्राप्त करना होता था।

अब उनका भरा-पूरा परिवार था—दो बेटे और दो बेटियाँ। वे अपनी संतानों की ओर गर्व के भाव से देखते थे।

कैथरीन ने अलाव के ऊपर लोहे के पात्र में टाँगे गए सूप को चम्मच से हिला दिया। ओवन के भीतर से प्याज और मसालेदार सेव की पेस्ट्री की खुशबू कमरे में फैल गई। इसके साथ ही सीमोन रेने ने महसूस किया कि उन्हें तेज भूख लगी है।

कमरे के दूसरे हिस्से में मेरी केलीन खाने की मेज को सजाने में जुटी हुई थी। प्लेट में पनीर के टुकड़े रखे हुए थे। एक बड़ी पावरोटी अलग तश्तरी में सजाई गई थी। परिवार के सदस्यों के बैठने के लिए मेरी ने बेंच को मेज के करीब खिसका दिया था। जब सभी लोग खाने के लिए बैठ जाते, तब सीमोन रेने एक प्रार्थना बुदबुदाकर पावरोटी को काटने का अनुष्ठान करती थीं।

सीमोन रेने का पुत्र सीमोन पुराने बेसिन के पास खड़ा होकर मुँह-हाथ धो रहा था। वह तेजी से जीन-काठी निर्माण की कला अपने पिता से सीख रहा था।

'अब नन्हा लुई भी इस दुनिया में आ गया...' सीमोन रेने ने अपने आपसे कहा। उन्होंने बड़े बेटे को पुकारा, ''सीमोन!'' वाइन भंडार में जाओ और हमारे लिए खास वाइन लेकर आओ। आज जश्न मनाने का अवसर है। तुम लोगों को छोटा भाई मिल गया है और हम पति-पत्नी को दूसरा बेटा।''

तीन दिन गुजर जाने के बाद कैथरीन ने एक बार फिर कृमिकोष में सुरक्षित पतंगे की तरह लुई को गरम ऊनी कपड़ों में लपेट दिया।

सीमोन रेने लुई को लेकर चर्च पहुँच गए, जहाँ कतारबद्ध मोमबत्तियाँ जल रही थीं।

चर्च में लुई को धार्मिक अनुष्ठान के जरिए दीक्षित किया गया। 'गॉड पेरेंट्स' की भूमिका निभाते हुए स्थानीय किसान लुई फ्रेंसियस एंड्रे और उनकी पत्नी जेनेविएव बोलीनगरे ने बपतिस्मा के प्रमाण-पत्र पर हस्ताक्षर किए। पादरी पिलोन ने इस अनुष्ठान को संपन्न करवाया।

''हमारा बेटा सरकारी तौर पर पंजीकृत हो चुका है और दृष्टि से पर चर्च में भी पंजीकृत हो चुका है।'' सीमोन रेने ने कहा, ''मुझे उम्मीद है, उसका जीवन खुशहाल बनेगा।''

□

एक छोटा सा सूआ

यह गरमी का मौसम था और लुई साढ़े तीन साल का हो चुका था। अब लुई को कोई कमजोर जीव कहकर नहीं पुकार सकता था। हालाँकि वह हट्टा-कट्टा बालक नहीं था, मगर कमजोर भी नहीं था। पहले उसके सिर पर बाल नजर नहीं आते थे, मगर अब घुँघराले बाल नजर आने लगे थे। उसकी नीली आँखें हरेक चीज को कौतूहल के साथ देखती रहती थीं।

अपने परिवार के साथ ग्रामीण जीवन में लुई को कई ऐसी दिलचस्प चीजें मिल जाती थीं, जिनके साथ वह खेलता रहता था। जब सीमोन बगीचे में पौधे लगा रहा होता या अंगूर के बगीचे में काम कर रहा होता, तब बालक लुई लकड़ी के घोड़े की सवारी करने में व्यस्त रहता था।

हर दिन दोपहर के समय वह कैथरीन के साथ पानी लाने के लिए पैदल जाता था। रास्ते में बड़ी बहन उसे रोचक कहानियाँ सुनाया करती थी। भले ही रास्ते की गरम धूल उसके नर्म पैरों को तकलीफ पहुँचाती थी, मगर कल्पनालोक में विचरण कर रहा बालक लुई सोचता था कि बड़ी बहन जिन लड़कों की कहानियाँ सुनाती है, वह भी उन लड़कों में से एक है। किस्से कई तरह के होते थे, जैसे ब्रिटनी में नाव पर सवार होकर मछली पकड़नेवाले लड़के का किस्सा या गेसकोनी की दलदलवाली जमीन से भेड़ों के झुंड को सुरक्षित बचानेवाले चरवाहे लड़के का किस्सा या पहाड़ियों में स्थित धार्मिक मठ में सेंट बर्नाडे के कुत्तों की देखभाल करनेवाले लड़के का किस्सा। यह यात्रा जल्द खत्म हो जाती थी। बालक लुई सोचता था कि रास्ता और लंबा क्यों नहीं हो जाता! यह रास्ता वहाँ तक क्यों नहीं पहुँच जाता, जहाँ पहाड़ और आसमान का मिलन होता है। वैसा होने से वह अपनी बड़ी बहन से ढेर सारी कहानियाँ सुन सकता है।

जब बहनें कपड़े धोने के लिए छोटी नदी के घाट पर जाती थीं, तो बालक लुई भी उनके साथ जाता था। बहनें पहले कपड़ों को गरम पानी में भिगोती थीं, फिर सपाट चट्टान पर कपड़ों को पसार देतीं, जिसके ऊपर से पानी की धारा बहती रहती थी। उसके बाद थपकी लेकर कपड़ों पर प्रहार करती थी। पास ही एक ऊँचा मेहराबी पुल था, जिसके ऊपर से बैलगाड़ियों और सूखी घास से लदी चौपहिया गाड़ियों को गुजरते हुए देखना लुई को अच्छा लगता था। उन गाड़ियों की गड़गड़ाहट की आवाज दूर तक सुनाई देती थी।

लुई को गुरुवार का दिन खासतौर पर अच्छा लगता था। गुरुवार का दिन हाट का दिन होता था। उस दिन आसपास के गाँवों से लोग सज-सँवरकर हाट में पहुँच जाते थे। वे अपने साथ सब्जियाँ और मवेशी लेकर आते थे या उनके पास जो भी सामान होता था, वह बेचने के लिए हाट में लेकर आते थे। गाँव के चौराहे पर हाट लगता था।

गुरुवार की सुबह मेरी और लुई अपनी माँ की सहायता करने में जुट जाते थे। माँ हाट में बेचने के लिए हाथीचक और फूलगोभी इकट्ठा करती थी। दो पहिएवाली गाड़ी के साथ बँधी भूरे रंग की घोड़ी की रस्सी खंभे के साथ बाँधने के बाद सभी हाट जाने के लिए अपनी-अपनी पोशाक बदलते थे। मेरी और मोनीक सफेद ब्लाउज, लाल-पीले रंग की बड़ी स्कर्ट और काले रंग की एप्रन पहनती थीं। अंत में वे नन्ही चुन्नट के साथ सजी हुई झोंकेदार सफेद टोपी को एक चाप की सहायता से पीछे की तरफ बाँधकर पहनती थीं। टोपियों को देखकर पता चल जाता था कि वे फ्रांस के ग्रामीण इलाके की हैं। फ्रांसीसी महिला की टोपी को देखकर यह भी अंदाजा लगाया जा सकता है कि वे फ्रांस के किस हिस्से में रहती हैं। लुई को लंबी पतलून, शॉर्ट जैकेट पहनाई जाती थी। जैकेट में चमकदार पीतल के बटन की दो कतारें होती थीं। इसके अलावा चौड़े किनारेवाली टोपी भी से पहनाई जाती थी।

मोनीक खंभे से घोड़ी की रस्सी खोल देती थी और गाड़ी में चालक वाली जगह पर बैठ जाती थी। मेरी और लुई गाड़ी के पिछले हिस्से में पाँव पसारकर बैठ जाते थे।

उनकी गाड़ी दूसरी गाड़ियों के साथ शोभा-यात्रा का हिस्सा बन जाती थी। बैलगाड़ी, खच्चरगाड़ी, घोड़ागाड़ी ज्यादातर गाड़ियों में लड़के-लड़कियाँ पैर लटकाकर बैठे हुए दिखाई देते थे। हाट के दिन विद्यालय में अवकाश रहता था। शोभा-यात्रा में गाड़ियों के अलावा पैदल चलनेवाले राहगीर, ठेला को खींचते हुए किसान, पीठ पर टोकरी लादकर चल रही स्त्रियाँ आदि कई प्रकार के लोग

शामिल होते थे, जो हाट में जाकर सौदेबाजी करने के साथ-साथ मनोरंजन भी करना चाहते थे।

गाँव के चौराहे तक पहुँचने के बाद लुई एक मेज पर हाथी चक और फूलगोभी के ढेर सजाने में अपनी माँ की सहायता करता था। हाट में रखी दूसरी मेजों पर सेब, गाजर, बंदगोभी, अंडों की टोकरियाँ, पनीर का ढेर, गज भर लंबी पावरोटियाँ, पनीर, मक्खन और अर्द्धचंद्राकार रोल सजाए जाते थे। हाट में खूँटे से बँधे हुए किलकारी भरते हुए सुअर, कुटकुटाती हुई मुरगियाँ, मिमयाती हुई बकरियाँ और फुफकारती हुई बतखें नजर आती थीं। ये सारी चीजें बिक्री के लिए होती थीं।

सैलानी व्यापारी हाट में अपना-अपना सामान बेचने के लिए आते थे। वे भोजन बनाने के पात्र, रंग-बिरंगे कपड़े, रिबन, गहने और हर तरह के दर्द की दवा बेचते थे।

वहाँ कुप्रे के व्यापारी भी अपनी चीजें बेचते थे। रस्सी बनानेवाले, ताला-चाबी बनानेवाले और जुलाहे अपनी-अपनी चीजें बेचने के लिए हाट में आते थे। सीमोन रेने और सीमोन जल्दी ही हाट पहुँचकर साज की दुकान सजा लेते थे।

हाट में कई तरह की गंध महसूस की जा सकती थी। कुछ गंध अच्छी होती थी और कुछ बुरी। छोटे आकार के गरमागरम रोल 'पेरिट्सपेन' की खुशबू हर किसी का जी ललचा देती थी। उसकी कीमत भी कम होती थी। महिलाएँ हाट में घूम-घूमकर मोटे बतख या स्वादिष्ट मक्खन या हरी सब्जियों की तलाश करती हुई 'पेरिट्सपेन' चबाती रहती थीं। पुरुष भी उसे खाते हुए घोड़ों का मोल-भाव करते थे या लगान के बारे में शिकायत करते थे या ताला-चाबी की दुकान के पास चाबी बनने का इंतजार करते थे। लड़के-लड़कियाँ 'पेरिट्सपेन' खाते हुए गोलाकार झूले पर झूलते थे या कठपुतली का तमाशा देखते थे। लुई को 'गुइगनोल' नामक तमाशा देखना बहुत अच्छा लगता था। जब तमाशा समाप्त हो जाता था, तब प्रमुख कठपुतली सभी बच्चों से हाथ मिलाती थी। हाट का समापन हमेशा नृत्य-संगीत के साथ होता था और उसके बाद गाड़ियों की शोभा-यात्रा गाँव की दिशा में रवाना हो जाती थी।

लुई का ज्यादातर समय अपने पिता की साज की दुकान में व्यतीत होता था, जहाँ सीमोन रेने और सीमोन जीन तथा काठी बनाने का काम करते थे। उनके घर के दरवाजे के पास ही यह दुकान स्थित थी। लुई अपने पिता और भाई को देखता रहता था कि वे किस तरह तेज चाकू से चमड़े को काटते हैं, नुकीले सुए की सहायता से चमड़े में सुराख बनाते, छोटे हथौड़े की सहायता से कील को कसते

थे। वह देखता था कि किस तरह साज को अंतिम रूप प्रदान करते हुए उसका बड़ा भाई रंग-बिरंगा किनारा और फुँदना तैयार करता था। वह सोचता था, एक दिन मैं भी ऐसा कर पाऊँगा।

लुई के पास चमड़े के टुकड़े थे, जिनसे वह खेलता रहता था। वह उन्हें सीढ़ियों पर सजाता था, बिखेरता था और फिर सजाता था। वह उन टुकड़ों को कभी कतार-बद्ध सैनिक मान लेता था तो कभी चरागाह में दौड़ रहे घोड़े या गाय मान लेता था।

एक दिन उसने चमड़े के टुकड़े से साज बनाने का फैसला किया, मगर औजारों के बगैर वह एक शानदार साज किस तरह तैयार कर सकता था? उसने पिता की बेंच पर सजाकर रखे गए चाकुओं और सूओं की तरफ देखा, जिन्हें छूने से उसे मना किया गया था। उसने एक छोटा सा सूआ उठा लिया। वह सुए की सहायता से चमड़े के एक टुकड़े में छेद करने की कोशिश करने लगा। चमड़े का टुकड़ा सख्त और खुरदरा था, सूआ उसके अंदर घुस नहीं पा रहा था। लुई ने सिर झुकाकर अच्छी तरह मुआयना करने की कोशिश की। उसने सूए को जोर से घुसाने की कोशिश की। सूआ फिसल गया और लुई की आँख में घुस गया।

लुई की दर्दनाक चीख सुनकर उसके पिता तेजी से दौड़ते हुए आए। घर के भीतर से माँ और बहनें घबराई हुई वहाँ पहुँच गईं। पड़ोस के लोग भी जुट गए।

"एक साफ कपड़ा और पानी लेकर आओ।" सीमोन रेने ने कहा। एक वृद्ध महिला खून का बहाव रोकने के लिए गरम पानी लेकर आई। पट्टी तैयार की गई, जिसे आँख पर बाँध दिया गया।

लुई के माता-पिता उसे चिकित्सक के पास लेकर गए। चिकित्सक ने कहा, "आँख संवेदनशील अंग है। इसे ठीक करने के लिए कुछ खास नहीं किया जा सकता।" चिकित्सक डॉ. लियोपोल्ड टर्क की पुस्तक 'पॉपुलर मेडिसिन' पढ़ने लगा।

आँख पर चोट लगने के बाद उपचार की विधि—

कमरे में रोशनी का प्रवेश नहीं होने देना चाहिए, पट्टी को ठंडे पानी में डुबोकर आँख पर लपेट देना चाहिए, अगर खून बह रहा हो तो जोंक को घाव के पास रखना चाहिए, मरीज को केलोमेल खिलाना चाहिए। आँख पर चोट लगने के बाद उपचार की यही प्रचलित विधि है, भले ही जख्म गंभीर किस्म का ही क्यों न हो।

लुई की उम्र कम होने के कारण 'जोंक' वाले उपचार की विधि को आजमाया नहीं जा सकता था। नहीं तो अन्य मरीजों का उपचार करने के लिए चिकित्सक खून

चूसनेवाले जोंक को जख्म के ऊपर रख देते थे और मानते थे कि जोंक दुर्घटना की वजह से विषाक्त हो चुके खून को चूस सकता था और इस तरह मरीज को ठीक किया जा सकता है। लुई के उपचार के लिए केवल पानी में भिगोई गई पट्टी का ही इस्तेमाल किया गया। परिवार के सदस्य बीच-बीच में पट्टी को बदल दिया करते थे।

परिवार के सदस्यों की देखभाल के बावजूद लुई की आँख सूजती गई और उसमें जलन होती रही। कुछ दिनों के बाद दूसरी आँख से भी धुँधला दिखाई देने लगा। लुई उस आँख को रगड़ता था, ताकि धुँधलापन कम हो सके, मगर दिन गुजरने के साथ-साथ पेड़-पौधे, घर उसके पिता का चेहरा और इर्द-गिर्द का सारा दृश्य अस्पष्ट होता जा रहा था।

एक सुबह कैथरीन ने पुकारा, ''उठो लुई, जागने का वक्त हो गया। तुम्हारा नाश्ता तैयार है।''

''अभी अँधेरा ही है।'' लुई ने कहा, ''अभी सुबह नहीं हुई है।''

''नहीं-नहीं, सुबह हो चुकी है। क्या तुम चिड़ियों की चहचहाहट नहीं सुन रहे हो?''

''चिड़िया अँधेरे में क्यों चहचहा रही हैं?'' लुई ने पूछा।

इसके बाद लुई की दृष्टिशक्ति हमेशा के लिए खत्म हो गई। वह पूरी तरह नेत्रहीन बन गया।

लुई समझ नहीं पा रहा था कि उसके साथ यह क्या हो गया। जिन तमाम चीजों को वह देखता रहा था, वे चीजें अब अचानक कहाँ खो गईं? वह बार-बार आँखों को मलते हुए अँधेरे के परदे को उठाने की कोशिश करता था, मगर हर बार नाकाम रह जाता था। वह अब अलाव के पास बेंच पर गुमसुम होकर दिन भर बैठा रहता था, सिर झुकाए हुए सोचता रहता था।

''मेरे प्यारे बच्चे!'' मोनीक ने लुई की बगल में बैठते हुए कहा। मोनीक ने लुई का प्रिय खिलौना उसके हाथ में रख दिया। यह एक चमड़े का कुत्ता था, जिसे सीमोन रेने ने लुई के लिए बनाया था।

''यह क्या है?'' लुई ने पूछा।

''क्यों, यह कुत्ता है! क्या तुम नहीं जानते? इसे तुम्हारे पिताजी ने खासतौर पर तुम्हारे लिए ही बनाया था।''

लुई अब तक अपनी आँखों से उस चमड़े के कुत्ते को देखता रहा था। उसकी माँ ने कोई चीज उसकी गोद में रख दी थी, उसे वह ठीक से पहचान नहीं पा रहा था। उसने नन्ही उँगलियों की सहायता से टटोलना शुरू कर दिया। उँगलियों ने

छोटे से कुत्ते के सिर को पहचाना, कानों को पहचाना। उँगलियों कुत्ते की पीठ पर हौले-हौले फिसलती गईं और फिर उँगलियों ने पूँछ को पहचान लिया, फिर चार पैरों को भी पहचान लिया। लुई ने चमड़े की गंध को सूँघा और उसके होंठों पर मुसकराहट कौंध गई। उसने अपने खिलौने को स्पर्श के जरिए देखने का नया उपाय ढूँढ़ लिया था।

लुई बेंच से नीचे उतर गया और घर की जानी-पहचानी चीजों को स्पर्श के जरिए महसूस करने की कोशिश करने लगा। वह प्रत्येक चीज को धीरे-धीरे उँगलियों से टटोलता था। वह उन्हें सूँघता था और कभी-कभी चखता भी था।

परिवार के सदस्य लुई को स्पर्श के जरिए चीजों को पहचानने के प्रयास में सहायता कर रहे थे। जब मेरी अपनी एप्रन में अंडे भरकर लाती थी तो वह कहती थी कि वह अपने साथ मुरगी के अंडे लेकर आई है। यह सुनकर अंडों को छूने के लिए लुई उत्सुक होकर मेरी की तरफ कदम बढ़ाता था। मेरी उसके हाथ को थाम लेती थी और अंडों को छूने के लिए हाथ को सरका देती थी। सीमोन घर के सामने पेड़ पर चिड़िया के घोंसले को छूकर महसूस करने के लिए लुई को कंधे पर उठाकर ले जाता था।

लुई को अहसास हो चुका था कि कुछ ऐसी भी चीजें हैं, जिन्हें केवल स्पर्श के जरिए ही कोई नेत्रहीन बालक पहचान नहीं सकता था। जब कैथरीन कहती थी, ''आज पूर्णिमा का चाँद बड़े आकार का नजर आ रहा है।'' तब लुई उसका हाथ थाम लेता था और बाहर ले जाकर चाँद दिखाने के लिए कहता था। वह लुई को गोद में उठा लेती थी और समझाती थी कि चाँद इस कदर दूर था कि उसे छू पाना मुमकिन नहीं है। वह आसमान की ऊँचाई पर है और आसमान दुनिया के ऊपर छत की तरह है, जिस तरह हमारे कमरे की छत होती है, मगर आसमान काफी ऊँचाई पर है।

''मैं तुम्हारे लिए कागज को गोलाकार काटकर चाँद बना सकती हूँ।'' वह कहती थी, ''और तब तुम देख पाओगे कि इसका आकार किस तरह गोल है।''

लुई को यह बात भी समझ में आ गई थी कि कुछ ऐसी भी चीजें हैं, जिन्हें उँगली के स्पर्श से पहचाना नहीं जा सकता है, भले ही उन चीजों को छू पाना संभव था, उदाहरण के लिए दूसरों की थाली में परोसा गया भोजन, गरम सूप की केतली और कछुए की तरह के कुछ जीव।

शुरू-शुरू में लुई ने जब घूमना शुरू किया तो किसी-न-किसी चीज से उसे ठोकर लग जाती थी। हालाँकि माँ और दोनों बहनें लुई को सीने से लगाकर चूम

लेती थीं और उसका हौसला बढ़ाती थी, उसके आँसुओं को पोंछ डालती थीं और उसे मायूस नहीं होने देती थीं, मगर धीरे-धीरे लुई ने चीजों से टकराए बगैर कदम बढ़ाना सीख लिया। उसने सीख लिया कि कदम बढ़ाते समय ध्वनि की लहरें उससे क्या कहने की कोशिश करती हैं। वह महसूस कर सकता था कि ध्वनि की लहरें कुरसी, दीवार या पेड़ की टहनी से जब टकराती हैं तो अलग-अलग प्रभाव पैदा करती हैं। खुली जगह में ध्वनि का प्रभाव भिन्न ही होता था। ध्वनि की लहरें वापस उसके चेहरे से टकराती थी और उसी के अनुरूप वह आगे बढ़ने या मुड़ने का फैसला करता था।

लुई चलते हुए मुँह से गुनगुनाहट या एक किस्म की आवाज निकालता था। इस तरह की गुनगुनाहट ध्वनि की लहरों को शक्तिशाली बना देती थी। इसी तरह लाठी के सहारे कदम बढ़ाने से लुई को आसानी होती थी।

"जब मैं गुनगुनाता हूँ..." लुई ने कहा, "तब मुझे आगे बढ़ने में सहायता मिलती है।"

लुई वह सबकुछ सीख रहा था, जिस गुर को चमगादड़ युगों से आजमाते रहे हैं। जब चमगादड़ पेड़ों पर या घर की मुँड़ेर पर उड़ते हैं तो एक आवाज के साथ ऐसा करते हैं। अगर वे किसी ठोस चीज की तरफ बढ़ने लगते हैं तो ध्वनि की लहरें टकराकर उन्हें सतर्क कर देती हैं और वे तुरंत अपनी दिशा बदल लेते हैं। कुछ दिनों बाद लुई आँगन में दौड़ते हुए खेलने लगा। अब वह कभी-कभार ही ठोकर खाकर गिरता था।

वह लोगों की आवाजों से ही उनकी शख्सियत को पहचान जाता था। इस तरह किसी को पहचानने में शायद ही उससे कभी कोई चूक हो पाती थी। जब कोई पड़ोसन लुई को पुकारती थी, "बेटे लुई!" तो वह जवाब देता था, "जी मैडम बोरी!" या हारलोट या जो भी पड़ोसन का नाम होता था।

कुछ और उम्र बढ़ने पर लुई घर की बगल से गुजरनेवाली चौपहिया गाड़ियों और बैलगाड़ियों की आवाजें भी पहचानने लगा। वह आवाज सुनकर बता सकता था कि गाड़ियों को घोड़े से या बैलों की सहायता से खींचा जा रहा है। अकसर वह गाड़ियों में लादे गए सामान के बारे में भी बता देता था। घोड़े की तेज टापों की आवाज बैल की मंथर गति से भिन्न होती थी। हरेक गाड़ी के चलने से खास किस्म की आवाजें निकलती थीं। लुई अंगूर से लदी गाड़ी या सूखी घास से लदी गाड़ी के बारे में सूँघकर बता सकता था।

एक दिन लुई ने मेरी को यह कहकर चकित कर दिया, "फ्रांसियस गाड़ी

चला रहा है। उसका एक बैल लँगड़ा है।''

''तुम्हें कैसे पता चला लुई?''

''सुनो।'' उसने कहा।

लुई नहीं चाहता था कि वह खुद जो कार्य कर सकता है, उस कार्य में परिवार के सदस्य उसकी सहायता करें। वह उन लोगों के मुँह से 'बेचारा लड़का' सुनना नहीं चाहता था। इस तरह की बातें सुनने से उसे ऐसा प्रतीत होता था, मानो उसके जीवन को निरर्थक समझा जा रहा है। प्रतिदिन वह यह साबित करने की कोशिश करता था कि वह अपनी उम्र के दूसरे लड़कों के समान ही सक्षम है। केवल चीजों को देखने का उसका तरीका भिन्न है।

पारिवारिक जीवन के साथ तालमेल कायम करने और अपने घर की छोटी सी दुनिया में रमे रहने की लुई की समस्या हल हो गई, मगर यह तो केवल शुरुआत थी। आगे क्या होनेवाला था? और फिर उसके बाद क्या होनेवाला था?

अकसर जब बच्चे सोने के लिए चले जाते थे, तब एकांत में सीमोन रेने और मोनीक अपने छोटे बेटे के भविष्य के बारे में बातें करते थे। बड़ा होकर वह क्या बनेगा? इतना तो निश्चित है कि वह कभी पुस्तकों का अध्ययन नहीं कर पाएगा। वे जिन नेत्रहीन लोगों को जानते थे या जिनके बारे में उन्होंने सुन रखा था, सभी भिक्षावृत्ति के सहारे अपनी जीविका चलाते थे। कुप्रे में भी एक ऐसा भिखारी था।

''लुई के साथ वैसा हरगिज नहीं होना चाहिए।'' मोनीक ने कहा।

''नहीं-नहीं, कभी नहीं।'' सीमोन रेने ने जज्बाती लहजे में कहा, ''मैं और भी ज्यादा मेहनत करूँगा और तुम भी पाई-पाई जोड़कर इतनी बचत कर लो। इस तरह हमारे मरने पर भी लुई के गुजारे के लिए पर्याप्त धन बचा रह सकेगा।''

□

नई आवाजें और नए साथी

कुछ दिनों में ही बालक लुई पाँच वर्ष का होने वाला था। अब तक वह काफी समझदार हो गया था। वह अपने पिता के साथ गुलूबंद और दस्ताने पहनकर पेरिस से आनेवाले साप्ताहिक स्टेजकोच (घोड़ों से चालित सवारी गाड़ी) देखने के लिए जाता था। कुप्रे के चौराहे पर सप्ताह में एक दिन हर आयु वर्ग के लोग एकत्र होते थे और स्टेजकोच के आगमन की प्रतीक्षा करते थे। स्टेजकोच का कोचवान ग्रामीणों के लिए साप्ताहिक अखबार की भूमिका निभाता था। वह आसपास के इलाकों की ताजा खबरें अपने साथ लेकर आता था, जैसे किसकी शादी हो गई, कहाँ जमीन बेची या खरीदी गई, कहाँ बच्चे का जन्म हुआ। इसके साथ ही आधुनिक नगर पेरिस की घटनाओं के बारे में भी वह बताता था। जब कोचवान बोलना शुरू करता था तो शोर-शराबा शुरू हो जाता था। हर आदमी कोचवान का ध्यान अपनी ओर आकर्षित कर अपने मित्र या परिजन की खैरियत पूछना चाहता था या अपनी तरफ से कोई संदेशा देना चाहता था।

मगर जनवरी में एक दिन जब स्टेजकोज कुप्रे पहुँचा, तब कोचवान के पास सुनाने के लिए केवल एक ही खबर थी। यह खबर राजधानी की थी और कोचवान ने धीरे-धीरे यह खबर सुनाई थी। वह चाहता था कि लोग अच्छी तरह इस खबर को समझ जाएँ। उसने कहा, "रीने नदी के पास नेपोलियन की विशाल फ्रेंच सेना पराजित हो गई है। निराश और थके-हारे सैनिक लौटकर पेरिस की ओर आ रहे हैं।"

लुई ने समझने की कोशिश की कि 'पराजित' का क्या मतलब होता है। लुई ने जब लोगों को चिंतित होकर इस खबर पर बातचीत करते हुए देखा तो उसे लगा कि यह जरूर कोई गंभीर बात होती होगी। वह खुद चमड़े के टुकड़ों से सैनिकों का खेल खेलता रहा था, मगर उसके खेल में कभी 'पराजित' या 'निराश' सैनिक का जिक्र नहीं आता था। उसने तय किया कि घर लौटते समय वह पिता से इन शब्दों का अर्थ पूछेगा।

स्टेजकोच अगले पड़ाव मिउक्स की दिशा में रवाना हो गया। भीड़ चुपचाप खड़ी थी और घोड़ों की टाप सुनाई पड़ रही थी। धीरे-धीरे स्टेजकोज नजरों से दूर होता जा रहा था। जब स्टेजकोच से ओझल हो गया तो एक आदमी ने कहा, ''विशाल फ्रेंच सेना पराजित हो गई? ऐसा कदापि नहीं हो सकता।''

''समझने में जरूर कोई गलती हुई है।'' दूसरे व्यक्ति ने अपनी राय जाहिर की।

अप्रत्याशित समाचार सुनने के बाद स्तब्ध हो चुके लोग बिना कुछ बोले अपने-अपने घर की तरफ लौट गए। लुई ने पिता का हाथ थामकर सवाल पूछा, मगर पिता उस समय कोई जवाब दे पाने की मानसिक स्थिति में नहीं थे। लुई को उन शब्दों का सही अर्थ समझने के लिए कुछ समय तक इंतजार करना पड़ा। कुछ दिनों के बाद सरकारी संदेशवाहक घोड़ों पर सवार होकर कुप्रे पहुँच गए। वे लोग मेयर के दफ्तर के पास कुछ देर रुके और संदेश देने के बाद चले गए।

इसके तुरंत बाद गाँव का ढोल बजने लगा, ''रैट-ए-टैट-टू!'' गाँव के लोग अपना-अपना काम छोड़कर चौराहे की ओर दौड़ने लगे। जहाँ मेयर गाँववासियों का इंतजार कर रहा था।

''सम्राट् के संदेशवाहक अभी-अभी यहाँ आए थे।'' मेयर ने कहा, ''उन्होंने संदेश दिया है कि रीने नदी के पास विशाल फ्रेंच सेना को पराजित होना पड़ा है, लेकिन नेपोलियन पीछे हट रही अपनी सेना को नए सिरे से संगठित कर दुश्मन को रोकने की कोशिश कर रहे हैं। उन्हें देशवासियों की मदद की जरूरत है। कुप्रे के लोगों से भी मदद सामग्री की माँग की गई है।''

मेयर ने एक लंबा दस्तावेज निकाला और पढ़ने लगा। सामग्रियों की सूची का पाठ सुनते हुए गाँववासी परेशान हो उठे थे। उनसे जई और सूखी घास, गाय और घोड़े, अन्न और मुद्रा आदि चीजों की माँग की गई थी।

अब लुई 'पराजित' शब्द का मतलब समझने लगा था। जब उसके परिवार की भूरी घोड़ी को खोलकर ले जाया जा रहा था, तब वह रोने लगा था।

मार्च महीने तक गाँववासियों से रसद सामग्री की माँग बार-बार होती रही, फिर एक महीने तक सन्नाटा छाया रहा। यह तूफान के आने से पहले का सन्नाटा था। महीने के अंत में कुप्रे में नई आवाजें सुनाई देने लगीं। सैनिकों के कदमों की आवाजें और तोपों की गड़गड़ाहट। रूसी पैदल सेना यहाँ तक पहुँच चुकी थी। नेपोलियन उन्हें रोक पाने में सफल नहीं हुए थे। रूसी सेना पेरिस की ओर बढ़ रही थी और रास्ते में कुप्रे से होती हुई गुजर रही थी।

पैदल सेना ने कुप्रे के निवासियों से चौपहिया गाड़ियाँ, भोजन और पशुओं

की माँग की। सैनिकों ने सीमोन रेने के फार्महाउस के दरवाजे पर बंदूक के दस्ते से दस्तक दी और धमकी भरे लहजे में जोर-जोर से अपनी बात कहने लगे।

लुई अपनी माँ के पीछे दुबक गए, ''वे लोग क्या कह रहे हैं?'' उसे फुसफुसाकर पूछा। उसे सैनिकों की टूटी-फूटी फ्रेंच भाषा समझने में कठिनाई हो रही थी।

''वे लोग शराब और भोजन की माँग कर रहे हैं...और-और उन्हें गाय भी चाहिए।''

''मगर हम लोग उन्हें अपनी गाय नहीं देंगे। क्या सचमुच देनी पड़ेगी? क्या देनी पड़ेगी माँ? तुम उन्हें मना कर दो, माँ!''

मोनीक ने लुई को बाँहों में भर लिया। वह किसी तरह की अप्रिय स्थिति से बचना चाहती थी। उसने लुई को समझाया, ''यह युद्ध है बेटे, हमारे पास कोई और चारा नहीं है।''

संकट की अवधि बीतने तक पाँच सेनाओं (फ्रेंच, रूसी पैदल सेना, बावेरियन सेना, रूसी क्विरैसियर्स और प्रशियन सेना) ने कुप्रे के निवासियों से अनाज, पशु और धन की माँग की। उन लोगों की माँगें पूरी करते-करते कुप्रेवासी कंगाल हो चुके थे। अब मवेशीयाँ नहीं बचे थे और न ही अनाज बचा रह गया था। ब्रेल परिवार के पास थोड़े पैसे बचे हुए थे, जो पैसे उन्होंने लुई के लिए बचाए थे।

''लेकिन हम अपने पड़ोसियों को भूख से बिलबिलाते हुए नहीं देख सकते।'' सीमोन रेने ने कहा।

''नहीं, हम अपने पड़ोसियों को भूख से नहीं मरने देंगे।'' मोनीक अपने पति से सहमत थी।

''हम उनकी मदद करेंगे, और फिर, हम नए सिरे से लुई बेटे के लिए पैसे बचाएँगे।''

तभी दरवाजे पर दस्तक हुई। दस्तक सुनते ही परिवार के सदस्य आशंकित हो उठे, मगर यह दस्तक ब्रेल परिवार के लिए कोई मुसीबत बनकर नहीं आई थी। दस्तक की आवाज के पीछे बलप्रयोग का भाव नहीं था, बल्कि किसी ने शालीन तरीके से दरवाजे को खटखटाया था। सीमोन रेने ने आगे बढ़कर दरवाजा खोल दिया था।

''अभिवादन मेरे मित्रो! मैं कुप्रे में नया धर्मगुरु नियुक्त किया गया हूँ। आज मैं अपने यजमानों से जान-पहचान करने के लिए निकला हूँ। मेरा नाम जैकीस पॉली है।''

"आइए फादर, भीतर आ जाइए। मेरा नाम सीमोन रेने ब्रेल है और यह मेरी पत्नी मोनीक ब्रेल है। यह मेरी बेटी मेरी है और यह मेरा बेटा लुई है।" कैथरीन और सीमोन की तब तक शादी हो चुकी थी और वे अपने-अपने घर में रहने के लिए चले गए थे। मोनीक और मेरी ने झुककर पादरी का अभिवादन किया। जब माँ ने छूकर इशारा किया तो लुई ने भी झुककर अभिवादन किया।

ब्रेल परिवार ने गरमजोशी के साथ पादरी का स्वागत किया। बातचीत के दौरान पादरी का ध्यान विशेष रूप से नेत्रहीन बालक की ओर आकर्षित हो रहा था। हालाँकि बातचीत के समय लुई कुछ नहीं बोल रहा था, चूँकि बड़ों की बातचीत के समय बच्चों से चुप रहने की अपेक्षा की जाती थी, मगर पादरी पॉली ने गौर किया कि लुई वार्त्तालाप को गहरी रुचि के साथ सुन रहा था। वह वक्ताओं की तरफ तेजी से सिर घुमा रहा था और उसके चेहरे पर समझदारी भरी मुसकराहट कौंध रही थी।

घर से रवाना होते समय पादरी ने कहा कि क्या यह बालक अगले दिन मेरे पास कहानी सुनने के लिए आना पसंद करेगा।

क्या वह जाएगा? लुई के चेहरे पर उत्साह था और तभी लुई के पिता ने कहा, "यह तो बहुत अच्छी बात है फादर! मेरे बेटे को कहानियाँ सुनकर बहुत खुशी मिलती है।"

इस तरह पादरी पॉली के साथ लुई का परिचय हुआ। चर्च के पास पुराने पुरोहिताश्रम में या बगीचे में पेड़ के नीचे पादरी पॉली लुई को कहानियाँ सुनाने लगे। उनके सान्निध्य में ही लुई ने पहली बार ज्ञान-विज्ञान की कई बातें सीखीं। पादरी ने उसे सितारों के बारे में, जानवरों की आदतों के बारे में, पौधों के बारे में रोचक बातें बताईं। लुई ने पादरी पॉली से इतिहास की कहानियाँ सुनीं और ऐसे प्रेरक प्रसंग भी सुने, जिनके जरिए साहस, क्षमा और ईमानदारी जैसे गुणों का संदेशा दिया गया था। ये ऐसी कहानियाँ थीं, जो लुई को जीवन भर याद रहनेवाली थीं।

समस्याओं से भरपूर साल अब बीतनेवाला था। क्रिसमस का पर्व नजदीक आ गया था। लुई और मेरी के सहयोग से मोनीक ने दुछत्ती से शिशुसदन को नीचे उतारा और कमरे में अलाव के पास सजा दिया। खाली रखी हुई नाद में घास डाली गई, जिसकी गंध चारों तरफ फैल गई। वर्जिन मदर, वाइजमैन, चरवाहे और पशुओं को अपने-अपने स्थान पर सजाया गया। लकड़ी के बनाए गए संतों और सेवकों को भी तरतीब से रखा गया। लुई चाहता था कि साज बनानेवाले सेवक की मूर्ति को प्रमुखता के साथ प्रदर्शित किया जाए।

मेरी ने कागज की सहायता से देवदूत बनाए और धागे में जोड़कर उन्हें उड़ती

हुई मुद्रा में दरशाया। लुई एक कुरसी पर चढ़ गया और उँगलियों से टटोलकर देवदूतों का जायजा लेने लगा।

"क्रिसमस हमारे लिए शुभ साबित होगा।" सीमोन रेने ने कहा, "इस अवसर पर हम लोग अपने खाली बखारों और खाली धानियों की बात भूलकर दूसरी बातें भी सोच सकते हैं। यह त्यौहार दिल के जख्मों पर मरहम लगाने का भी काम करता है। आओ लुई, हम लोग एक चूल लकड़ी चुनकर लाते हैं।

क्रिसमस की पूर्व संध्या पर कैथरीन और सीमोन अपने-अपने परिवार के साथ आ गए। सभी अलाव के इर्द-गिर्द एकत्र हुए। लुई अब चाचा और मामा बन गए थे, यह सोचकर उन्हें अच्छा लग रहा था। चूल लकड़ी पर मदिरा उड़ेली गई और फिर उसमें आग सुलगाई गई। धीरे-धीरे आग की लपटें तेज होने लगीं। इसके साथ ही सभी मिलकर क्रिसमस गीत गाने लगे। जब लपटों की तीव्रता घट गई, तब सीमोन रेने ने विशेष क्रिसमस प्रार्थना के साथ कार्यक्रम का समापन किया।

सोने के लिए बिस्तर पर जाने से पहले लुई, मेरी और कैथरीन तथा सीमोन के बच्चों ने अपने-अपने लकड़ी के जूते अलाव के पास 'ले पेरे नोएल' (सांताक्लॉज) के लिए रख दिए, जो जूतों में उपहार डालने वाले थे। परिवार के वयस्क सदस्य आधी रात की प्रार्थना के लिए चर्च गए। वापस लौटने के बाद क्षेत्र की परंपरा के अनुसार कैथरीन ने भोजन परोस दिया। वहीं मोनीक ने खाली नाद में नन्हे जीसस की मूर्ति को रख दिया।

बच्चे हमेशा क्रिसमस की सुबह जल्दी उठना पसंद करते थे, चूँकि वे देखना चाहते थे कि उनके लकड़ी के जूते में सांताक्लॉज ने क्या तोहफा छोड़ा है और नाद के भीतर वे जीसस का दर्शन भी करना चाहते थे।

उस समय अँधेरा ही था, मगर लुई पत्थर की सीढ़ियों से नीचे उतर आए थे। उनकी संवेदनशील उँगलियों को अपने लकड़ी के जूते के भीतर गुलूबंद और स्कार्फ को देखने के लिए रोशनी की जरूरत नहीं थी। जब उनकी उँगलियों ने नाद के भीतर जीसस का स्पर्श किया तो वह आश्चर्य की मुद्रा में ठिठक गए। लुई इतनी देर तक खामोश खड़े रहे थे और घर के भीतर उनकी माता उनके लिए चिंतित हो उठी थी। वह लुई को ढूँढ़ती हुई बाहर आ गई थी। दोनों ने जीसस का अभिवादन उसी तरह झुककर किया था, जिस तरह कभी बेथलहेम के चरवाहों ने जीसस का अभिवादन किया था।

□

अबाबील और अंगूर की खेती

शत्रुओं का वर्चस्व समाप्त होने के बाद जो वसंत आया, उस समय कुप्रे गाँव में चारों तरफ बदहाली का मंजर दिखाई दे रहा था। पर्याप्त भोजन नहीं मिल पाने की वजह से बच्चे कमजोर और कुपोषित दिखाई देने लगे थे। उम्मीद खत्म हो जाने के कारण वृद्धों की आँखें धँसती चली गई थीं। गाँववासी भूखे और कमजोर थे। उन्हें अकर्मण्यता की स्थिति में कोबलस्टोन स्ट्रीट पर चहलकदमी करते हुए देखा जा सकता था। छोटी चेचक महामारी की तरह फैल रही थी और लोग बुरी तरह घबरा गए थे। इन दिनों लुई कम ही मुसकरा पाते थे।

नागरिकों का प्रतिनिधिमंडल 'मारकीस' (गण्यमान्य कुलीन पुरुष) से मिला, जो गाँव की पहाड़ी पर कंगूरेदार महल में रहता था। प्रतिनिधिमंडल ने गाँव को संकट से उबारने के लिए मारकीस से कारगर उपाय करने का अनुरोध किया। मारकीस ने पचास ग्रामीणों को रोजगार देने का वादा किया। सीमोन रेने और अन्य कई व्यक्तियों ने हर महीने अपनी कमाई का एक छोटा हिस्सा एक कोष में जमा करने का वादा किया, जिसके जरिए मेयर जरूरतमंद परिवारों की सहायता कर सकता था। छोटी चेचक को नियंत्रित करने के लिए टीकाकरण अभियान जोर-शोर के साथ शुरू किया गया।

नागरिकों ने हाट को नए सिरे से शुरू करने का भी निर्णय लिया। हालाँकि ग्रामीणों के पास बेचने के लिए कुछ खास नहीं बचा था, मगर हाट के जरिए कुप्रे के बुनकरों और दूसरे कामगारों के लिए जीविका का मार्ग प्रशस्त हो सकता था और दुश्मनों के कब्जे से कम प्रभावित गाँवों के लोग हाट में आकर व्यवसाय को बढ़ावा दे सकते थे। इसके अलावा हाट के साथ गाँववासियों का भावनात्मक रिश्ता बना हुआ था, जो उनके हौसले को बढ़ाता था और उनके भीतर साहस का संचार करता था।

"अगर हम लोग जी-जान लगाकर कोशिश करेंगे।" सीमोन रेने ने कहा,

''तो फ्रांस की उपजाऊ मिट्टी हमारे दु:खों को दूर कर देगी।''

फ्रांस की मिट्टी उनके इस कथन की सत्यता को प्रमाणित करते हुए संकेत भी देने लगी थी। मोनीक के बगीचे में प्याज और मटर की पैदावार अच्छी हुई थी। घास का मैदान हरा नजर आने लगा था। अंगूर के बगीचों से रसदार गंध वातावरण में फैलती जा रही थी। लुई ने घर में आकर बताया था कि जिस सतालू के पेड़ के नीचे पादरी उन्हें कहानियाँ सुनाते थे, वह पेड़ पुष्पित हो गया था और मधुमक्खियाँ भिनभिनाने लगी थीं।

''मगर!'' लुई ने कहा, ''दादी हिरौल्ट और पिगेनोट चाचा का कहना है कि अबाबील चिड़िया के आने से ही खुशहाली आती है, मगर अभी तक अबाबील चिड़िया गाँव में नहीं पहुँची है।''

''लुई सही कह रहा है।'' मोनीक ने कहा, ''गाँव के लोग इसी बात की चर्चा कर रहे हैं कि जब तक अबाबील चिड़िया नहीं आएगी, तब तक अच्छी फसल की उम्मीद नहीं की जा सकती।''

''मुझे लगता है चिड़िया जरूर आएगी।'' सीमोन रेने ने कहा।

''मगर आज तक उन्हें आने में इतना विलंब कभी नहीं हुआ था।'' मोनीक ने कहा, ''जबसे हमारी शादी हुई है, हमने हर साल उन्हें सही समय पर अपनी बखारी की कड़ी पर बने घोंसले में लौटते हुए देखा है।''

लुई बखारी के पास इस बात का पता लगाने के लिए गए कि कहीं चिड़िया आ तो नहीं गई थी। जब से भूरी घोड़ी और गाय चली गई थी, तब से लुई उस ओर कभी-कभार ही आते थे। पत्थर से निर्मित बखारी सर्द और सूनी लगती थी। जब उन्होंने दरवाजा खोला तो भीतर गरमजोशी के साथ स्वागत करनेवाला कोई नहीं रह गया था। गाय के खूँटे की ओर से जुगाली करने की आवाज सुनाई नहीं दे रही थी, न ही घोड़ी के खूँटे की ओर से उसकी जानी-पहचानी गंध आ रही थी। लुई ने सिर घुमाया और कान लगाकर सुनने का प्रयास किया, नहीं किसी चिड़िया का कलरव सुनाई नहीं दे रहा है।

लुई अब रोज पत्थरों की सीढ़ी पर दक्षिण दिशा में मुड़कर बैठ जाते थे। उनकी माँ ने बताया था कि दक्षिण की तरफ से ही अबाबील चिड़ियों का झुंड आता है। लुई उनके पंखों की फड़फड़ाहट को सुनना चाहते थे। इस तरह इंतजार करते हुए एक सप्ताह गुजर गया, मगर चिड़ियों का झुंड नहीं आया।

गाँववासी कह रहे थे, ''जरूर अबाबील का झुंड किसी तूफान में फँस गया होगा। लगता है, अब वे नहीं आएँगी।''

मगर लुई अभी भी पत्थर की सीढ़ी पर बैठकर इंतजार कर रहे थे। वह उम्मीद नहीं छोड़ना चाहते थे और एक दिन दोपहर के वक्त वे आ गईं। अचानक वातावरण में अबाबील का तीक्ष्ण कलरव सुनाई देने लगा।

''पिताजी! माँ! मेरी!'' लुई चिल्लाए, ''वे आ गईं! अबाबील चिड़िया आ गईं! आओ, देखो!''

परिवार के सदस्य दौड़ते हुए आए। उन्होंने देखा, नीली पीठ और सफेद सीनेवाली अबाबील चिड़िया चारों तरफ ऊधम मचा रही थीं। ''ऐसा लगता है, मानो स्वर्ग का दरवाजा खुल गया हो और एक साथ उन सभी को जमीन पर भेज दिया गया हो।'' सीमोन रेने ने कहा।

ब्रेल परिवार की बखारी में अबाबील का एक जोड़ा पहुँच गया। अंग्रेजी की संख्या आठ की मुद्रा में वह जोड़ा नृत्य करने लगा। यह जोड़ा उड़-उड़कर एक कोने से दूसरे कोने तक पहुँचने लगा। उनकी कलाबाजी देर तक चलती रही। लुई कई अबाबील जोड़े के पंखों की फड़फड़ाहट एवं पुलक भरी आवाज को अच्छी तरह महसूस कर रहे थे। वे उछल-उछलकर खुशी के साथ तालियाँ बजा रहे थे।

जब ब्रेल परिवार तल्लीन होकर इस नजारे को देख रहा था, तभी सलाम करने की मुद्रा में अबाबील का जोड़ा उनके सिर के ऊपर से बालों का स्पर्श करते हुए एक बार उड़कर गया। जोड़े ने फार्म हाउस के ऊपर दूर तक चक्कर लगाया और फिर किसी तीर की तरह बखारी की कड़ी के पास पहुँच गया।

लुई मेरी का हाथ थामकर दौड़ते हुए बखारी के पास गए। वहाँ अबाबील जोड़े की तेज आवाज सुनाई दे रही थी। मादा अबाबील तुरंत तश्तरी के आकार के मिट्टी और फूस के घोंसले की मरम्मत करने में जुट गई थी। इसी घोंसले में वह पाँच या छह अंडे देनेवाली थी—भूरे और पीले धब्बे वाले सफेद अंडे।

नर अबाबील घर का कार्य मादा अबाबील को सौंपकर मौसम सूचक की अपनी भूमिका निभाने के लिए बखारी से बाहर निकल गया था।

''आओ हम लोग अबाबील को देखते हैं।'' मेरी ने अबाबील का जीवंत चित्रण लुई के सामने पेश करते हुए कहा, ''वह खुद मौसम सूचक यंत्र की तरह नजर आते हैं। उनकी चोंच ऊपर की तरफ हवा में हिलती रहती है और काँटेदार पूँछ विपरीत दिशा में हिलती रहती है।''

मोनीक घर के कार्य करने में जुट गई। अब सब कुछ हो जाने वाला था, क्योंकि अबाबील चिड़ियाँ लौटकर आ गई थीं। सीमोन रेने साज की दुकान में जाकर बैठ गए थे। जहाँ उन्हें मरम्मत का काम पूरा करना था। इन दिनों उनके

पास तसमा या लगाम की मरम्मत करने का काम रहता था, जिससे मामूली कमाई हो पाती थी। अतिरिक्त कमाई नहीं होने के कारण बचत की भी गुंजाइश नहीं थी।

ये अभाव के दिन थे, जब गरमियों के बीच मार्कीस ने दोहरे साज का नया सेट फुंदना और झब्ला के साथ तैयार करने के लिए कहा। मेरी फुंदना बुनने में जुट गई। लुई ने अनुरोध किया कि उन्हें सिर्फ एक लाल झब्ला बनाने की इजाजत दी जाए। लुई ने एक आकर्षक झब्ला बनाकर परिवार के सदस्यों को चकित कर दिया।

''यह बढ़िया है मेरे बेटे!'' सीमोन रेने ने कहा, ''बहुत बढ़िया। तुम जल्द ही फुंदना बनाना भी सीख जाओगे।''

अब ब्रेल परिवार एक गाय खरीद सकता था और गाय के आ जाने से दूध और मक्खन की जरूरत पूरी हो सकती थी। घोड़ी का खूँटा अभी भी खाली ही रहनेवाला था। अगर उम्मीद के मुताबिक अंगूर की पैदावार अच्छी हुई और घास व जई की ठीक से बिक्री हो पाई तो अगले वसंत तक एक घोड़ी भी खरीदी जा सकेगी। लुई को ऐसी उम्मीद थी। लुई को घोड़ी की याद आती थी। जब वह बखारी में जाते थे तो एक खास आवाज के साथ घोड़ी उनका स्वागत करती थी और अपनी थूथन से उनकी गरदन और कंधों का स्पर्श करती थी। लुई को उसकी पीठ पर सवार होकर घूमना अच्छा लगता था।

गरमी बढ़ती गई। सूर्य और बादल ने जनता की जरूरतों को भाँप लिया और दोनों ने एक-दूसरे के साथ तालमेल करते हुए अंगूर की फसल को परवान तक पहुँचाया था। गाँव की जमीन उपजाऊ थी ही। जई और घास चारों तरफ लहलहा रही थी। शरद की शुरुआत के साथ ही अंगूर के गुच्छे पकने लगे थे। अंगूर बड़े आकार के थे और उनकी गंध वातावरण में फैल गई थी।

अन्य फसलों को किसान अपनी मरजी से काट सकते थे, मगर अंगूर की कटाई किसान अपनी मरजी से नहीं कर सकते थे। अंगूर की कटाई सामुदायिक उत्सव की तरह होती थी। ग्राम परिषद् की तरफ से कटाई की तारीख निर्धारित की जाती थी। ढोल बजाकर ग्रामीणों को औपचारिक घोषणा सुनाने के लिए चौराहे पर बुलाया गया—

''जैसा कि आप लोग जानते हैं कि अंगूर पक चुके हैं और मौसम में आए बदलाव की वजह से पाला मारने का खतरा दिखाई दे रहा है, इसीलिए अंगूर की कटाई के लिए सर्वसम्मति से निर्णय लेने का समय आ गया है। मंगलवार 10 अक्तूबर, 1815 को हम लोग अंगूर की फसल की कटाई करेंगे।''

अंगूर की कटाई के कार्य में मदद करने के लिए कैथरीन ससुराल से वापस

आ गई थी। अंगूर की टोकरियों को बाहर निकाला गया और उनकी मरम्मत की गई। मदिरा के पीपे और सुराहियों की साफ-सफाई की गई।

निश्चित तिथि को सवेरे ही गाँववासी टोकरियाँ लेकर अंगूर के बगीचों के पास द्राक्षा संचयन का गीत गाने के लिए एकत्र हुए। यह एक परंपरा थी। ग्रामीणों में से एक व्यक्ति को चुना गया, जिसे गीत का मुखड़ा गाना था और बाकी लोगों को उसके साथ कोरस गाना था।

लुई के अंकल ने अपने समूह में मुखड़ा गाना शुरू किया। मोनीक और अन्य महिलाएँ तालियाँ बजाकर कोरस गाने लगीं। कैथरीन, मेरी और अन्य युवक-युवती गीत के ताल पर नृत्य करने लगे। लुई अपने चचेरे भाई जीन के साथ उत्साहपूर्वक इस कार्यक्रम में भागीदारी कर रहे थे। वे नाच रहे थे, गा रहे थे और तालियाँ बजा रहे थे।

गीत का भावार्थ इस प्रकार था—

मुखड़ा

"आओ अंगूर उगाएँ,
ये हैं मधुर प्यारे अंगूर।"

कोरस

"अंगूर, आओ अंगूर लगाएँ,
अंगूर यानी मदिरा,
ये हैं मधुर प्यारे अंगूर।"

मुखड़ा

"बीज से अंकुर तक,
ये हैं प्यारे-प्यारे अंकुर।

कोरस

"अंकुर, अंकुर उगाएँ,
अंगूर के अंकुर उगाएँ।
ये हैं प्यारे-प्यारे
अंगूर के अंकुर,
ये हैं प्यारे-प्यारे
अंगूर के अंकुर।"

मुखड़ा

"अंकुर से बनेंगे फूल
ये हैं प्यारे-प्यारे फूल!"

कोरस

"फूल, आओ फूल खिलाएँ,
अंगूर के फूल खिलाएँ।
ये हैं प्यारे-प्यारे फूल!"

मुखड़ा

"फूल से बनेंगे अंगूर,
ये हैं मीठे-प्यारे अंगूर।"

कोरस

"आओ अंगूर बटोरें,
आओ बटोरें अंगूर।
ये हैं मीठे-प्यारे अंगूर!"

"हरे अंगूर बनेंगे,
पके अंगूर।
अंगूर पहुँचेंगे टोकरी में,
टोकरी से पीपा में।
पीपा से गिलास में,
गिलास से मुँह में!"

गाना समाप्त होने के बाद गाँववासी अंगूर के बगीचे में चले गए और बैंगनी, लाल या सफेद रंग के अंगूर के गुच्छों को तोड़कर टोकरी में रखने लगे। सारे गुच्छों को नहीं तोड़ा गया। कुछ गुच्छों को जरूरतमंद लोगों के लिए छोड़ दिया गया, जो बाद में आकर उन्हें तोड़कर ले जा सकते हैं।

इस दौरान लुई अपने परिवार के सदस्यों तक टोकरियाँ और पानी पहुँचाने का काम करते रहे। अंगूर के बगीचे में रास्ता सुगम था। टोकरियाँ और पानी पहुँचाने

के बाद अगर फुरसत मिल जाती तो लुई अपनी बड़ी बहन कैथरीन के पास ठिठक जाते थे, जो उन्हें तरह-तरह की कहानियाँ सुनाती थी। कैथरीन बहुत सारी कहानियाँ जानती थी। वहीं पादरी की कहानियों की तुलना में कैथरीन की कहानियों का स्वाद अलग था। इतनी सारी कहानियाँ कहाँ से आती थीं?

"तुम इतनी सारी कहानियाँ कैसे जानती हो, कैथरीन?" उन्होंने पूछा।

"जब मैं छोटी थी, तब मैंने ढेर सारी कहानियाँ दादी से सुनी थीं। उसके बाद मैं स्कूल जाने लगी और किताबों में मुझे बहुत सारी कहानियाँ पढ़ने के लिए मिलीं।"

"जब मैं स्कूल जाने लगूँगा तो मैं भी किताबों में लिखी कहानियाँ पढ़ पाऊँगा। है न कैथरीन?"

कैथरीन ने कोई जवाब नहीं दिया, तब लुई ने पूछा, "स्कूल में जरूर ऐसी किताबें होंगी, जिन्हें मैं पढ़ पाऊँगा। वहाँ किताबें होंगी न कैथरीन?"

"मुझे लगता है होनी चाहिए। लुई, मुझे प्यास लगी है।"

लुई जल्दी से पानी का बरतन लाने के लिए गए। ऐसा लगा मानो कैथरीन के गले में कुछ अटककर रह गया था—शायद धूल की वजह से उसे ऐसा लग रहा था।

शाम का भोजन करने के बाद बच्चे, बूढ़े, युवा और हर तबके के लोग गाँव के चौराहे पर एकत्र हुए। उन्होंने द्राक्षा संचयन का गीत गाया और नृत्य किया। नृत्य का सिलसिला देर रात तक चलता रहा। लुई तब तक नाचते रहे, जब तक थककर चूर नहीं हो गए। लुई माँ की गोद में सिर रखकर गहरी नींद में सो गए। अगली सुबह जब उनकी नींद खुली तो उन्होंने अपने आपको दुछत्ती पर अपने मुलायम बिस्तर पर पाया। उस दिन भी अंगूर की कटाई होनेवाली थी।

जब अंगूर की कटाई हो रही थी, उसी दौरान शीतकालीन प्रवास के लिए अबाबील का झुंड तैयारी कर रहा था। बखारी की कड़ी के घोंसले में रहनेवाले अबाबील के जोड़े ने दो परिवारों को पैदा किया। उन्होंने एक दिन सुबह विदा लेने के अंदाज में फार्म हाउस का एक चक्कर लगाया और फिर वे अपने झुंड में शामिल होकर दक्षिण दिशा में उड़ हो गए।

किसानों ने अबाबील के झुंड को हाथ हिलाकर विदा किया और कहा, "अलविदा! अगली बार मई में जरूर आना। देर मत करना!"

लुई ने भी कहा, "देर मत करना!"

□

नेत्रहीन छात्रों के लिए किताबें नहीं हैं?

लुई के जीवन का सातवाँ साल बहुत खास था, जब उनके जीवन में उल्लेखनीय मोड़ आया। वह एक जादुई दरवाजे के भीतर प्रवेश कर गए थे, जिस जादुई दरवाजे ने उनके असहाय बचपन को पीछे छोड़ दिया था। यह विद्यालय भवन का जादुई दरवाजा था। रोज सवेरे उनका चचेरा भाई जीन उन्हें बुलाने के लिए आता। दोनों एक-दूसरे का हाथ थामे टोर्ट स्ट्रीट की ऊँचाई पर कदम बढ़ाते हुए विद्यालय पहुँच जाते थे।

कक्षा में एक तरफ लड़कियाँ बैठती थीं और दूसरी तरफ लड़के बैठते थे। मेज और बेंच घरों में निर्मित थे और उन्हें बनाते समय बच्चों की माताओं ने जान-बूझकर उनके आकार को बड़ा कर दिया था, जिस तरह बच्चों के लिए कोट सिलते वक्त ढीला-ढाला कोट बनाने का चलन था। चूँकि माताएँ सोचती थीं—'बच्चा बड़ा होगा उस समय भी इस्तेमाल कर पाएगा।' बैलगाड़ी के पिछले हिस्से में बैठकर पैर लटकाकर हाट जाते हुए जो आनंद मिलता था, वह आनंद दिन भर कक्षा के भीतर ऊँची बेंच पर बैठकर पैर लटकाकर नहीं मिलनेवाला था। लुई और जीन ने इस परेशानी से बचने के बारे में विचार किया। उन्होंने सोचा कि अगर इतिहास की कक्षा में एक पैर लटकाकर बैठा जाए, अंकगणित की कक्षा में दूसरा पैर लटकाकर बैठा जाए और संगीत की कक्षा में धुन के अनुसार दोनों पैरों को हिलाते हुए बैठा जाए तो परेशानी का निदान संभव हो सकता था। कक्षा सुबह आठ बजे शुरू होती थी और दोपहर बाद पाँच बजे छुट्टी होती थी।

फ्रेंच पिताओं की मानसिकता ऐसी थी कि वे अपने बच्चों को विद्यालय में इसलिए पढ़ने भेजते हैं, ताकि वे अपना खयाल रखना सीख सकें; दूसरों के विचारों का अनुकरण करने की जगह अपनी समस्याओं को हल करना सीख सकें।

चूँकि शिक्षक बेकेरेट एक दिन किसी विषय के बारे में पढ़ाते थे और अगले

दिन पढ़ाए गए विषय के ब. में सवाल पूछते थे। इसीलिए लुई को दृष्टि-शक्ति वाले अपने सहपाठियों के समान ही शिक्षा ग्रहण करने में कोई परेशानी नहीं हो रही थी। कुछ सप्ताहों के बाद लुई लगभग सभी कक्षाओं में अव्वल छात्र का दरजा हासिल कर चुके थे।

अंकगणित की कक्षा में जब दूसरे बच्चे कागज पर किसी सवाल को हल करने की कोशिश करने में जुट जाते थे, उस समय लुई मन-ही-मन उसी सवाल को तेजी के साथ हल कर लेते थे। लेकिन जब पढ़ने और लिखने की कक्षा शुरू होती थी, तब लुई मन मसोसकर रह जाते थे। नेत्रहीन छात्रों के अध्ययन के लिए कोई पुस्तक मौजूद नहीं थी और न ही उनके लिखने की कोई विधि प्रचलित थी। विद्यालय में पहले दिन ही कदम रखकर लुई इस बात को समझ गए थे। कक्षा में पाठ्य-पुस्तकों का वितरण किया जा रहा था और उन्हें भी पाठ्य-पुस्तकें दी गई थीं। उन्होंने जीन को छूकर महसूस करने की कोशिश की थी कि वह पाठ्य-पुस्तकों को किस तरह पढ़ रहा था। पाठ्य-पुस्तकों के पन्ने लुई के लिए समझ में न आनेवाली पहेली की तरह थे।

''क्या नेत्रहीन छात्रों के पढ़ने के लिए कोई किताब नहीं है?'' लुई ने शिक्षक से पूछा।

शिक्षक बेकेरेट ने जवाब दिया—''मैं ऐसी किसी पुस्तक के बारे में नहीं जानता।''

शिक्षक का जवाब सुनकर लुई ने मेज पर सिर टिका दिया और सिसक-सिसककर रोने लगे।

''दिल मत दुखाओ।'' उनके सहपाठियों ने उन्हें तसल्ली देने की कोशिश की, ''हम लोग पाठ पढ़कर तुम्हें सुनाते रहेंगे।''

विद्यालय से छुट्टी मिलते ही लड़के-लड़कियाँ नाश्ते के लिए घर की ओर दौड़ पड़ते थे। नाश्ते के रूप में पावरोटी और मक्खन खाते थे और कभी-कभी चटपटा रोल व चॉकलेट का टुकड़ा खाते थे। उसके बाद रात के भोजन के समय तक पढ़ाई करते थे। जब लुई के सहपाठी विदा हो जाते थे, तब मेरी शाम के वक्त लुई को पढ़ाया करती थी।

शिक्षक बेकेरेट केवल गाँव के विद्यालय में पढ़ाते ही नहीं थे, बल्कि घंटा वाद्य-वादक की भूमिका भी निभाते थे। इसके अलावा वे घर-घर जाकर पवित्र जल वितरित करते थे और चौराहे की प्राचीन घड़ी में चाबी भरने का काम भी किया करते थे। कई बार वह अपने साथ लुई को भी लेकर जाते थे। लुई को पीतल की

बड़ी चाबी आकर्षक लगती थी, जिससे घड़ी को संचालित किया जाता था। पवित्र जल का वितरण करने के लिए गाँववासियों के घर में जाना उन्हें अच्छा लगता था। अकसर गृहणियाँ उन्हें मिठाई खाने के लिए देती थीं। मगर लुई को सबसे ज्यादा मजा रस्सी को उस समय पकड़ने में आता था, जब शिक्षक बेकेरेट घंटा वाद्य बजाते थे। पवित्र घंटे को दिन में तीन बार बजाया जाता था और जब किसी की शादी होती थी तो उसका ऐलान करने के लिए भारी घंटा वाद्य बजाने का नियम था।

लुई को उस समय तकलीफ महसूस हुई जब शिक्षक बेकेरेट के विद्यालय में उनका शिक्षा-काल पूरा हो गया। जीन और अन्य दस वर्ष के विद्यार्थी दूसरे विद्यालयों में आगे की पढ़ाई जारी रखने के लिए चले गए, मगर उन विद्यालयों में नेत्रहीन छात्रों को पढ़ाने का कोई प्रावधान नहीं था।

एक दिन पादरी पाली फार्म हाउस में एक उत्साहवर्द्धक समाचार देने के लिए पहुँचे। उस समय लुई अलाव के पास बैठकर नए साज के लिए बहुरंगा फुंदना बनाने मैं जुटे हुए थे। पादरी ने गौर से लुई की ओर देखा और फिर उनके माता-पिता की तरफ मुखातिब हुए—

"क्या आप लोग चाहेंगे कि आपका बेटा उच्च शिक्षा प्राप्त करे? संगीत और व्यावहारिक शिक्षा प्राप्त करे?" पादरी ने उन्हें पेरिस के एक ऐसे ही विद्यालय के बारे में बताया, जिसकी जानकारी उन्हें हाल में मिली थी। उस विद्यालय में नेत्रहीन विद्यार्थियों को उच्च शिक्षा दी जाती थी और कई तरह के हुनर का प्रशिक्षण दिया जाता था।

"अगर हमारे बेटे को आगे की पढ़ाई जारी रखने का अवसर मिलेगा तो यह हमारे लिए बेहद खुशी की बात होगी।" सीमोन ने कहा।

"हाँ, सचमुच इससे अच्छी बात और क्या हो सकती है।" मोनीक ने कहा।

लुई की उत्सुकता बढ़ती जा रही थी। वह उस विद्यालय के बारे में सबकुछ जानने के लिए बेताब हो उठे थे। "क्या उस विद्यालय में ऐसी किताबें मिलेंगी, जिन्हें मैं पढ़ पाऊँगा?"

"मैंने सुना है।" पादरी ने कहा, "उस विद्यालय के नेत्रहीन विद्यार्थियों ने एक बार सम्राट् और महारानी के समक्ष एक किताब पढ़ी थी और कई वाद्य बजाते हुए संगीत का कार्यक्रम प्रस्तुत किया था।"

लुई ने फुंदना बनाने का काम बीच में ही छोड़ दिया। वह लगभग उछलते हुए खड़े हो गए, "मैं वहाँ कब जा सकता हूँ, पिताजी? क्या मैं वहाँ जल्दी नहीं जा सकता?"

पेरिस में स्थित रॉयल इंस्टीट्यूशन फॉर ब्लाइंड यूथ के नाम दाखिले का अनुरोध करते हुए एक पत्र भेजा गया। कुछ दिनों के बाद ही विद्यालय के निदेशक डॉ. सेवेस्टियन गिल का जवाब आ गया। उन्होंने लिखा था कि लुई को छात्रवृत्ति देने का निर्णय लिया गया है और 15 फरवरी, 1819 को दाखिले की तारीख निर्धारित की गई है।

जीवन में पहली बार लुई स्टेजकोच में सवार होकर यात्रा कर रहे थे। वह अकसर गाँव के चौराहे पर स्टेजकोच को आवाजाही करते हुए देखा करते थे। उन्होंने देखा था कि किस तरह गाँववासी बेकरारी के साथ सप्ताह में एक बार आने वाली स्टेजकोच का इंतजार करते थे। स्टेजकोच में सवार होकर उन्हें आनंद आ रहा था। सामने बैठा चालक चाबुक फटकराते हुए चार घोड़ों को नियंत्रित कर रहा था। लकड़ी से निर्मित गाड़ी के झटके और हिलने-डुलने से लुई रोमांचित हो रहे थे। घोड़ों के चलने की आवाज में एक किस्म का छंद था, जिसके साथ लुई मन-ही-मन सोचते जा रहे थे—'पढ़ने के लिए किताबें...पढ़ने के लिए किताबें!'

इस दौरान लुई के पिता उन्हें सफेद धूसर बर्फ से ढके ग्रामीण इलाके के बारे में बता रहे थे। रास्ते में आनेवाले दृश्यों की जानकारी अपने बेटे को दे रहे थे। उन्होंने जंगली पीपल के उपवन से आच्छादित पहाड़ियों के बारे में बताया, मैदानी इलाके में मंद गति से बह रही मारने नदी के बारे में बताया, जिसकी जलधारा हरी नजर आ रही थी। गोचरभूमि और खेतों को विभाजित करनेवाली पत्थर की दीवार के बारे में बताया। उन्होंने गेहूँ, जई और राई तथा घास की ग्रीष्मकालीन फसलों के बारे में बताया।

लागनी नामक स्थान पर स्टेजकोच रुकी, जहाँ कुछ यात्री सवार हुए। लुई ने फुसफुसाते हुए कहा, "पादरी पाली ने मुझे बताया था कि इस स्थान पर एक मशहूर पुराना चर्च है।"

"हाँ, यह तेरहवीं शताब्दी में बनाया गया था।" सीमोन रेने ने कहा, "इसमें कई प्राचीन शिलालेख मौजूद हैं।"

कुप्रे से चार घंटे तक यात्रा करने के बाद स्टेजकोच पेरिस में ट्रोनगेट के पास पहुँच गई। सीमोन रेने और लुई स्टेजकोच से उतर गए और सेंट विक्टर स्ट्रीट पर स्थित विद्यालय तक जाने का रास्ता पूछने लगे। कुप्रे के स्वच्छ वातावरण और शांत परिवेश की तुलना में पेरिस की हवा में व्याप्त प्रदूषण और शोरगुल का माहौल लुई को अजीब लग रहा था।

आखिरकार वे चार मंजिल की धूसर रंगवाली पत्थर से निर्मित इमारत के

सामने पहुँच गए। उन्होंने दरवाजे को खटखटाया और फिर अंदर चले गए। लुई ने पत्थर की दीवारों की सीलन को महसूस किया और पिता के हाथ को जोर से पकड़ लिया।

विद्यालय का कर्मचारी उन्हें सीढ़ियों के जरिए निदेशक के दफ्तर तक लेकर गया।

''आइए मेरे मित्रो।'' डॉ. गिल ने स्वागत करते हुए कहा, ''हम आप लोगों का इंतजार कर रहे थे।'' जब लुई अपने पिता के साथ बैठ गए, तब निदेशक ने विद्यालय की दिनचर्या के बारे में बताना शुरू किया। इसके बाद निदेशक उन्हें छात्रों के आवास की तरफ ले गए। कक्षा, प्रार्थना-गृह और भोजन कक्ष दिखलाया। कुछ कमरों के दरवाजों को डॉ. गिल ने खोला नहीं था।

सीमोन रेने ने विद्यालय की भीड़भाड़ वाली स्थिति और कुछ हद तक गंदगी के बारे में विचार किया। उन्होंने सोचा कि इस तरह का दूसरा विद्यालय फ्रांस में कहीं नहीं था और निदेशक तथा शिक्षकगण अपने उद्‌देश्य के प्रति समर्पित नजर आ रहे थे, इसीलिए लुई का उस विद्यालय में दाखिला करवाने का निर्णय गलत नहीं था। एक बार बेटे को प्यार से गले लगाने के बाद सीमोन रेने वहाँ से लौट पड़े।

जैसे ही लुई को अहसास हुआ कि उनके पिता उन्हें छोड़कर जा रहे थे, उन्हें घबराहट महसूस होने लगी। वह मानो पिता के जाने-पहचाने कदमों के पीछे दौड़ जाना चाहते थे, मगर तभी निदेशक की आवाज उन्हें सुनाई पड़ी।

''आओ लुई, मैं तुम्हें अपने साथ भूगोल की कक्षा में लेकर जाता हूँ।''

कक्षा में सहायक निदेशक डॉ. डाफू फ्रांस के बारे में तरह-तरह की रोचक बातें बता रहे थे। उन बातों को सुनते हुए लुई भूल ही गए कि वह अपने घर से बहुत दूर अपरिचित लोगों के बीच बैठे हुए थे। उनके ऊपर जो घबराहट कुछ देर पहले हावी हो गई थी, अब धीरे-धीरे खत्म हो गई थी, मगर उस रात लोहे के बिछौने की कतार में अपने लिए निर्धारित बिछौने पर लेटते ही गहरी धुंध की तरह घर की याद उनसे लिपट गई। उन्हें अपने माता-पिता की याद आने लगी, दुछत्ती का अपना बिस्तर याद आने लगा। गाँव के चौराहे की पुरानी घड़ी की आवाज याद आने लगी। न चाहते हुए भी उनकी आँखों से आँसू की बरसात होने लगी।

पास के बिस्तर पर लेटे लड़के ने उनकी रुलाई की आवाज सुन ली और उठकर उनके बिस्तर पर आ गया, ''पिछली साल जब मैं पहली बार यहाँ आया था तो मुझे भी तुम्हारी तरह रोना आ गया था।'' लड़के ने फुसफुसाते हुए कहा, ''मगर जल्द ही तुम इस जगह से प्यार करने लगोगे। यह अच्छा विद्यालय है। मुझे

अपना दोस्त समझो। मेरा नाम गेब्रियल गोथियर है।''

लुई को अब अकेलापन महसूस नहीं हो रहा था। उन्हें एक दोस्त मिल गया था। इस तरह उन्हें नींद आ गई।

अगली सुबह जब उन्हें पता चला कि उनकी पहली कक्षा में पुस्तक का पाठ किया जाएगा तो वह रोमांचित हो उठे। अब उन्हें पढ़ने के लिए पुस्तक मिल ही जाएगी! एक नौकर एक विशाल आकार की पुस्तक पीठ पर उठाकर ले आया, जिसका वजन काफी ज्यादा था। उस पुस्तक को एक मजबूत स्टैंड पर रख दिया गया। प्रत्येक पृष्ठ पर बड़े-बड़े आकार के उभरे हुए अक्षर थे, जिन पर उँगलियाँ फेरते हुए नेत्रहीन विद्यार्थी पढ़ने की कोशिश करते थे और अक्षरों को जोड़कर शब्द का उच्चारण करते थे। यह अत्यंत ही धीमी प्रक्रिया थी, इसके बावजूद नेत्रहीन विद्यार्थी इस पुस्तक को स्पर्श के जरिए पढ़ पा रहे थे।

लुई ने कम समय में ही पढ़ना सीख लिया। उनकी कक्षा के लिए जो गिनी-चुनी पुस्तकें निर्धारित थीं। उन्होंने उन तमाम पुस्तकों को पढ़ डाला। इसके बाद लुई निदेशक के पास गए, ''डॉ. गिली महाशय, क्या मैं और भी किताबें पढ़ सकता हूँ?''

''मेरे बच्चे, तुम्हारे लिए और पुस्तकें उपलब्ध नहीं हैं। उभरे हुए अक्षरवाली पुस्तकों को रखने के लिए काफी जगह की जरूरत होती है और इस तरह की पुस्तकों को तैयार करने के लिए काफी धन खर्च करना पड़ता है। यही वजह है कि विद्यालय में इस तरह की गिनी-चुनी पुस्तकें ही उपलब्ध हैं।''

''लेकिन महाशय, क्या कोई ऐसा तरीका नहीं है, जिसकी सहायता से नेत्रहीनों के लिए ढेर सारी पुस्तकें तैयार की जा सकें और जिसकी सहायता से नेत्रहीन विद्यार्थी दृष्टिशक्ति-संपन्न विद्यार्थियों की तरह पर्याप्त पुस्तकों का अध्ययन कर सकें?''

''अभी तक वैसा तरीका किसी ने ईजाद नहीं किया है।'' निदेशक ने कहा, ''मगर यह तो वयस्क नेत्रहीनों की समस्या है, तुम तो अभी छोटे हो।'' निदेशक कुछ चिंतित हो उठे थे, ''तुम पुस्तकें पढ़ने के अलावा दूसरे हुनर भी सीख सकते हो। तुम्हें सिलाई करना सीखना चाहिए, स्लीपर बनाना सीखना चाहिए, पियानो वादन सीखना चाहिए।''

लुई ने जल्द ही सिलाई और स्लीपर बनाने का हुनर सीख लिया। वह रोज पियानो बजाने का भी अभ्यास करने लगे। उन्हें दूसरों का वादन सुनकर या शिक्षक के मार्गदर्शन में पियानो वादन सीखना पड़ रहा था। संगीत की लिपि को नेत्रहीन छात्र नहीं पढ़ सकते थे।

''काश! मैं अपने संगीत की लिपि को दिमाग में याद रखने की जगह कागज

पर लिख पाता और उन्हें सुरक्षित रखता।'' लुई ने अपने दिल की बात गेब्रियल को बताई।

''और अंकगणित के उलझे हुए सवाल! अगर मैं उन्हें कागजों पर लिख पाता तो कितना अच्छा होता! मन-ही-मन हल करते हुए मेरे सिर में दर्द होने लगता है।'' गेब्रियल ने कहा।

''कोई-न-कोई रास्ता तो जरूर मिलेगा, अगर हम लोग खोजने की कोशिश करें तो।'' लुई ने कहा, ''काश! हम नेत्रहीन लोग संगीत की लिपि लिख सकें, संख्या लिख सकें और किताबें भी लिख सकें।''

विद्यालय में दिन भर उन्हें कक्षा में पढ़ाई करते हुए, संगीत और दूसरे हुनर सीखते हुए समय गुजारना पड़ता था। दोपहर में एक घंटे के लिए खेलने का अवकाश मिलता था। लुई उत्साह के साथ खेल-कूद में भागीदारी करते थे। उन्हें उछलनेवाला खेल और बोरा दौड़ खेल में भाग लेना अच्छा लगता था। उन्हें शतरंज के खेल में मस्तिष्क की अपनी क्षमता को आजमाना अच्छा लगता था। शतरंज में मोहरों को वे रंगों की जगह पिन और खाँचे के जरिए पहचानते थे। अंत में सभी मिलकर नृत्य करते थे। ऐसा करते हुए लुई को हमेशा अपने गाँव के हाट की याद आ जाती थी।

गुरुवार की दोपहर विद्यार्थियों को घूमने के लिए ले जाया जाता था। एक रस्सी के सहारे सभी विद्यार्थी कतार में खड़े हो जाते थे। वे अपने आपको 'रस्सीवाले सदस्य' कहते थे। एक पर्यवेक्षक कतार के आगे जुलूस का नेतृत्व करता था और दूर से वे विशाल शत-पद की तरह नजर आते थे। उन्हें नगर के जैविक उद्यानों में ले जाया जाता था, जहाँ वे प्रकृति के संबंध में नई जानकारियाँ प्राप्त करते थे। नई आवाजें, नई गंध और नए आकारों से उनका साक्षात्कार होता था।

टहनियों और पत्तों के बाहरी स्वरूप के आधार पर पेड़ों की पहचान की जाती थी। गुलाब, गुलखैरू और नीलफ की पहचान गंध के जरिए की जाती थी। जब विद्यार्थी उद्यान में जाते थे तो सबसे पहले नीलपुष्प की तलाश करने के लिए उनके बीच होड़ मच जाती थी।

विद्यार्थी अपने साथ रोटी के टुकड़े बचाकर रख लेते थे। जिन्हें वे घास के मैदान में कबूतरों को खिलाते थे। कबूतरों के साथ खेलना उन्हें अच्छा लगता था। उनके पंखों की फड़फड़ाहट और गुटरगूँ की आवाजें मजेदार लगती थीं। कबूतर बेहिचक अपनी चोंच से रोटी के टुकड़े उठा लेते थे।

लुई जल्द ही आवाज के जरिए अलग-अलग पंछियों को पहचानने लगे थे। हंस की आवाज उन्हें विषादपूर्ण लगती थी, वहीं कोयल की आवाज मीठी लगती

थी, गौरैया की आवाज वह दूर से भी पहचान जाते थे, मगर उन्हें सबसे ज्यादा पसंद थी अबाबील की तेज आवाज।

जुलाई में स्कूल की छुट्टी घोषित हुई। जैसा गेब्रियल ने पहले दिन कहा था, लुई विद्यालय से प्यार करने लगे थे और उन्हें विद्यालय से गहरा लगाव हो गया था। विद्यालय के सीलन भरे वातावरण और सख्त अनुशासन के बावजूद उन्हें वहाँ रहना पसंद था। उन्होंने देखा था कि निदेशक की भूमिका निभाते हुए डॉ. गिल किसी तरह का पक्षपात नहीं करते थे और उन्हें खुशामद से नफरत थी। जब पुरस्कारों का वितरण किया गया, तब लुई को सिलाई और स्लीपर निर्माण के लिए उत्कृष्टता का प्रमाण-पत्र दिया गया। गेब्रियल को पियानो वादन के लिए पुरस्कार दिया गया। सभी विद्यार्थियों ने घर रवाना होते समय एक-दूसरे से वादा किया कि छुट्टी के दौरान वे दृष्टि शक्ति-संपन्न भाई-बहनों की सहायता से पत्र लिखेंगे।

अगर हमारे पास लिखने का कोई तरीका होता। उदास होकर लुई ने सोचा, तो हम लोग अकसर एक-दूसरे को पत्र लिख सकते।

दो महीने का अवकाश! यानी दो महीने तक लुई को कुप्रे के स्वच्छ वातावरण में साँस लेने और धूप का आनंद लेने का मौका मिलेगा। घर पहुँचते ही लुई ने माँ के दोनों गालों को चूम लिया। लुई ने अपने पिता से वादा किया कि अवकाश की अवधि में वह फुंदना और झब्बा बनाने में उनकी सहायता करेगा। लुई जीन और दूसरे साथियों से मिलने गए। उन्होंने पादरी पॉली से भी मुलाकात की।

उनके घर लौटने पर कुछ खालीपन का अहसास उन्हें हो रहा था। इस बीच मेरी केलीन की शादी हो चुकी थी और वह अपनी ससुराल चली गई थी। रविवार के दिन मेरी के अलावा कैथरीन और सीमोन अपने परिवार के साथ आ जाते थे। सभी एक साथ चर्च में प्रार्थना करने के लिए जाते थे।

लुई को एक लंबे अंतराल के बाद चर्च में प्रार्थना के दौरान पादरी पॉली की आवाज सुनना अच्छा लग रहा था। चर्च के दरवाजे पर लुई की मुलाकात शिक्षक बेकेरेट और मारकीस से हो गई। दोनों ने लुई से हाथ मिलाया और पेरिस के विद्यालय की पढ़ाई के बारे में पूछा।

अवकाश के दिन पंख लगाकर उड़ते गए। एक बार फिर लुई पेरिस जाने के लिए साप्ताहिक स्टेजकोच में सवार हो गए, मगर इस बार अनजानी जगह तक जाने की आशंका उनके मन में नहीं थी। वे अपने दोस्तों के पास अपने दूसरे घर में वापस जा रहे थे।

□

मुझे ढूँढ़नी होगी कोई तरकीब

लुई बिस्तर पर बैठ गए। कुछ पल के लिए वह सोच नहीं पाए कि कहाँ थे। क्या वह फार्म हाउस की ऊपरी मंजिल वाले कमरे में थे या...और उन्हें याद आ गया। यह विद्यालय में उनके तीसरे सत्र का पहला दिन था। इंस्टीट्यूशन फॉर ब्लाइंड यूथ में अध्ययन करते हुए दो साल गुजर चुके थे। इस साल वे ऊँची कक्षा के विद्यार्थी बन गए थे।

उन्होंने अपनी बगल के बिस्तर की तरफ कान लगाकर आवाज सुनने की कोशिश की। उधर से भावोत्तेजक दबी हुई जँभाई की आवाज आ रही थी। इसका मतलब गेब्रियल भी उनकी तरह जाग रहा था।

दोनों जल्दी से बिस्तर से उतरे और विद्यालय की नई पोशाक पहन ली। काली पतलून और कोट विद्यालय की पोशाक थी। हर साल पोशाक का आकार बढ़ता जा था। दोनों ने बाथरूम में जाकर ठंडे पानी से चेहरे को धोया और अपने बालों को कंघी से सँवारने लगे। लुई के बाल घने और घुँघराले थे। गेब्रियल के बाल काले और सीधे थे। उन्होंने गरम दूध पीया और नाश्ते में रोल खाया। इसके बाद दोनों कक्षा की ओर चले गए।

गणित, व्याकरण, इतिहास और लातिन की कक्षाओं में पढ़ाई करने के साथ ही लुई सेलो और आर्गन बजाना भी सीख रहे थे। उन्हें स्लीपर कारखाने में भी काम करना पड़ता था। बैलों को हाँकने के लिए इस्तेमाल किए जाने वाले चाबुक को गूँथना भी वह सीख गए थे। विद्यालय के विद्यार्थी जो स्लीपर, चाबुक और अन्य सामग्रियाँ बनाते थे, उन्हें बेचकर विद्यालय की जरूरतों के लिए धन का प्रबंध किया जाता था।

नए सत्र के कार्य और अध्ययन को समझने के लिए लुई बेताब थे। सुबह से ही वह जो सवाल पूछना चाहते थे, वह पूछने का अवसर आ गया था। उन्होंने

पूछा, "इस साल मुझे कौन-कौन सी पुस्तकें पढ़ने के लिए मिलेंगी?"

"हमेशा तुम किताबों के बारे में ही पूछते रहते हो! तुम्हें किताबों में गहरी दिलचस्पी है।" मार्गदर्शक ने कहा, "तुम्हें तो वेलेंटीन हाए से मिलना चाहिए, जिन्होंने नेत्रहीनों के लिए पहली पुस्तक तैयार की और इस विद्यालय की स्थापना भी की।"

"क्या आप उनको जानते हैं, महाशय?" नेत्रहीनों के लिए पहली पुस्तक तैयार करने वाले वेलेंटीन हाए से मिलने के लिए लुई बेताब हो उठे थे।

"मुझे उन्होंने ही प्रशिक्षण दिया था?" मार्गदर्शक ने कहा, "इसके बाद वह इसी विद्यालय की तरह अन्य विद्यालयों की स्थापना करने के लिए जर्मनी और रूस चले गए थे।"

"क्या उनकी उम्र काफी हो चुकी है?" लुई वार्त्तालाप को जारी रखना चाहते थे और उस महान् शिक्षक के बारे में ज्यादा-से-ज्यादा जानकारी जुटाना चाहते थे।

"हाँ, अब वे काफी वृद्ध और कमजोर हो चुके हैं, उन्हें ठीक से कुछ दिखाई भी नहीं देता। वे जीवन का अंतिम समय गुजारने के लिए फ्रांस लौटकर आ चुके हैं।" मार्गदर्शक ने कुछ सोचा और फिर कहा, "क्या तुमने उस सुबह की कहानी सुनी है, जिस सुबह वेलेंटीन हाए ने अपना जीवन नेत्रहीनों की शिक्षा के लिए समर्पित करने का संकल्प किया था?"

"नहीं महाशय, मगर मैं उस घटना के बारे में सुनने के लिए उत्सुक हूँ। कृपया मुझे बताएँ।"

मार्गदर्शक खड़ा हो गया, उसने अपने कमरे का दरवाजा बंद कर लिया और फिर लुई को एक कुरसी पर बैठने के लिए कहकर अपनी कुरसी पर बैठ गया।

"वह घटना सितंबर महीने में एक सुबह घटी थी, जब वेलेंटीन हाए, जो उस समय युवा थे, खुली हवा में प्रातः भ्रमण करने के लिए निकले थे। जब वे आगे बढ़ रहे थे, तभी उन्होंने सेंट ओवीड बाजार में एक कॉफी हाउस के सामने लोगों की भीड़ को देखा। वे ठिठक गए और उन्होंने जानने की कोशिश की कि भीड़ वहाँ क्यों इकट्ठी हुई है। जो नजारा उन्होंने देखा, उससे वे क्षुब्ध हो उठे।"

"उन्होंने क्या नजारा देखा था?" लुई ने पूछा।

"एक ऊँचे मंच पर दस नेत्रहीन व्यक्ति अपनी विकलांगता का मजाक उड़ाते हुए दर्शकों का मनोरंजन करने और सेंट ओवीड के नाम पर सहायता हासिल करने की कोशिश कर रहे थे। किसी ने उन नेत्रहीन व्यक्तियों को विद्वानों जैसा लबादा पहना दिया था और कार्डबोर्ड के किनारे से निर्मित बिना लैंस का चश्मा भी पहना

दिया था। उनके सिर पर नर्तकों जैसी टोपी पहनाई गई थी और उनके वजूद का मजाक उड़ाने के लिए गधे के कान के आकार के कान उनके सिर पर चिपकाए गए।

''नेत्रहीन व्यक्तियों के सामने एक स्टैंड पर किताब रखी हुई थी, जिसे पढ़ने का दिखावा करते हुए वे गाना गा रहे थे। वे बेसुरे अंदाज में गा रहे थे और कर्णकटु अंदाज में वायलिन तथा सेलो भी बजा रहे थे।''

''नेत्रहीन व्यक्ति इस तरह की हरकत क्यों कर रहे थे?'' लुई ने पूछा।

''उस जमाने में नेत्रहीन व्यक्तियों के पास जीविका चलाने के दो ही रास्ते थे, या तो उन्हें मूकाभिनय करना पड़ता था या भीख माँगनी पड़ती थी। कॉफी हाउस के सामने मंच पर तमाशा करते हुए वे नेत्रहीन लोग दर्शकों का मनोरंजन कर कुछ उपार्जन करने की उम्मीद रखते थे। अपने वजूद को बचाए रखने के लिए उन्हें इस तरह अपनी अक्षमता का तमाशा करना पड़ता था।''

लुई अपनी कुरसी पर आगे की तरफ झुक गए, ''वेलेंटीन हाए ने उन लोगों से क्या कहा?''

''उन्होंने कहा—एक दिन मैं इस मजाक का जवाब जरूर दूँगा। मैं नेत्रहीनों को सचमुच पढ़ना सिखाऊँगा, उन्हें प्रभावशाली संगीत कार्यक्रम पेश करने लायक बनाऊँगा। तुम लोगों ने इन नेत्रहीनों के सिर पर गधे के कान चिपकाकर इनकी शारीरिक अक्षमता के साथ क्रूर मजाक किया है, एक दिन मैं तुम सबको गधा साबित कर दिखाऊँगा।''

लुई हँसने लगे, ''भले आदमी! भले आदमी!'' उन्होंने जोर से कहा, ''उसके बाद उन्होंने विद्यालय की स्थापना की?''

''उसी समय उन्होंने नेत्रहीनों के लिए विद्यालय की स्थापना करने का संकल्प लिया, मगर सबसे पहले उन्हें नेत्रहीनों को शिक्षित करने की तरकीब को सीखना था, ऐसी किताब को ईजाद करना था, जिन्हें स्पर्श के जरिए नेत्रहीन विद्यार्थी पढ़ सकें, और फिर अपने विद्यालय के लिए उन्हें धन का इंतजाम करना था।''

''पादरी पॉली ने हमें नेत्रहीनों के संगीत कार्यक्रम के बारे में बताया था। उन्होंने बताया था कि सम्राट् और महारानी के सामने नेत्रहीन बच्चों ने गीत गाए थे और किताब का पाठ भी किया था।''

''यह सच है, मगर जब क्रांति हुई, तब सम्राट् और महारानी की प्रशस्ति के गीत नहीं गाए जा सकते थे। उस समय बच्चों को क्रांति के बारे में कुछ गीत सिखाना जरूरी हो गया था, जिन गीतों को वे सड़कों पर गा सकते थे। उथल-पुथल भरे उस दौर में विद्यालय को जिंदा रखने के लिए वेलेंटीन हाए ने अपना सर्वस्व

न्योछावर कर दिया था। वे केवल एक वक्त ही भोजन करते थे।''

लुई ऐसे महापुरुष से मिलने के लिए उत्सुक हो उठे। उन्होंने उम्मीद भरे लहजे में पूछा, ''वेलेंटीन हाए हमारे विद्यालय में तो जरूर आएँगे?''

''काश! ऐसा हो पाता, मगर विद्यालय में उनके प्रवेश को वर्जित किया जा चुका है।''

लुई चकित हुए, ''क्यों, उनका प्रवेश क्यों वर्जित किया गया?''

''क्योंकि क्रांति के दिनों में उन्होंने बच्चों को क्रांति के गीत सिखाए थे। अब देश का शासन एक सम्राट् चला रहे हैं। विद्यालय के निदेशक मानते हैं कि अगर वेलेंटीन हाए विद्यालय में कदम रखेंगे तो सम्राट् नाराज हो जाएँगे।'' मार्गदर्शक ने कहा, ''मेरे जैसे जो लोग उनके साथ काम कर चुके हैं, आज भी उनसे मिलने जाते हैं और उनसे आशीर्वाद प्राप्त करते हैं। उन्हें अपने ही विद्यालय में कदम रखने की इजाजत नहीं दी जाती, यह सोचकर उन्हें काफी तकलीफ होती है।''

लुई को उम्मीद थी कि वह मार्गदर्शक से इजाजत लेकर उनके पास ही हाए से मिलने जा सकेंगे, मगर मार्गदर्शक ने उन्हें अपने साथ ले जाने से इनकार कर दिया। मार्गदर्शक से विदा लेकर लुई गेब्रियल के पास गए और उसे हाए के बारे में सब कुछ बताया।

अगले कुछ सप्ताह तक लुई उस सत्र के लिए निर्धारित तीन या चार पाठ्य-पुस्तकों को ही कई बार पढ़ते रहे। इस बीच उन्हें वेलेंटीन हाए के महान् योगदान की याद आती रही। वह सोच रहे थे कि किसी दिन ऐसा जरूर मुमकिन होगा, जब उभरे अक्षरों वाली पुस्तकों की खोज करने वाले हाए से उन्हें मिलने का अवसर मिलेगा और अप्रत्याशित रूप से उनकी यह इच्छा जल्द ही पूरी होनेवाली थी।

डॉ. गिल को रॉयल इंस्टीट्यूशन फॉर ब्लाइंड यूथ के निदेशक के पद से हटा दिया गया। इस तरह की अफवाहें थीं कि उन्होंने निजी मामलों में विद्यालय को घसीटने का प्रयास किया था।

उनके जाने से विद्यार्थी दुःखी नहीं हुए। विद्यार्थी उन्हें एक सख्त मिजाज इनसान के रूप में याद रखनेवाले थे, जो उन्हें अकसर सूखी रोटी और पानी के सहारे वक्त गुजारने की सजा देता था या मामूली गलती पर भी बेरहमी से पिटाई करता था। लुई को भी डॉ. गिल की यह आदत पसंद नहीं थी, मगर लुई को डॉ. गिल से सबसे बड़ी शिकायत यह थी कि उन्होंने वेलेंटीन हाए के लिए विद्यालय का दरवाजा बंद कर दिया था। उन्हें लग रहा था कि क्रांति के गीत का बहाना बनाकर जान-बूझकर हाए के प्रवेश पर रोक लगाई गई थी।

डॉ. पिगनियर को नया निदेशक बनाया गया। पहली सभा में शामिल होते हुए लुई के मन में कई तरह की शंकाएँ थीं। यह नया निदेशक कैसा रवैया अपनाने वाला था? क्या विद्यालय के पाठ्यक्रम में परिवर्तन होनेवाला था? क्या नया निदेशक अपनी मरजी से नेत्रहीन विद्यार्थियों की शिक्षा के क्रम में कोई तब्दीली लानेवाला था?

जब डॉ. पिगनियर अपना पहला भाषण दे रहे थे, तब लुई एक-एक शब्द को गौर से सुन रहे थे। कुछ वाक्यों को सुनने के बाद ही लुई आश्वस्त हो गए। उन्होंने अपने आपसे कहा कि इस तरह मैत्रीपूर्ण शांत आवाज, शालीन और मधुर शब्दों की उत्पत्ति केवल उदार और दयालु हृदय से ही हो सकती है। उन्हें लगा कि डॉ. पिगनियर ऐसे व्यक्ति थे, जिन्हें विद्यालय के विद्यार्थियों का प्यार और आदर मिलनेवाला था। कुछ दिनों के बाद ही जब एक दिन विद्यार्थियों की सभा में डॉ. पिगनियर ने बताया कि विद्यालय के संस्थापक वेलेंटीन हाए के प्रति श्रद्धा और सम्मान व्यक्त करने के लिए एक दिवस के कार्यक्रम की योजना उन्होंने बनाई थी, तब लुई समझ गए कि नए निदेशक के व्यक्तित्व के बारे में उनका आकलन बिल्कुल सही था।

कार्यक्रम के लिए 21 अगस्त, 1821 का दिन निर्धारित किया गया। कार्यक्रम को लेकर शिक्षकों और विद्यार्थियों के मन में जबरदस्त उत्साह था। डॉ. पिगनियर और सहायक निदेशक डॉ. डाफू के नेतृत्व में कार्यक्रम की तैयारी हो रही थी। एक अच्छी बात यह थी कि तैयारी करने के लिए कई महीने का समय हाथ में था। डॉ. पिगनियर यह सुनिश्चित करना चाहते थे कि वेलेंटीन हाए को कार्यक्रम का प्रत्येक हिस्सा पसंद आए और उन्हें अपने विद्यालय पर गर्व महसूस हो। स्थापना के बाद प्रथम वर्ष में वेलेंटीन हाए ने अपने शिष्यों के साथ सेंट वेलेंटाइन दिवस के लिए एक संगीत-काव्य की रचना की थी। विद्यालय के विद्यार्थी उसी संगीत-काव्य को हाए के समक्ष प्रस्तुत कर उन्हें प्रसन्न करने की तैयारी कर रहे थे। कार्यक्रम के अंत में प्रत्येक विद्यार्थी को वेलेंटीन हाए से मिलने का अवसर मिलनेवाला था, जिन्हें महाद्वीप के लोग 'नेत्रहीनों के पिता' के रूप में जानने लगे थे।

लुई भीतर-ही-भीतर रोमांचित हो उठे थे। वह रोज मन-ही-मन विचार करते कि उभरे हुए अक्षरों वाली पुस्तक की खोज करने वाले महापुरुष से मिलने पर वह क्या कहेंगे। उन्होंने सेलो वादन का अभ्यास मेहनत के साथ किया। वह नहीं चाहते थे कि कार्यक्रम के दौरान उनके सेलो वादन में किसी तरह की त्रुटि रह जाए। उस कार्यक्रम में लुई के पिता और सीमोन भी दर्शक दीर्घा में उपस्थित

रहने वाले थे। कार्यक्रम संपन्न होने के बाद गरमी की छुट्टियाँ बिताने के लिए लुई पिता और भाई के साथ कुप्रे लौटने वाले थे।

21 अगस्त की सुबह आसमान साफ था, जिसका मतलब था कि वह एक गरम दिन साबित होनेवाला था। सुबह में ही छायादार स्थान पर मंच और दर्शक दीर्घा का इंतजाम कर लिया गया था। जल्द ही विद्यार्थियों के माता-पिता पहुँचने लगे थे। लुई ने अपने पिता और सीमोन को सामने की बेंच पर बैठते हुए महसूस किया। जब सारी तैयारी पूरी हो गई, विद्यार्थी अपनी जगह पर पहुँच गए। तभी डॉ. पिगनियर कार्यक्रम के मुख्य अतिथि को लेकर पहुँच गए।

आरंभ में संगीत-काव्य को ऑर्केस्ट्रा और कोरस के साथ भव्य तरीके से प्रस्तुत किया गया। संगीत-काव्य को पहचानते ही वेलेंटीन हाए के चेहरे पर सुखद आश्चर्य का भाव आ गया। ऐसा लग रहा था, मानो किसी युद्ध के महान् विजेता का सम्मान किया जा रहा हो।

कोई भी गरमी की परवाह नहीं कर रहा था। गायकगण मुखड़ा, अंतरा और कोरस को तन्मय होकर गा रहे थे। विद्यालय के प्रत्येक विद्यार्थी ने इस प्रस्तुति में कोई-न-कोई योगदान जरूर दिया था। वे कोरस गा रहे थे या कोई-न-कोई वाद्य जरूर बजा रहे थे। लुई ने बीच में अपने माथे से पसीने को पोंछा। वह एकाग्रता के साथ सेलो बजा रहे थे और इस बात का पूरा ध्यान रख रहे थे कि उनकी प्रस्तुति में किसी तरह की त्रुटि न रहे। संगीत-काव्य की प्रस्तुति शानदार रही और इसने पुरानी स्मृतियों को सजीव कर दिया। कई महीने तक की गई मेहनत रंग लाई थी।

कार्यक्रम के अंत में कविता के माध्यम से विद्यालय के संस्थापक के प्रति श्रद्धा व्यक्त की गई। वेलेंटीन हाए इस कदर भावुक हो उठे कि उनके लिए भाषण दे पाना संभव नहीं रह गया था। वह केवल इतना ही कह पाए, ''मेरे बच्चो, मेरा सम्मान करने की जरूरत नहीं है। जो कुछ भी हुआ है, उसे ईश्वर ने किया है।''

लुई जिस तरह की सराहना चाहते थे, वैसी सराहना सीमोन रेने ने की। ''बहुत खूब मेरे बेटे, बहुत खूब! काश, इस अवसर पर तुम्हारी माँ भी यहाँ होती तो उसे बहुत खुशी मिलती।''

सीमोन लुई के साथ सेलो रखने के लिए गए, ''मुझे इस बात पर गर्व है कि तुम मेरे भाई हो।'' सीमोन ने कहा।

और फिर वह अवसर आया, जिसका लुई बेसब्री से इंतजार करते रहे थे। वेलेंटीन हाए एक-एक विद्यार्थी से मिल रहे थे। एक-एक विद्यार्थी उनके पास पहुँच रहा था। वेलेंटीन हाए सभी से नाम पूछते थे और अध्ययन के विषय में पूछते

थे। लुई बेसब्री के साथ उस महापुरुष से बातचीत करने का इंतजार कर रहे थे, मगर जब उनकी बारी आई तो उनके मुँह से एक भी शब्द निकल नहीं पाया। लुई उनका हाथ दबाकर खड़े रहे और बड़ी कठिनाई से उनके सवाल का जवाब दे पाए।

जब स्टेजकोच में लुई अपने पिता और भाई के बीच बैठकर कुप्रे की ओर लौट रहे थे, तब उन्हें उस पल की याद आ रही थी। लुई बिल्कुल खामोश थे। वह अपनी धुन में खोए हुए थे। वह उस महापुरुष के हाथ का स्पर्श भूल नहीं सकते थे। उन्हें ऐसा महसूस हो रहा था, मानो वेलेंटीन हाए ने हाथ पकड़ते हुए उन्हें अपने संकल्प की विरासत सौंप दी थी। जैसे अपने अधूरे कार्य को अंजाम तक पहुँचाने का दायित्व लुई को सौंप दिया था, जबकि लुई तब केवल बारह वर्ष के थे।

उस रात स्टेजकोच में सफर करते हुए लुई ने एक संकल्प लिया था। उन्होंने निश्चय किया कि वह कोई तरकीब ढूँढ़ निकालेंगे, जिस तरह वेलेंटीन हाए ने नेत्रहीनों की शिक्षा के लिए कुछ पुस्तकें तैयार करने के सपने को साकार कर दिखाया था—वह भी नेत्रहीनों की शिक्षा के लिए ढेर सारी पुस्तकें तैयार करने की तरकीब जरूर ढूँढ़ निकालेंगे।

"क्या नींद आ रही है लुई?" सीमोन रेने ने पूछा। चंचल और बातूनी बेटे को चुप देखकर उन्हें लगा था कि लुई को नींद आ रही है।

"जी पिताजी!" लुई ने कहा। वह अपने विचारों के प्रवाह में कोई रुकावट लाना नहीं चाहते थे।

उस रात के बाद लुई घर और विद्यालय में हर पल एक लिपि की खोज करने में जुटे रहे, नेत्रहीनों के लिखने के लिए तरकीब ढूँढ़ते रहे। उन्हें ऐसी विधि की तलाश थी, जिसकी सहायता से ढेर सारी पुस्तकें तैयार की जा सकें और जिन पुस्तकों को कोई भी नेत्रहीन व्यक्ति उँगलियों के स्पर्श से पढ़ सके।

□

क्या हमेशा मुझे पढ़ने के लिए दूसरों पर निर्भर रहना होगा?

वेलेंटीन हाए के सम्मान में आयोजित कार्यक्रम को दो साल गुजर चुके थे। इस बीच वेलेंटीन हाए का देहांत हो चुका था। लुई एक बार फिर गरमी की छुट्टियों में अपने घर लौट रहे थे। अब उनकी उम्र चौदह साल हो चुकी थी, मगर अभी तक वह अपने उस संकल्प को पूरा नहीं कर पाए थे, जो उन्होंने सम्मान समारोह के बाद स्टेजकोच में घर लौटते समय लिया था। अब तक वह कोई ऐसी लिपि या विधि नहीं खोज पाए थे, जिसकी सहायता से नेत्रहीनों के लिए ढेर सारी पुस्तकें तैयार की जा सकती थीं। उन्हें अवकाश के दिन पसंद थे। फुरसत की घड़ियों में उन्हें नए-नए प्रयोग करते हुए अच्छा लगता था।

स्टेजकोच कुप्रे के चौराहे पर समय से पहले पहुँच गई थी और तब तक लुई के पिता उन्हें लेने के लिए नहीं आ पाए थे, लेकिन चिंता की कोई बात नहीं थी। लुई रास्तों को अच्छी तरह पहचानते थे। वह तेजी से टार्टे स्ट्रीट की तरफ कदम बढ़ाने लगे।

जैसे ही उन्होंने फार्म हाउस का ओक लकड़ी से निर्मित दरवाजा खोला, उनके पसंदीदा भोजन की मोहक खुशबू ने उनका स्वागत किया। वह जानते थे कि उनके लिए खासतौर पर व्यंजन बनाए गए हैं। उनकी माँ दरवाजे के पास दौड़ती हुई आई।

''माँ, जैसी खुशबू तुम्हारी रसोई से आती है, वैसी खुशबू और कहीं नहीं आती।'' और उन्होंने प्रसन्न मुद्रा में खड़ी माँ के दोनों गालों को चूम लिया।

''तुम कितने बड़े हो गए हो, लुई! अब तो मैं मुश्किल से तुम्हारे कंधे तक ही पहुँच पाती हूँ।''

''मेरी लंबाई के बारे में कुछ मत कहो, माँ! चाहे मैं जितना बड़ा हो जाऊँ,

तुम्हारा बेटा ही कहलाऊँगा।'' उन्होंने माँ का हाथ थामते हुए कहा।

''तुम्हारी माँ भले ही ठिंगनी हो सकती है।'' सीमोन रेने ने कहा, जो अभी-अभी साज की दुकान से आए थे, ''मगर यह किसी नस्लदार घोड़े की तरह शक्तिशाली है।''

''और खूबसूरत भी।'' लुई ने सौंदर्य की अपनी धारणा के अनुरूप माँ की सराहना की।

''तुम्हें फिर घर में देखकर बहुत अच्छा लग रहा है, बेटे!'' सीमोन रेने ने बेटे को गरमजोशी के साथ गले लगाते हुए कहा, ''इस पुराने घर में आजकल सूनापन महसूस होता है, क्योंकि सभी बच्चे जा चुके हैं। तुम क्या कहती हो मोनीक?''

''हाँ!'' मोनीक ने अपने पति की बात का समर्थन किया, ''काफी सूनापन महसूस होता है। अब मेज के पास बैठ जाओ और इससे पहले कि सूप ठंडा हो जाए, गरमागरम खाना खा लो। आज रात हमें सूनापन महसूस नहीं होनेवाला है।''

लुई खाते समय माता-पिता से बातें करते रहे और फिर रसोई के दरवाजे के पास पेड़ के नीचे वे बातचीत करने के लिए बैठ गए और देर तक बातें करते रहे। उनके माता-पिता विद्यालय की गतिविधियों और उनकी उपलब्धियों के बारे में जानना चाहते थे। हालाँकि उनके बीच पत्रों का आदान-प्रदान होता रहा था, मगर लुई उन पत्रों को दृष्टिशक्ति-संपन्न व्यक्ति की सहायता से लिखवाते थे, उन पत्रों में खुलकर अपने दिल की बात नहीं लिख सकते थे, लेकिन आमने-सामने बैठकर वे खुलकर दिल की बातें कर सकते थे।

लुई ने महसूस किया कि वह बेहिचक अपने माता-पिता को विद्यालय की उपलब्धियों के बारे में बता सकते हैं—उन्हें संगीत के लिए पुरस्कार मिला था, अध्ययन में उन्होंने महारत हासिल की थी। स्लीपर फैक्टरी में उन्हें फोरमैन का दरजा प्रदान किया गया था। उन्होंने बताया कि यह सत्र उपलब्धियों की दृष्टि से उनके लिए महत्त्वपूर्ण साबित हुआ।

''और पिताजी, साज की दुकान कैसी चल रही है? कल हमें क्या काम करना है?''

''कल हमें कोई काम नहीं करना है। पूरा दिन तुम्हारा होगा। तुम्हें कल एक बार पादरी पॉली से मुलाकात करनी चाहिए। वे मुझसे पूछते रहे हैं कि लुई कब घर लौटकर आनेवाला है। उनका हमारे ऊपर बहुत अहसान है।''

अगले दिन सवेरे लुई संकीर्ण कोबल स्टोन स्ट्रीट पर बढ़ते चले जा रहे थे। वे आत्मविश्वास के साथ सिर उठाकर चल रहे थे। अपने गाँव के स्वच्छ परिवेश

में खुलकर साँस ले रहे थे। उनकी छड़ी परिचित स्थानों को आसानी से पहचान रही थी— पड़ोसियों के मकान, बाजार, नालियाँ, चर्च। एक स्थान पर जाकर वे पुराने पुरोहिताश्रम की ओर मुड़ गए, जहाँ वह बचपन में रोज आया करते थे। वहाँ पहुँचकर उन्होंने दरवाजा खटखटाया।

पादरी ने स्वयं दरवाजा खोला।

"आओ-आओ, मेरे बच्चे! सवेरे-सवेरे तुम्हें देखकर बहुत अच्छा लग रहा है। तुम्हारे विद्यालय का क्या हाल है और तुम्हारे दोस्त कैसे हैं? गेब्रियल गोथियर कैसा है? स्लीपर फैक्टरी कैसी चल रही है और संगीत-साधना? आओ, मेरे अध्ययन कक्ष में बैठो और मुझे सारा हाल सुनाओ।"

लुई मुसकराए, "आपने एक साथ इतने सारे सवाल पूछे हैं फादर, मैं तय नहीं कर पा रहा हूँ कि कहाँ से शुरू करूँ। पुराना विद्यालय और भी जीर्ण-शीर्ण हो गया है, हॉल ठंडा और सीलन भरा है। रात में तिलचट्टे दौड़ते रहते हैं। यह हम लोगों की खुशकिस्मती है कि चूहे नहीं हैं। विद्यार्थियों की तादाद बढ़ती जा रही है। अगर दीवारें पत्थर की नहीं होतीं तो अब तक उनका साबुत रह पाना मुमकिन नहीं होता। हमेशा पानी की किल्लत बनी रहती है। हमें महीने में सिर्फ एक बार नहाने की इजाजत मिलती है। इतनी सारी असुविधाओं के बावजूद मुझे विद्यालय में रहना अच्छा लगता है। गेब्रियल ठीक है और वह आपको याद करता रहता है। उसने संगीत में महारत हासिल कर ली है। जहाँ तक स्लीपर फैक्टरी का सवाल है, आप इस समय उस फैक्टरी के फोरमैन से बात कर रहे हैं।"

"बधाई हो मेरे बच्चे! मुझे लगता है, अपने पिता की साज की दुकान का अनुभव तुम्हारे लिए उपयोगी साबित हो रहा है। अब जरा संगीत-शिक्षा के बारे में बताओ।"

"संगीत? विद्यालय में प्रत्येक विद्यार्थी को संगीत सीखने का अवसर दिया जाता है, मगर जो सिखाया जाता है, उसे पूरी तरह संगीत कहना भी ठीक नहीं होगा। जब विद्यार्थी सीख रहे होते हैं, उस समय इतना शोरगुल होता है कि अगर आप सुनेंगे तो अपने कानों को बंद कर लेंगे। बड़े कमरे में एक साथ कई पियानो बजाए जाते हैं, एक लड़का सीढ़ी के पास अलगोजा बजा रहा होता है तो दूसरा लड़का खिड़की के पास बाँसुरी का अभ्यास कर रहा होता है। मैं कमरे के एक कोने में बैठकर सेलो बजाता रहता हूँ, मगर मुझे ऑर्गन बजाना अच्छा लगता है। प्रार्थना-गृह में और एकांत में मैं दिल खोलकर ऑर्गन बजाता हूँ।"

"अच्छी बात है! हम लोग चर्च में जाएँगे, जहाँ तुम ऑर्गन बजाकर मुझे

सुनाओगे। वहाँ भीड़-भाड़ के अलावा दूसरी समस्या तो नहीं है?''

''कोई गंभीर समस्या नहीं है।'' लुई गंभीर हो गए, ''इमारत वही पुरानी है, उसी के आकार को बेतरतीब तरीके से बढ़ाया जाता रहा है। हम नेत्रहीन विद्यार्थी तब तक दृष्टि शक्तिसंपन्न विद्यार्थियों के समान शिक्षा प्राप्त करने का स्वप्न नहीं देख सकते, जब तक हमारे लिए पर्याप्त पुस्तकें उपलब्ध नहीं हो जातीं—संगीत की पुस्तकें, इतिहास की पुस्तकें, हर विषय की पुस्तकें, विशाल पुस्तकालय।''

''विद्यालय में कुछ पुस्तकें मौजूद हैं न?''

''कुल मिलाकर चौदह पुस्तकें हैं और अंकगणित की कुछ पुस्तकें हैं। इन पुस्तकों को वेलेंटीन हाए ने तैयार करवाया था। वे विशाल आकार की भारी-भरकम पुस्तकें हैं, जिनमें अक्षरों को उभरे हुए रूप में चित्रित किया गया है। उँगली के जरिए एक-एक अक्षर को पहचानकर उच्चारण करना पड़ता है और इस तरह एक पृष्ठ को पढ़ने में ही काफी समय लग जाता है। एक मामूली छोटी सी मुद्रित पुस्तक को भी अगर उभरे हुए अक्षरों वाली पुस्तक का रूप दे दिया जाए तो वह भारी-भरकम पुस्तक बन सकती है। इन्हें तैयार करना काफी खर्चीला होता है और इन्हें रखने के लिए भी काफी जगह की जरूरत पड़ती है। इसके अलावा…।'' लुई ने मजाक के लहजे में कहा, ''जिस धीमी गति से उभरे हुए अक्षरवाली पुस्तकों को पढ़ पाना संभव होता है, उस गति से इतिहास की बारह पुस्तकें पढ़ते-पढ़ते ही कोई छात्र बचपन से बुढ़ापे तक का समय व्यतीत कर सकता है।''

''क्या तुमने और अधिक पुस्तकें तैयार करने का कोई उपाय सोचा है?''

''यह तभी संभव हो सकता है, जब उभरे हुए अक्षरवाली विधि की जगह कोई सरल लिपि का आविष्कार कर पाए। लिपि ऐसी हो, जिसे उँगली की सहायता से उतनी ही सहजता से पढ़ पाना संभव हो, जितनी सहजता से दृष्टिशक्ति संपन्न व्यक्ति मुद्रित अक्षरों को पढ़ पाता है।''

''तुमने शायद ऐसी ही लिपि को लेकर कुछ प्रयोग किया है। है न?''

''जी हाँ, मैं फुरसत में हमेशा ऐसी किसी लिपि की खोज करने में जुटा रहता हूँ, मगर अभी तक मुझे सफलता नहीं मिल पाई है, मैं कोई तरकीब ढूँढ़ नहीं पाया हूँ।''

दोनों खामोश होकर बैठ गए। लुई खड़े हो गए और पादरी के अध्ययनकक्ष की पुस्तकों का उँगलियों से स्पर्श करते हुए बोले, ''क्या मैं इस तरह की पुस्तकें कभी नहीं पढ़ पाऊँगा? क्या हमेशा पढ़ने के लिए मुझे दूसरों पर निर्भर रहना पड़ेगा?''

''इस सवाल का जवाब सिर्फ ईश्वर जानता है मेरे बच्चे! ईश्वर पर भरोसा रखो। मुझे पूरा यकीन है, ईश्वर इस मामले में तुम्हारी सहायता जरूर करेगा।''

इतना कहते हुए पादरी पॉली भी खड़े हो गए। दोनों चर्च पहुँचे, जहाँ लुई को ऑर्गन बजाना था।

गरमी की छुट्टियों में जब लुई फुँदना और झब्बा बनाने में व्यस्त नहीं रहते थे, तब वे नेत्रहीनों के लिए एक लिपि की खोज करने में जुटे रहते थे। वे चमड़े को वृत्ताकार, त्रिकोण और चतुर्भुज का आकार बनाकर काटते थे। चमड़े में छेद करते हुए वह संभावित लिपि के बारे में सोचते रहते थे। उन्होंने राशिचक्र के चिह्नों की सहायता से संगीत की स्वरलिपि बनाने की कोशिश की थी, मगर उन्हें सफलता नहीं मिल पा रही थी।

कई हफ्तों तक प्रयत्न करने के बावजूद नाकाम रहने पर वे अक्तूबर में विद्यालय लौट गए। लिपि की खोज अभी तक नहीं हो पाई थी। उन्हें लगने लगा था कि नेत्रहीनों के लिए लिपि की खोज के मामले में उन्हें 'ईश्वरीय सहायता' नहीं मिल पा रही है।

□

छह उभरी हुई बिंदियाँ

लुई और गेब्रियल सभा-कक्ष में अन्य 58 विद्यार्थियों के साथ आकर बैठ गए थे। डॉ. पिगनियर ने विद्यार्थियों की 'विशेष सभा' का आह्वान किया था।

निदेशक उनसे क्या कहनेवाले थे, कोई भी सभा के उद्देश्य को समझ नहीं पा रहा था। क्या उन्हें फटकार मिलनेवाली थी या किसी नए नियम की घोषणा होनेवाली थी या कोई विशिष्ट व्यक्ति विद्यालय में आनेवाला था? इंतजार करते हुए उनके भीतर कौतूहल का भाव बढ़ता ही जा रहा था।

परिचित कदमों की आहट नजदीक आते ही विद्यार्थियों की फुसफुसाहट बंद हो गई। सभी सभा-कक्ष के दरवाजे की ओर मुँह घुमाकर बैठ गए थे।

निदेशक ने कहना शुरू किया, "आज मैं तुम लोगों को एक खास तरह की लिपि के नमूने दिखाने के लिए आया हूँ। ये नमूने सेना के कैप्टन चार्ल्स बार्बर मेरे पास छोड़कर गए हैं। इस लिपि का इस्तेमाल कैप्टन ने रात के अँधेरे में सैनिकों तक कूट संदेश पहुँचाने के लिए किया था। यह बिंदियों और रेखाओं की लिपि है, जिन्हें उँगली के स्पर्श से पढ़ा जा सकता है। इस लिपि का प्रयोग करने पर सैनिक अँधेरे में भी संदेश पढ़ सकते हैं। इस तरह रोशनी जलाने पर दुश्मन की नजरों में अपनी स्थिति दरशाने का जोखिम भी नहीं रह जाता। कैप्टन बार्बर को लगता है कि उनकी यह लिपि तुम लोगों के लिए उपयोगी साबित हो सकती है। ध्वनियों पर आधारित होने के कारण कैप्टन इस लिपि को सोनोग्राफी कहकर पुकारते हैं।"

डॉ. पिगनियर ने नमूने के पृष्ठों को विद्यार्थियों के हवाले कर दिया। पृष्ठों पर कूबड़ की तरह बिंदियाँ और रेखिकाएँ थीं। मोटे कागज पर एक नोकदार उपकरण शलाका से छेदकर बिंदियाँ और रेखिकाएँ तैयार की गई थीं।

जब लुई ने उभरी हुई बिंदियों को उँगलियों से स्पर्श किया, तो उन्हें लगा कि वह खुशी के मारे उछल पड़ेंगे और नाचने लगेंगे! उन्होंने गेब्रियल की बाँह को

झकझोरते हुए कहा, "यही है! यही है!"

लुई को इसी विधि की तलाश थी। नेत्रहीनों की पढ़ाई-लिखाई उभरी हुई बिंदियों की सहायता से संभव हो सकती है, मगर यह केवल कैप्टन की सोनोग्राफी प्रणाली का अनुकरण करने से संभव नहीं हो सकता था। यह ध्वनि विज्ञान पर आधारित प्रणाली थी, जिसके तहत किसी भी शब्द की ध्वनि के अनुरूप बिंदियाँ बनाई जाती थीं। इकाई के अंतर्गत बारह बिंदियों का प्रयोग किया गया था। इतनी सारी बिंदियों का इस्तेमाल होने के कारण प्रक्रिया मंथर हो जाती थी और धीरे-धीरे शब्दों को पढ़ पाना मुमकिन हो पाता था। अगर इस प्रणाली का इस्तेमाल किया जाता तो पुस्तक तैयार करने की प्रक्रिया वेलेंटीन हाए की प्रक्रिया की तरह ही अव्यावहारिक साबित हो सकती है। केवल उच्चारण करने के लिए इस लिपि का प्रयोग हो सकता है। इसमें संख्या, भाव या संगीत की स्वर-लिपि के लिए कोई प्रावधान नहीं था। यह लिपि वेलेंटीन हाए की लिपि से बेहतर है, चूँकि इसे लिखा जा सकता है, मगर यह प्रक्रिया धीमी साबित होने वाली है। चूँकि कई बिंदियों और रेखाओं को छेदने में काफी वक्त लग सकता है।

'बिंदी-बिंदी-बिंदी!' लुई सोचते रहे। सपने में भी वे बिंदियों को देखते रहे। रात में जब दूसरे विद्यार्थियों के खर्राटे की आवाजें सुनाई देने लगतीं और मॉनीटर आखिरी बार गश्त लगाकर चला जाता, तब लुई बिस्तर के नीचे छिपाकर रखे गए राइटिंग बोर्ड और शलाका को बाहर निकालते और जादुई बिंदियों का प्रयोग करते हुए एक कारगर लिपि बनाने की कोशिश में जुट जाते। उनका मानना था कि प्रत्येक अक्षर के लिए कम-से-कम बिंदियों का प्रयोग होना चाहिए, ताकि उँगली के स्पर्श से उन्हें तेजी से पढ़ पाना संभव हो सके। इसके अलावा किसी भी पन्ने पर नेत्रहीन व्यक्ति उँगलियों को फेरते हुए उतनी ही तेजी से पाठ को पढ़ पाए, जितनी तेजी से कोई दृष्टि शक्तिसंपन्न व्यक्ति मुद्रित पाठ को पढ़ लेता है।

अकसर सड़क की ओर से दूधवालों के बरतनों की आवाजें सुनकर लुई को सुबह होने का अहसास होता। तब उनकी समझ में आता है कि किस तरह रात भर जागते हुए तन्मय होकर वह अपने प्रयोग में जुटे हुए थे। वह तेजी से राइटिंग बोर्ड और शलाका को बिस्तर के नीचे छिपा देते और थोड़ी देर के लिए सो जाते।

जब छुट्टियों का समय आता, वह रतजगा करने के कारण बिगड़ी हुई तबीयत के साथ घर लौटते। उन्हें जोर-जोर से खाँसी आती थी। मोनीक इस बात से परेशान हो उठती थी। वह चाहती थी कि लुई रात भर आराम से सोए। वह रात में लुई पर नजर रखती थी और सुनिश्चित करती थी कि अपने प्रयोग के लिए वह नींद

को न्योछावर न कर पाए। कुप्रे के स्वच्छ वातावरण में आराम करते हुए, ग्रामीण सड़कों पर घूमते हुए और माँ के हाथ का लजीज भोजन करते हुए लुई की तबीयत सुधर जाती थी।

जब भी उन्हें फुरसत मिलती, वह नई लिपि की खोज करने में व्यस्त हो जाते थे। गाँव में पहाड़ी के ऊपर बैठकर वह लिपि संबंधी प्रयोग करते रहते थे। उन्हें साज की दुकान की पत्थर की सीढ़ियों पर बैठना खासतौर पर पसंद था। पिता जब हथौड़े चला रहे होते थे तो उस आवाज के साथ लुई एक किस्म का लगाव महसूस करते थे और उन्हें प्रयोग करने में आनंद आने लगता था। वहाँ बैठकर लुई अपनी माँ का गुनगुनाना सुना सकते थे, जो घर की सफाई, कपड़ों की सिलाई या दूसरे कार्यों में जुटी रहती थी। माँ के गीतों को सुनकर उन्हें सुकून मिलता था और नए सिरे से कोशिश करने की प्रेरणा मिलती थी। खासतौर पर प्रयोग में नाकाम हो जाने पर नए सिरे से शुरुआत करने की प्रेरणा उन्हें माँ के गीतों को सुनकर मिलती थी। गाँव के चौराहे की घंटी की आवाज सुनकर वह अपने कार्य के घंटों का अनुमान लगाया करते थे।

लुई सोचते थे कि अगर वह लिपि संबंधी अपने प्रयोगों के बारे में पादरी पॉली से बात कर पाते तो कितना अच्छा होता, मगर इस बीच पादरी पॉली का देहांत हो चुका था। पड़ोसी समझते थे कि लुई अकेलेपन को दूर करने के लिए बिंदियाँ बनाया करता है।

बैलगाड़ी हाँकता हुआ फैंक जब उनके घर के सामने आया, तो उसने लुई को संबोधित करते हुए कहा, "लुई बेटे! अभी भी कागज में छेद कर रहे हो?"

"जी हाँ, मगर ज्यादातर काम पूरा हो चुका है, मुझे ऐसा लगता है।" लुई ने सूँघकर महसूस किया कि फैंक बैलगाड़ी में सेब लादकर बाजार की ओर जा रहा है। सेब की सुगंध के साथ ही लुई को अक्तूबर महीने की याद आई और इसके साथ ही उन्हें अहसास हो गया कि जल्द ही उन्हें वापस विद्यालय लौट जाना है। वह प्रयोग की तरफ विशेष ध्यान देने लगे।

उस शाम लुई ने लिपि संबंधी अपने प्रयोग का सावधानीपूर्वक विश्लेषण किया। उन्होंने एक-एक चरण पर गौर किया। उन्होंने छह उभरी हुई बिंदियों को आधार बनाकर अपने प्रयोग को अंजाम दिया था। इसमें तीन बिंदियाँ ऊँची थीं और तीन चौड़ी थीं। उन्होंने नए सिरे के मूल सिद्धांत का परीक्षण किया और यह सुनिश्चित किया कि उनकी उँगलियों ऊपर या नीचे की तरफ भटके बगैर बिंदियों के फैलाव को पढ़ पा रही हैं या नहीं।

आरंभिक दस अक्षरों की लिपियाँ सुनिश्चित करना सबसे कठिन था। उन्होंने मूल सिद्धांत की ऊपरी चार बिंदियों की सहायता से उन अक्षरों के विन्यास को तैयार किया। ए बिंदी एक थी, बी बिंदी एक और दो थी, सी बिंदी एक और चार थी।

उसके बाद अगले दस अक्षरों को बनाना आसान था, मगर उन्हें पढ़ पाना थोड़ा कठिन था। उन्होंने दस अक्षरों के साथ मूल सिद्धांत की बिंदी तीन को जोड़ते हुए इसे संभव बनाया था। अंतिम पाँच अक्षरों को बनाने के लिए उन्होंने बिंदी तीन और छह को जोड़ा था।

डब्ल्यू को पहले उन्होंने छोड़ दिया था चूँकि फ्रेंच में इसका इस्तेमाल कभी-कभार ही होता था। बाद में जब एक अंग्रेज ने उनसे अनुरोध किया तो उन्होंने आर अक्षर को उल्टा लिखकर डब्ल्यू को लिखने की विधि खोज निकाली।

फ्रेंच उच्चारण वाले अक्षरों को लिखना भी एक चुनौती था। प्रत्येक अक्षर के साथ बिंदी के रूप में प्रतीक को जोड़ना था।

उन्होंने संख्याओं को लिखने के लिए प्रयोग शुरू किया। उन्होंने शुरुआती दस अक्षरों के सामने बिंदी तीन, चार, पाँच और छह के मेल को जोड़कर 1 से 10 तक की संख्या लिखने की तरकीब ढूँढ़ निकाली। जब विद्यालय जाने का समय हो गया, तो उस समय वह संगीत की स्वर-लिपि लिखने की तरकीब ढूँढ़ रहे थे।

उन्होंने तेजी से अपनी खोजी गई लिपि की प्रतिलिपियाँ तैयार कीं। वह इन्हें अपने साथियों को दिखाना चाहते थे। उनके साथी क्या कहेंगे? अक्षर इतने सरल थे कि उन्हें आश्चर्य हो रहा था—इन अक्षरों का आविष्कार करने में उन्हें इतना समय कैसे लग गया था। उन्होंने राहत की साँस ली। तीन साल पहले लुई ने स्टेजकोच में सफर करते हुए जो संकल्प लिया था, वह अब पूरा हो गया था। उन्होंने एक ऐसी लिपि की खोज कर ली थी, जिसकी सहायता से नेत्रहीनों के लिए ढेर सारी पुस्तकें तैयार करने के सपने को साकार किया जा सकता था।

एक तीखे सूए की वजह से लुई ने अपनी दृष्टिशक्ति गँवा दी थी और एक सुए की सहायता से ही कागज पर बिंदियों की लिपि खोजकर उन्होंने अपने पढ़ने-लिखने की समस्या का समाधान भी ढूँढ़ लिया था। अब उनकी उम्र पंद्रह साल की हो चुकी थी।

जब लुई विद्यालय पहुँचे तो गेब्रियल ने सबसे पहले उनकी लिपि सीख ली।

"लुई, यह कमाल की चीज है! इसका कोई जवाब नहीं है! इसे सीखना इतना आसान है कि आधा घंटे में ही मैं इसे सीख गया हूँ। तुम्हें इस आविष्कार के लिए सरकार जरूर सम्मानित करेगी।"

गेब्रियल ने दूसरे छात्रों को बुलाकर लिपि का प्रदर्शन किया। विद्यार्थियों ने लुई को घेर लिया। सभी काफी उत्साहित थे और नई लिपि को सीखने के लिए बेताब थे। वे इस लिपि की उपयोगिता के बारे में आपस में बातें करने लगे थे।

"हम कक्षा में आसानी से नोट्स तैयार कर पाएँगे।" एक ने कहा।

"हम खुद ही सवालों के जवाब लिख पाएँगे।" दूसरे ने कहा, "हम अपने लिखे हुए शब्दों को आसानी से पढ़ भी पाएँगे। हम डिक्टेशन भी लिख पाएँगे और...।"

"मैं तो रोज डायरी लिखूँगा।" एक वरिष्ठ छात्र ने कहा, "अब मेडमोसेल नोजी मेरी निजी जिंदगी में हस्तक्षेप नहीं कर पाएगा। हमेशा पूछता रहता है क्या आज तुम्हें बोनी के लिए कोई संदेश नहीं भेजना है?"

लड़के हँसने लगे, और फिर वह बोनी को तुम्हारा संदेश पहुँचाता है?"

"मैं नहीं जानता, मगर आज के बाद अपनी गोपनीय बातें मैं खुद ही लिख पाऊँगा और खुद ही पढ़ पाऊँगा। यह तो बहुत बड़ी आजादी है!"

उसने दोनों बाँहें फैलाकर अपनी खुशी का इजहार किया।

"मेरी दृष्टिशक्ति-संपन्न बहन इस नई लिपि को सीख सकेगी।" नोरमंडी के रहनेवाले एक छात्र ने कहा, "तब मैं घर से भेजे गए खतों को खुद ही पढ़ सकूँगा।"

"यह सच है, ऐसा ही होगा।" छात्रों ने कहा।

"हम लोग अंकगणित और बीजगणित के सवालों को लिखकर खुद ही हल कर पाएँगे।" गणित को पसंद करने वाले एक छात्र ने कहा।

गेब्रियल कुछ देर से चुप था। अब उसने सबका ध्यान आकर्षित करते हुए कहा, "मैं तो इस लिपि को सीख चुका हूँ। मैंने एक वाक्य भी लिखा है।"

सभी छात्र अपने-अपने हाथ में लिपि की प्रति लेकर गेब्रियल के लिखे वाक्य को पढ़ने के लिए बेताब थे। एक लड़के ने गेब्रियल के वाक्य को उँगलियों से छूते हुए चिल्लाकर कहा, "मैं जानता हूँ, तुमने क्या लिखा है। तुमने लिखा है—मैं लिख सकता हूँ।"

"बहुत खूब! बहुत खूब! कल सुबह तक हम सभी इस लिपि को सीख लेंगे।"

डॉ. पिगनियर ने लुई को बुलाया।

"मैंने सुना है कि तुमने लिखने के लिए नई लिपि का आविष्कार किया है। कैसी है वह लिपि? क्या तुम मुझे नहीं दिखाना चाहोगे?"

"जरूर महाशय, मुझे इस लिपि को आपके समक्ष प्रदर्शित करते हुए खुशी

मिलेगी। आप कुछ बोलें, मैं उसे लिखकर दिखाऊँगा।''

''ठीक है। मैं एक पुस्तक से एक पैराग्राफ पढ़कर सुनता हूँ।''

डॉ. पिगनियर स्वाभाविक गति से पढ़ने लगे और लुई बिंदियों वाली लिपि में लिखते रहे। लुई ने कागज पर उँगलियाँ फेरते हुए पूरे पैराग्राफ को पढ़कर डॉ. पिगनियर को सुना दिया।

''यह कमाल की लिपि है मेरे बच्चे! इसका कोई जवाब नहीं है! तुम अपने प्रयोग को जारी रखो। मैं इस मामले में यथासंभव मदद करता रहूँगा।''

इस लिपि को लिखने के लिए डॉ. पिगनियर ने स्लेट बनवाए। स्लेट की खिड़की पर अक्षरों को छेदकर तैयार किया जा सकता था। इस तरह उनके आकार में समानता रह सकती थी और पंक्तियाँ भी सीधी रह सकती थीं। उन्होंने आंतरिक मंत्रालय से अनुरोध किया कि लुई की खोजी गई लिपि को विद्यालय में पढ़ने-लिखने की आधिकारिक विधि के रूप में मान्यता दी जाए।

सरकारी लालफीताशाही किसी भी प्रचलित नियम को आसानी से बदलने के लिए तैयार नहीं होती। हर साल डॉ. पिगनियर सरकार से वही अनुरोध दोहराते थे, मगर उनके अनुरोध पर ध्यान नहीं दिया जा रहा था। दूसरी तरफ विद्यालय के दैनंदिन जीवन में लुई की खोजी गई लिपि का धड़ल्ले से प्रयोग होने लगा था। लेकिन वेलेंटीन हाए की उभरे हुए अक्षरवाली विधि को आधिकारिक रूप से मान्यता प्राप्त थी, इसीलिए विद्यार्थियों को उसका ज्ञान भी दिया जाता था।

अपनी लिपि को मान्यता मिलने में हो रहे विलंब से लुई परेशान थे। उन्हें आश्वस्त किया गया था कि सरकार उनकी खोजी गई लिपि को जरूर मान्यता देगी, मगर इसके लिए उन्हें कब तक इंतजार करना था?

□

अध्यापक

लुई स्लीपर की दुकान के दरवाजे के पास खड़े थे। नगर की धुंध को चीरती हुई धूप ऊँची इमारतों पर पसर गई थी और उनके चेहरे तक भी सूर्य की किरणें पहुँच रही थीं। धूप की तपिश उन्हें अच्छी लग रही थी और वे अपने काम को भूलकर खयालों की दुनिया में खो गए थे। उन्होंने स्लीपर के संबंध में उस विद्यार्थी के सवाल की तरफ ध्यान नहीं दिया था, जो अब उनके हाथ का स्पर्श कर रहा था।

"मुझे खेद है एडवर्ड, तुमने क्या पूछा था? असल में मेरा ध्यान कहीं और भटक गया था।"

पिछले कुछ हफ्तों से उनके साथ ऐसा ही हो रहा था। उन्होंने सोचा कि इस तरह विचारमग्न रहने की जगह कार्य के समय उन्हें पूरी तरह जागरूक बने रहना चाहिए। फुरसत की घड़ियों में वह खयालों की दुनिया में रमे रह सकते हैं, मगर इन दिनों इतने सारे विचार उन्हें एक साथ परेशान कर रहे थे।

लुई बीस वर्ष के हो चुके थे। यह ऐसी उम्र थी, जब तरुणाई की चंचलता की जगह उनके व्यक्तित्व में परिपक्वता का समावेश हो रहा था। यह जीवन का ऐसा पड़ाव था, जब उन्हें अपने भविष्य के बारे में निर्णय लेना था। भविष्य में वह क्या करने वाले थे? वह अपने लिए एक निश्चित रोजगार चाहते थे, ताकि नियमित रूप से उपार्जन संभव हो सके। अपने पिता या विद्यालय पर नियमित रूप से निर्भर रहने के कारण उन्हें झुँझलाहट महसूस होने लगी थी।

यह सच था कि अपनी तरफ से वे मेहनत करते थे। घर पहुँचने पर साज की दुकान में काम करते थे और विद्यालय की स्लीपर फैक्टरी में चौदह साल की उम्र से ही फोरमैन के रूप में काम करते रहे थे। इसके अलावा वे छात्रों को पढ़ाया भी करते थे, मगर इस तरह के सारे कार्यों में उनकी भूमिका सहायक की होती थी। वह तो एक

ऐसे जहाज का कप्तान बनना चाहते थे, जिसे वह स्वयं अपनी मरजी से संचालित कर सकें। उन्हें जीविका के लिए किस दिशा में कदम बढ़ाना चाहिए था—संगीत, अध्यापन या दुकानदारी? उस युग में नेत्रहीनों के लिए रोजगार के अवसर बिल्कुल नहीं थे। इस तरह वह अनवरत अपने भविष्य के बारे में विचार करते रहते थे।

एक दिन डॉ. पिगनियर ने लुई को अपने दफ्तर में बुलाया। लुई जब उनके सामने वाली कुरसी पर बैठे तो उन्हें याद आया कि पाँच साल पहले उसी कुरसी पर बैठकर उन्होंने डॉ. पिगनियर के समक्ष अपनी खोजी गई लिपि का प्रदर्शन किया था। उनके मन में खयाल आया कि वह कुरसी उनके लिए शुभ रही है।

''तुम्हें यह बताते हुए मुझे खुशी हो रही है।'' निदेशक ने कहा, ''आंतरिक विभाग के साथ मेरी पिछली बैठक में प्रशिक्षु शिक्षक के रूप में तुम्हारे नाम को मंजूरी दे दी गई। शुरू में कम वेतन मिलेगा। हर महीने पंद्रह फ्रैंक मिलेंगे, लेकिन समय बीतने पर तुम्हारे पद और वेतन में वृद्धि की जाएगी। समय आने पर तुम नियमित शिक्षक बन जाओगे यानी पूरी तनख्वाह वाले प्रोफेसर।''

फिर डॉ. पिगनियर ने लुई के साथ हाथ मिलाया, ''मैं तुम्हारी कामयाबी के लिए दुआ करता हूँ मेरे बच्चे! मुझे तुम्हारी योग्यता पर पूरा विश्वास है।''

लुई खुशी से झूम उठे। उनको अपनी जीविका का साधन मिल गया था। अब वह अध्यापक बन गए थे। अपनी योग्यता को सिद्ध करने का अवसर उनके सामने आ चुका था।

जब लुई ने अपने परिवार को यह खुशखबरी सुनाई, तो सीमोन रेने ने खुशी के मारे उन्हें बाँहों में भर लिया और मोनीक को पुकारते हुए बोले, ''सुनती हो, क्या तुमने लुई की खुशखबरी सुनी है? हमारा बच्चा आखिरकार प्रोफेसर बन ही गया है। एक प्रोफेसर! एक प्रोफेसर! नाम पंजीयन करवाने के दिन अंगूर उत्पादक ने जब यह बात कही थी, तब उस बात पर कौन यकीन कर सकता था?''

मोनीक ने खुशी के आँसुओं को पोंछते हुए कहा, ''ईश्वर का लाख-लाख शुक्रिया! ईश्वर का लाख-लाख शुक्रिया!''

अक्तूबर महीने में लुई कक्षा में अध्यापक की भूमिका में पहुँच गए थे। बड़ी संख्या में विद्यार्थी उनकी कक्षा में थे और काफी विद्यार्थी उनकी कक्षा में पहुँचने की कोशिश कर रहे थे। उन छात्रों ने डॉ. पिगनियर को बताया था कि हम उनकी कक्षा में उपस्थित रहना चाहते हैं। वे हमारी तरह ही नेत्रहीन हैं। वह हर विषय की इस तरह व्याख्या करना जानते हैं कि हम जटिल बातों को भी आसानी से समझ सकते हैं।

लुई कक्षाओं में व्याकरण, भूगोल, अंकगणित और उभरी हुई बिंदियों वाली लिपि की शिक्षा देते थे। इसके अलावा वह पियानो और सेलो बजाना भी सिखाते थे। अपनी खोजी गई उभरी हुई बिंदियों की सहायता से उन्हें अध्यापन करने में आसानी हो रही थी। उनकी समझ में आ गया था कि उस लिपि के बिना उनके लिए अध्यापन का पेशा कठिन हो सकता था। लिपि के साथ-साथ अध्यापन के दौरान वह विभिन्न कहानियों का सहारा लेते थे। उन्होंने कैथरीन को पत्र में लिखा था, ''बड़ी बहन, तुम्हारी सुनाई हुई कहानियाँ और पादरी पॉली की सुनाई हुई कहानियाँ मेरे स्मृतिपटल में अनमोल खजाने की तरह रची-बसी हुई हैं।''

अंकगणित की नीरस कक्षा को भी लुई किसी रोचक कहानी के जरिए दिलचस्प बनाना जानते थे। दिमाग को तेज रखने के लिए हँसी से बेहतर ओषधि कोई नहीं है, लुई हमेशा कहा करते थे। इतिहास पढ़ाते समय लुई रोचक किस्सागो शैली का इस्तेमाल करते थे, जिससे छात्रों का विषय के प्रति आकर्षण बढ़ता जाता था। उनका मानना था कि गलत आचरण करने वाले किसी छात्र को डंडे की पिटाई के जरिए सुधारने की जगह पादरी की नैतिक कथाएँ सुनाकर सुधारना अधिक आसान और असरदार तरीका साबित हो सकता था। बिस्तर पर बीमार पड़े हुए किसी लड़के को आशावाद का संदेश देने वाली कहानियाँ सुनाकर उसके मन में जीने के लिए सकारात्मक विचारों का संचार किया जा सकता था।

एक वरिष्ठ विद्यार्थी हिपोलीट कोल्टेट से लुई की मित्रता हो गई थी। शाम के वक्त हिपोलीट और गेब्रियल अकसर लुई के कमरे में आते थे, जहाँ कुछ देर संगीत चर्चा होती थी और सुख-दुख की बातें की जाती थीं। हर शाम का समापन एक ही अनुरोध के साथ होता था, ''लुई, अब तुम अपनी कोई कहानी सुना दो, फिर उसके बाद हम लोग सोने के लिए चले जाएँगे।''

समय गुजरने के साथ-साथ लुई को अध्यापन के पेशे में आनंद की अनुभूति होने लगी थी। खासतौर पर जब से उनके साथ ही गेब्रियल और हिपोलीट को भी प्रशिक्षु अध्यापक बना दिया गया था, तब से उन्हें अपना पेशा और भी अधिक भाने लगा था। उनकी जीवन शैली विद्यार्थियों की तुलना में अलग नहीं थी। उन्हें भी विद्यार्थियों के लिए बनाए गए कई नियमों का पालन करना पड़ता था। उनके पत्रों को सेंसर किया जाता था। उन्हें निश्चित समय पर सो जाना पड़ता था, उन्हें विद्यार्थियों के साथ भोजन ग्रहण करना पड़ता था और विद्यार्थियों की तरह काली पोशाक पहननी पड़ती थी। सिर्फ पोशाक पर उन्हें रेशम और सोने का फीता लगाने की छूट मिली थी तथा रहने के लिए अलग कमरे दिए गए थे।

तीनों प्रशिक्षु अध्यापक इस बात को अच्छी तरह जानते थे कि प्रयोग के तौर पर उन्हें उनके पद पर नियुक्त किया गया था। अगर उनका प्रदर्शन संतोषजनक माना जाएगा तो दूसरे नेत्रहीन व्यक्तियों के लिए भी अध्यापक बनने का मार्ग प्रशस्त हो जाएगा। इस बात को ध्यान में रखते हुए वे जी-तोड़ मेहनत कर रहे थे। डॉ. पिगनियर बीच-बीच में तीनों अध्यापकों के श्रेष्ठ कार्य की रिपोर्ट लिखकर आंतरिक मंत्रालय को भेज रहे थे। वह बीच-बीच में उनका मार्गदर्शन करते थे और अकसर उन्हें अपने घर पर आमंत्रित करते थे। डॉ. पिगनियर उन्हें अपने साथ मनोरंजन के कार्यक्रमों में भी लेकर जाते थे और उनका परिचय दृष्टि शक्तिसंपन्न गण्यमान्य व्यक्तियों से करवाते रहते थे।

वक्त पंख लगाकर उड़ता चला जा रहा था। एक वर्ष देखते-ही-देखते गुजर गया था। लुई के अध्यापक बनने के दूसरे वर्ष 31 मई की दोपहर किसी ने उनकी कक्षा का दरवाजा को खटखटाया।

‘‘मैं तुम्हारी कक्षा को सँभालता हूँ।’’ डॉ. पिगनियर ने अंदर आकर कहा था, ‘‘मेरे दफ्तर में तुम्हारे बड़े भाई तुम्हारा इंतजार कर रहे हैं।’’

लुई चिंतित हो उठे। सीमोन बिना सूचित किए क्यों आ गए? इसका मतलब है, परिवार में जरूर कोई अनहोनी हुई है।

सीमोन लुई से लिपट गए। उन्होंने उदास होकर बताया, ‘‘आज सवेरे पिताजी का देहांत हो गया।’’

लुई इस खबर को सुनकर स्तब्ध रह गए, ‘‘अंतिम समय में वे तुम्हें याद कर रहे थे, लुई!’’

जब डॉ. पिगनियर वहाँ पहुँचे तो सीमोन ने उन्हें अपने दिवंगत पिता का एक संदेश थमाया, जिसे उन्होंने बोलकर लिखवाया था। संदेश के जरिए सीमोन रेने ने डॉ. पिगनियर से अपने नेत्रहीन पुत्र का ध्यान रखने का अनुरोध किया था। कृपया कभी उसका साथ न छोड़ें, पत्र में लिखा गया था। पत्र को सुनते हुए लुई ने ऐसा महसूस किया, मानो एक-एक अक्षर को लहू में डुबोकर लिखा गया था।

डॉ. पिगनियर ने अपने युवा अध्यापक के कंधे पर स्नेह के साथ हाथ रखते हुए कहा, ‘‘मैं शुरू से लुई को अपने पुत्र के समान ही समझता रहा हूँ।’’

दोनों भाई शाम छह बजे स्टेजकोच पर सवार होकर घर की तरफ रवाना हो गए। दोनों खामोश थे। रास्ते में पंछियों के कलरव की ओर उनका ध्यान बिल्कुल आकर्षित नहीं हो पा रहा था। जब वे कुप्रे पहुँचे, तब रात हो चुकी थी। सीमोन का हाथ थामकर लुई टार्टे स्ट्रीट पर कदम बढ़ाने लगे थे।

फार्म हाउस का ओक से निर्मित दरवाजा खोलते ही रोने की आवाज सुनाई पड़ी। भीतर से जलती हुई मोमबत्तियों की गंध आ रही थी। लुई ने शोक में डूबी हुई माँ को गले लगा लिया, फिर उस बिस्तर के पास जाकर घुटनों के बल झुककर बैठ गए, जिस बिस्तर पर उनके महान् पिता का शव पड़ा हुआ था।

अंत्येष्टि के अवसर पर कुप्रे के सभी नागरिक मौजूद थे। वे लोग अपने गाँव में साठ से अधिक वर्षों तक मौजूद रहने वाले कारीगर को श्रद्धांजलि देने के लिए आए थे। इस अवसर पर उदास मन से चर्च का घंटा बजाया गया। जब सभी जोर-जोर से प्रार्थना कर रहे थे, तब लुई चुपचाप भारी दिल के साथ अपने पिता को याद कर रहे थे। जब समाधि-स्थल से लुई रवाना हुए तो उन्होंने यह सोचते हुए खुद को तसल्ली देने की कोशिश की कि उनके पिता अपने पीछे केवल सुखद स्मृतियाँ ही छोड़कर गए हैं। अगले दिन उन्होंने सीमोन की सहायता से समाधि पर एक 'मार्कर' लगाया, फिर उन्होंने माँ को बताया कि जल्द ही वह गरमी की छुट्टियों में घर लौटकर आने वाले हैं। इसके तुरंत बाद अपना अध्यापन कार्य जारी रखने के लिए लुई विद्यालय चले गए।

सन् 1833 के वसंत में, जब तीनों नेत्रहीन शिक्षकों ने अपने कार्यकाल के तीन से लेकर चार वर्ष तक पूरे कर लिये थे। तीनों को औपचारिक रूप से पदोन्नति देकर 'प्रशिक्षु' की जगह पूरी तरह 'अध्यापक' का दरजा प्रदान कर दिया गया। लुई ने सोचा कि आज अगर उनके पिता जीवित होते तो यह खबर सुनते ही खुशी से झूम उठते और कहते—'प्रोफेसर! प्रोफेसर!' इस शब्द को उनके साज निर्माण पिता जितना अर्थपूर्ण बना देते थे, संसार में कोई भी इसे उतना अर्थपूर्ण नहीं बना सकता था। अब उनका वेतन बढ़ा दिया गया था और उन्हें सालाना तीन सौ फ्रैंक मिलने लगे थे।

नेत्रहीन अध्यापक अपने विद्यालय की उन्नति के लिए कड़ी मेहनत कर रहे थे। गेब्रियल संगीत विभाग के प्रमुख बन गए थे। लुई और हिपोलीट अन्य विभागों की अहम जिम्मेदारियों को निभा रहे थे। लुई व्याकरण, इतिहास, भूगोल, अंकगणित, बीजगणित, रेखागणित, पियानो और सेलो सिखाते थे। शाम के वक्त लुई अपनी खोजी गई लिपि की सहायता से पाठ्य-पुस्तकें तैयार करने में जुटे रहते थे। संगीत की स्वरलिपि को भी अपनी लिपि की सहायता से लिखने के लिए वह नए प्रयोग कर रहे थे। वह घंटों अपने कार्य में जुटे रहते थे। कठिन संगीत की स्वरलिपियों को वे शलाका की सहायता से कागज पर उतारने की कोशिश कर रहे थे।

लुई ने सेंट निकोलस डे चैंप्स चर्च में ऑर्गनिस्ट का पद स्वीकार कर लिया था। ऑर्गनिस्ट का पद मिलने पर शुरू-शुरू में वे कुछ कठिनाई महसूस कर रहे थे। संगीत की स्वरलिपि को पढ़ने में उन्हें कोई परेशानी नहीं हो रही थी, मगर ईश्वर की प्रार्थना के प्रति पर्याप्त समर्पण महसूस नहीं कर पा रहे थे। हालाँकि बचपन में पादरी पॉली ने उन्हें ईश्वर की आराधना के समय समर्पण भाव मन में लाने की शिक्षा दी थी, मगर अब उनका ध्यान परदा, पेडल और की-बोर्ड में लगा रहता था। इस समस्या का समाधान करने के लिए उन्होंने स्वयं को पूरी तरह संगीत में तल्लीन रखने की आदत डाल ली। वे प्रार्थना की तरफ ध्यान दिए बगैर ऑर्गन वादन के जरिए मानो ईश्वर के प्रति अपने दिल की बात व्यक्त करने लगे थे। सेंट निकोलस चर्च में ऑर्गनिस्ट का कार्य करते हुए उन्हें अपार आनंद महसूस होता था और हर सप्ताह उत्साह के साथ वह ऑर्गन बजाने के लिए पहुँच जाते थे। कई वर्षों तक इस पद पर बने रहने के बाद उन्होंने अपने एक बेरोजगार छात्र की जीविका का प्रबंध करने के लिए यह पद उसे सौंप दिया। दूसरों के लिए काम आना उन्हें अच्छा लगता था।

कोल्टाट ने लुई की जीवनी में लिखा है, ''लुई मित्रता को एक महत्त्वपूर्ण जिम्मेदारी समझते थे और हमेशा मित्रता की देखभाल किसी पौधे के समान करते थे।

कई बार मित्रता के दायित्व को निभाते हुए उन्हें कठिनाइयों से होकर भी गुजरना पड़ता था। जब तीनों मित्रों के पास यह सूचना आती थी कि कोई युवा शिक्षक गलत आचरण कर रहा है या अपनी शारीरिक मुद्रा को असामान्य रूप में प्रस्तुत कर रहा है या नेत्रहीनता के चलते हीनग्रंथि को प्रदर्शित करता है, तो सबसे पहले लुई उस शिक्षक को अच्छी तरह समझते थे। समझाते समय वह दोस्ताना व्यवहार करते थे, मगर सच को कभी नहीं छिपाते थे।

विद्यालय के परिवेश में उत्पन्न होने वाले तनाव के कारण विद्यार्थियों में नेत्रहीनता के कुछ दुष्प्रभाव नजर आने लगते थे—उनकी जुबान लड़खड़ाने लगती थी, उँगलियाँ थरथराने लगती थीं, पैर काँपने लगते थे या शरीर के किसी अंग में असामान्य हरकत होने लगती थी। इस तरह की हरकतों से भले ही नेत्रहीन विद्यार्थी अपने तनाव से मुक्त हो जाते थे, मगर दूसरों की नजरों में वे अजीब नजर आने लगते थे। युवा ऑर्गनिस्ट लुसियन नेत्रहीन होने के बावजूद प्रतिभाशाली संगीतकार था। वह बस में सवार होकर चर्च जाते समय उभरी हुई बिंदियोंवाली लिपि में लिखी हुई संगीत की स्वरलिपि को पढ़ता रहता था, चूँकि चर्च में वह ऑर्गन बजाने के लिए जाता था। जब उसकी उँगलियाँ पृष्ठ पर उभरी हुई बिंदियों का स्पर्श करती थीं,

तब उसका सिर घड़ी के पेंडुलम की तरह हिलने लगता था। उँगलियाँ की हरकत के साथ-साथ उसका सिर पीछे की ओर जाता था, फिर आगे की ओर आता था। यह क्रम लगातार जारी रहने पर बस में मौजूद दृष्टि शक्तिसंपन्न बच्चे जोर-जोर से हँसने लगते थे और लुसियन की नकल उतारते हुए उसका मजाक उड़ाते थे।

जब इस तरह की घटना की सूचना मिलती थी तो सवाल पैदा होता था, 'संबंधित व्यक्ति को कौन समझाएगा?' अकसर गेब्रियल और हिपोलीट ऐसी जिम्मेदारी स्वीकार करने से हिचकिचाते थे और तब लुई हँसते हुए कहते थे, 'ठीक है, मैं ही अपनी कुरबानी दूँगा।' ऐसा अकसर होता रहता था, जब लुई को कहना पड़ता था, 'ठीक है, मैं ही अपनी कुरबानी दूँगा।' लुई के ऐसे परोपकारी स्वभाव से सभी परिचित हो चुके थे और गेब्रियल ने उनका नाम 'नियंत्रक' रख दिया था।

फ़ुरसत की घड़ियों में तीनों अध्यापक एक जानी-पहचानी सड़क पर घूमने के लिए निकल पड़ते थे। सर्दी के दिनों में वे सड़क के किनारे चेस्टनट की दुकान के सामने रुक जाते थे। जेब में गरम चेस्टनट डालकर वे आगे बढ़ जाते थे। चेस्टनट का लजीज स्वाद ठंड के अहसास को कम कर देता था। उन्हें बातचीत करते हुए आगे बढ़ते हुए देखकर कोई नहीं कह सकता था कि वे नेत्रहीन हैं। सिर्फ सफेद छड़ियों को देखकर अनुमान लगाया जा सकता था कि वे देख नहीं सकते थे। अकसर ऐसी फुरसत की घड़ियों में हिपोलीट शिकायत करता था।

" इतने सारे काम करने के लिए एक दिन में अधिक घंटे होने चाहिए।"

लुई जिस तरह कड़ी मेहनत कर रहे थे और जिस तरह भीड़-भाड़वाले विद्यालय के सीलन वाले माहौल में रह रहे थे, उसके चलते आखिरकार उनकी आंतरिक ऊर्जा का संतुलन बिगड़ गया। वह बुरी तरह थकान महसूस करने लगे और अकसर हकलाने भी लगे। सीढ़ियों पर चढ़ते हुए साँस लेने के लिए बीच-बीच में उन्हें रुक जाना पड़ता था। अपनी असामान्य कमजोरी को उन्होंने नजरअंदाज करने की कोशिश की और सोचा कि अपने आप ठीक हो जाएँगे, लेकिन एक रात जब वे मूर्च्छित हो गए, तब जाकर पता चला कि वे क्षयरोग के प्रथम चरण से होकर गुजर रहे थे। विद्यालय से छुट्टी लेकर वे विश्राम करने के लिए कुप्रे चले गए, जहाँ उनकी माँ ने दिन-रात उनकी अच्छी तरह देखभाल की और इस तरह उनकी सेहत में सकारात्मक सुधार आ गया। फिर वे नए सिरे से कार्य करने में जुट गए।

लुई विभिन्न कार्यक्रमों में पियानो बजाया करते थे। वे जितनी सहजता से श्रमसाध्य बीथोवन की लय को बजा लेते थे, उतनी ही सहजता से लोकधुन को भी बजा लेते थे। वह दृष्टि शक्तिसंपन्न लोगों की दुनिया के साथ बेहतर तरीके से

तालमेल कायम करना जानते थे, मगर जब दृष्टि शक्तिसंपन्न व्यक्ति उनके प्रति अजीब आचरण करते थे तो उन्हें बुरा लगता था। वह शालीनतापूर्वक दूसरों की मदद को स्वीकार करते थे, मगर उन्हें यह पसंद नहीं था कि कोई बेवजह उनके आगे-पीछे घूमता रहे या उन पर तरस खाते हुए उनकी सहायता करने की कोशिश करे। वे नहीं चाहते थे कि लोग उन्हें विचित्र प्राणी समझते हुए उनके साथ अलग तरह का बरताव करें।

जब कोई मेजबान इस तरह का बरताव करता था या कोई विक्रेता सीधे उनसे बात करने की जगह गाइड से बात करने की कोशिश करता था तो उन्हें झुँझलाहट महसूस होती थी। मेजबान अकसर दृष्टि शक्तिसंपन्न गाइड से पूछते थे, 'क्या ब्रेल महाशय कॉफी में चीनी लेना पसंद करेंगे?' या विक्रेता पूछता था, 'आपके मित्र सूती कपड़ा लेना पसंद करेंगे? वह कितनी कीमत चुका सकते हैं?'

वैसी स्थिति में गाइड उन्हें समझाने की कोशिश करता था और लुई की तरफ इशारा करते हुए कहता था, 'ब्रेल महाशय से पूछिए। वही बता सकते हैं। मैं नहीं जानता।'

'वे लोग ऐसा बरताव क्यों करते हैं?' लुई विरोध जताते हुए कहते, 'चूँकि मेरे पास दुनिया को देखने के लिए आँखें नहीं हैं, तो क्या वे लोग यह भी समझते हैं कि मेरे पास सुनने के लिए कान नहीं हैं, जवाब देने के लिए जुबान नहीं है, सोचने के लिए दिमाग नहीं है?'

'मैं नहीं बता सकता।' गाइड कहता, 'कभी-कभी आँख वाले लोग भी मूर्खों जैसा आचरण करते हैं।'

अध्यापन का कार्य करते हुए लुई को संतुष्टि और खुशी महसूस हो रही थी, मगर अंदर-ही-अंदर एक किस्म की आशंका भी बढ़ती जा रही थी। हालाँकि उन्हें अपनी सेहत की बिल्कुल परवाह नहीं थी।

दस साल गुजर चुके थे, जब विद्यालय में लुई की खोजी गई लिपि को पढ़ाई-लिखाई के माध्यम के रूप में अपनाया गया था। इसके बावजूद आंतरिक मंत्रालय ने अभी तक इस लिपि को आधिकारिक रूप से मान्यता प्रदान नहीं की थी। अभी भी वेलेंटीन हाए की प्रणाली को ही आधिकारिक रूप से मान्यता मिली हुई थी। विद्यार्थियों को अभी भी पुरानी प्रणाली को सीखने के लिए धीमी गति की तकलीफदेह प्रक्रिया से होकर गुजरना पड़ता था। दूसरी तरफ अध्यापकों को भी परेशानी का सामना करना पड़ता था।

मई 1834 में लुई को पेरिस में आयोजित एक्सपोजीशन ऑफ इंडस्ट्री में

अपनी उभरी हुई बिंदियोंवाली लिपि का प्रदर्शन करने के लिए आमंत्रित किया गया। सम्राट् लुई फिलिप ने उनकी लिपि का प्रदर्शन देखा तो उन्होंने लुई के आविष्कार की सराहना की।

डॉ. पिगनियर बार-बार आंतरिक मंत्रालय को पत्र लिखकर लुई की लिपि को मान्यता देने का अनुरोध कर रहे थे। विद्यालय के विद्यार्थियों ने भी पत्र लिखा था। लुई ने स्वयं भी पत्र लिखा था। मंत्रालय की ओर से केवल इतना ही जवाब आया—''यह कार्य महत्त्वपूर्ण प्रतीत होता है। महाशय ब्रेल को प्रोत्साहित करने की जरूरत है।''

जब लुई के मित्र लुई को परेशान होते देखते तो वे उन्हें ढाढ़स बँधाते हुए कहते थे, ''तुम क्यों परेशान हो रहे हो? बिंदी वाली लिपि हमारी व्यवस्था का अंग बन चुकी है, विद्यालय का अंग बन चुकी है। इस लिपि को हमसे कोई अलग नहीं कर सकता।''

यह सच है कि अगर डॉ. पिगनियर निदेशक के पद पर बने रहते तो चिंता करने की कोई जरूरत नहीं थी। उनकी इजाजत से ही बिंदीवाली लिपि का प्रयोग नेत्रहीनों की शिक्षा के लिए किया जा रहा था, मगर लुई निदेशक के खिलाफ रची जा रही साजिश के बारे में जान चुके थे। वे समझ चुके थे कि डॉ. पिगनियर का अपने पद पर बने रह पाना संभव नहीं रह गया था। इस तरह छह बिंदियोंवाली लिपि के सामने भी उन्हें खतरा मंडराता हुआ नजर आ रहा था। उन्हें यह भी पता था कि यह खतरा किस रूप में सामने आने वाला था।

□

सफलताएँ-असफलताएँ

लुई ने खाली प्रार्थनाकक्ष में मंगलाचरण के अंतिम स्वरसंघात को शांत हो जाने दिया और ऑर्गन के कगार पर अपने सिर को टिका दिया। बुधवार, 20 मई, 1840 की सुबह लघु स्वर माधुर्य उनकी अनुभूतियों को व्यक्त कर रहा था।

यह वर्ष का ऐसा सुहावना समय था, जब लुई को जीवंत स्वर लहरियों की प्रेरणा मिल रही थी—पंछियों का मधुर कलरव सुनाई दे रहा था। रंग-बिरंगे फूल खिल रहे थे प्राकृतिक सुषमा वैसी ही थी, जैसी मई महीने में होती है और जिसका चित्रण कविगण किया करते हैं, मगर न तो लुई का मन लग रहा था, न ही प्रकृति शांत नजर आ रही थी। बाहर मूसलधार बरसात हो रही थी। बारिश की बूँदों के गिरने से टीन की छत से लगातार आवाज आ रही थी।

"लगता है, आज आसमान भी रो रहा है।" लुई ने धीरे से कहा।

लुई को जिस बात का डर था, वही हुआ। डॉ. पिगनियर को पद से हटा दिया गया और सहायक निदेशक डॉ. पी. अरमंड डाफू को विद्यालय का नया निदेशक बना दिया गया।

इस परिवर्तन के संबंध में अफवाहों से लुई परिचित थे। डॉ. डाफू को शिकायत थी कि डॉ. पिगनियर सुधार प्रक्रिया को टालते रहे थे और किसी भिक्षु की तरह सख्त अनुशासन के आधार पर विद्यालय का संचालन करते थे। पिछले चार सालों से डॉ. डाफू डॉ. पिगनियर को उनके पद से हटाने के लिए किसी उचित मौके की तलाश में थे और स्वयं निदेशक का पद हासिल करना चाहते थे। हाल ही में उन्होंने दो अन्य कर्मचारियों के साथ मिलकर एक साजिश को अंजाम दिया था।

एक विशेष रिपोर्ट तैयार की गई थी, जिसमें बताया गया था कि डॉ. पिगनियर इतिहास की शिक्षा के जरिए विद्यार्थियों को गुमराह कर रहे हैं। रिपोर्ट में आरोप

लगाया गया था कि डॉ. पिगनियर ने स्वयं भिक्षुओं के विद्यालय में शिक्षा प्राप्त की थी, इसीलिए वह शिक्षा के क्षेत्र में पूर्वग्रह से ग्रस्त होकर अनुचित तरीके अपना रहे थे। आंतरिक मंत्रालय ने उस रिपोर्ट को स्वीकार कर लिया था और उसी के अनुरूप कदम भी उठाया था।

लुई डॉ. पिगनियर को अपने पिता के समान मानते थे और उनका आदर करते थे। जब लुई बीमार होते थे तो डॉ. पिगनियर उनका विशेष खयाल रखते थे, अध्यापन पेशे को सफलतापूर्वक जारी रखने के लिए उचित मार्गदर्शन करते थे और लिपि संबंधी प्रयोगों के लिए प्रोत्साहित करते थे। डॉ. पिगनियर के प्रोत्साहन के कारण ही विद्यालय के विद्यार्थी छह बिंदियों वाली लिपि का धड़ल्ले से प्रयोग कर रहे थे। इस लिपि को अपनाने के कारण विद्यार्थियों को नए किस्म की आजादी का अहसास हुआ था।

लुई शुरू में डॉ. डाफू का सम्मान करते थे। उनकी भूगोल की कक्षा में ही, विद्यालय में प्रथम दिन लुई शिक्षा के प्रति इस कदर आकर्षित हुए थे कि पिता के लौट जाने पर भी होने वाली घबराहट को भूल गए थे, मगर बाद में वह निश्चित तौर पर तिथि को याद नहीं कर सकते थे। उन्हें डॉ. डाफू पर संदेह होने लगा था और ऐसा महसूस होने लगा था कि डॉ. डाफू उनकी छह बिंदियों वाली लिपि का समर्थन नहीं करते हैं। हालाँकि डॉ. डाफू ने इस संबंध में मुँह से कुछ नहीं कहा था, मगर उनके उदासीन रवैये से ही उनकी नापसंदगी का अंदाजा लगाया जा सकता था।

जबकि दूसरे लोग छह बिंदियों वाली लिपि की सराहना करते थे और अपने-अपने सुझाव देते थे। सहायक निदेशक ने इस संबंध में लुई से कुछ नहीं कहा था। धीरे-धीरे लुई को पक्का यकीन हो गया कि डॉ. डाफू लिखने और पढ़ने की नई प्रणाली के बिल्कुल खिलाफ थे। अब निदेशक का पद सँभालने के बाद डॉ. डाफू नई लिपि के साथ कैसा बरताव करने वाले थे, यह सोचकर लुई चिंतित थे। वह तब मई महीने की सुबह में प्रार्थनाकक्ष में ऑर्गन बजा रहे थे और बाहर हो रही बारिश की आवाज सुन रहे थे।

महीने गुजरने के साथ-साथ लुई ने अपनी छह बिंदुओं वाली लिपि के साथ प्रयोग जारी रखा था, उस लिपि की सहायता से वह पुस्तकें भी तैयार कर रहे थे। डॉ. डाफू उनके प्रयोगों और पुस्तकों को नजरअंदाज कर रहे थे। जब भी उनका ध्यान नई लिपि की तरफ आकर्षित करने का प्रयास किया जाता, वह उसकी तरफ ध्यान देने की जरूरत नहीं समझते थे। अपनी रिपोर्ट नेत्रहीनों द्वारा

पढ़ाई-लिखाई के माध्यम के रूप में इस्तेमाल होनेवाली प्रणाली में उन्होंने लुई ब्रेल की खोजी गई लिपि का कोई उल्लेख नहीं किया। इसकी जगह उन्होंने उभरे हुए अक्षरों वाली वेलेंटीन हाए की प्रणाली और चार्ल्स बार्बर की सोनोग्राफी का उल्लेख किया।

एक तरफ डॉ. डाफू छह बिंदियों वाली लिपि के छुपे शत्रु की भूमिका निभा रहे थे तो दूसरी तरफ विद्यालय के विद्यार्थी इस लिपि का प्रचार-प्रसार करने में जुटे हुए थे। वे दैनंदिन पढ़ाई में इसी लिपि का प्रयोग कर रहे थे। वे लुई के द्वारा तैयार की जा रही पाठ्य-पुस्तकों का बेताबी से इंतजार करते थे और उसी लिपि में अपने नोट्स भी तैयार करते रहे थे।

लगातार तनाव झेलने और अपनी लिपि की मान्यता को लेकर अनिश्चितता की स्थिति बनी रहने के कारण पहले से ही बिगड़ी हुई लुई की सेहत पर प्रतिकूल प्रभाव पड़ा और उन्हें अप्रैल, 1843 में छह महीने का अवकाश लेने के लिए मजबूर होना पड़ा। हमेशा की तरह उनकी कर्मठ माता ने घर लौटने पर उनका गरमजोशी के साथ स्वागत किया और हमेशा की तरह माँ की देख-रेख तथा कुप्रे के स्वच्छ वातावरण के चलते लुई की सेहत में सुधार हुआ।

लुई को खासतौर पर रविवार की दिनचर्या पसंद थी, हालाँकि परिवार के मूल सदस्यों की संख्या घटकर अब छह से चार रह गई थी। बुखार की वजह से मेरी केलीन की मृत्यु हो चुकी थी। वह अपने पीछे दो बच्चों को छोड़ गई थी। लुई चर्च के पास स्थित समाधि-स्थल पर जाकर पिता और मेरी की समाधि पर फूल चढ़ाते थे। वे सोचते रहते थे कि ईश्वर कुछ लोगों को अपने पास क्यों जल्दी बुला लेता है और क्यों कुछ लोगों को छोड़ देता है।

वह साज की दुकान में सीढ़ियों पर घंटों बैठकर स्लेट पर शलाका से अक्षर लिखते हुए अपने प्रयोग में तल्लीन रहते थे। अब सीढ़ियाँ जीर्ण-शीर्ण हो चुकी थीं। इस बीच कैथरीन के लड़कों ने अपने नाना के पेशे को सीख लिया था, जिनके हथौड़ों की आवाज को सुनते हुए लुई अपने काम में जुटे रहते थे। सीमोन ने साज बनाने की जगह खेतीबाड़ी को अपनी जीविका का माध्यम बनाया था, मगर कभी-कभी सीमोन और लुई मिलकर कैथरीन के लड़कों के कार्य में सहायता करने में जुट जाते थे।

गेब्रियल और हिपोलीट हर सप्ताह उन्हें पत्र लिखकर विद्यालय की गतिविधियों के बारे में बताते रहे थे, मगर क्या वे सबकुछ सही-सही लिखते थे? कभी-कभी लुई सोच में डूब जाया करते थे, मगर लुई चिंतित होकर अकर्मण्य

बन जाना पसंद नहीं करते थे। पिता से विरासत में मिले ढाई एकड़ के अंगूर के बगीचे में मेहनत करते थे। सीमोन के बगीचे में अंगूर की खेती थी, वहीं लुई बिखरी हुई अंगूर की बेलों को सँभालते थे, पत्थर की दीवार की मरम्मत करते थे और हर चीज का हिसाब रखते थे।

जब लुई अक्तूबर में शीतकालीन सत्र के आरंभ में पेरिस स्थित विद्यालय में लौटे, तब तक उनका वजन बढ़ चुका था, उनका चेहरा किसानों के चेहरे की तरह दमक रहा था और वे खुद को स्वस्थ महसूस कर रहे थे।

गेट ऑफ द ट्रोन के पास गेब्रियल और हिपोलीट उनसे मिले। वहाँ से विद्यालय तक पैदल आते समय दोनों किसी बात को छिपाने की कोशिश कर रहे थे। लुई ने सोचा कि कोई ऐसी बात थी, जिसे दोनों उनसे छिपा रहे थे। जब लुई अपने कमरे में पहुँच गए तो उन्होंने कहा, "अब बैठ जाओ और मुझे साफ-साफ बताओ कि यहाँ क्या हो रहा है? तुम लोग मुझसे कोई बात छिपाने की कोशिश कर रहे हो, कर रहे हो न?"

जब दोनों ने इस बात का विरोध किया और प्रसंग बदलने का प्रयास किया, तब लुई ने कहा, "तुम दोनों मुझे बुद्धू नहीं बना सकते। मैं तुम दोनों के मन की बातों को आसानी से पढ़ सकता हूँ। लिपि के साथ कुछ गड़बड़ी की गई है शायद, है न?"

दोनों मित्र अभी भी कुछ कहते हुए हिचक रहे थे, तब लुई ने दबाव डालते हुए कहा, "तुम लोग पत्रों में जो बातें छिपाते रहे हो, वही बातें मुझे बताओ। मैं किसी और के मुँह से यह सब सुनने की जगह तुम लोगों के मुँह से सारा हाल सुनना पसंद करूँगा।"

जब दोनों समझ गए कि देर-सवेर लुई को सबकुछ पता चलने ही वाला है, तब उन्होंने सारा हाल सुना दिया।

लुई की अनुपस्थिति में डॉ. डाफू ने छह बिंदियोंवाली लिपि के खिलाफ अपनी शत्रुता का खुलकर इजहार किया था। उनकी सबसे बड़ी शिकायत यह थी कि इस लिपि को अपनाकर नेत्रहीन लोग आत्मनिर्भर हो सकते थे। उनकी धारणा थी कि अगर नेत्रहीन लोग आत्मनिर्भर हो जाएँगे तो वे दृष्टि शक्तिसंपन्न लोगों की दुनिया से अलग-थलग होकर अपनी अलग दुनिया ही तैयार कर लेंगे, वे खुद ही शिक्षक बन जाएँगे, खुद ही अपने विद्यालय खोल लेंगे।

जो दृष्टि शक्तिसंपन्न शिक्षक अपने वर्चस्व को गँवाने के डर से आशंकित थे या जो ऑर्गनिस्ट अपनी जीविका को खतरे में महसूस कर रहे थे। (गेब्रियल

ने पेरिस में पचास से ज्यादा नेत्रहीन ऑर्गनिस्टों को रोजगार दिलवाया था।) उन लोगों ने डॉ. डाफू से कोई कारगर कदम उठाने का अनुरोध किया था। डॉ. डाफू ने कदम उठाने का निर्णय लिया। अपने सभी अच्छे-बुरे सुधारों के मामले में उन्हें अतिवादी कदम उठाना अच्छा लगता था। इस मामले में भी उन्होंने वैसा ही किया।

लुई की छह बिंदियों वाली लिपि में लिखी गई स्कूल की सारी पुस्तकें जला दी गईं। अब लिखने के लिए वेलेंटीन हाए की प्रणाली को ही संशोधित कर मान्यता प्रदान की गई। नियम बनाया गया कि भविष्य में केवल वेलेंटीन हाए की प्रणाली ही लागू होगी, ताकि दृष्टि शक्तिसंपन्न शिक्षक उस लिपि को भली-भाँति पढ़ पाएँ। भले ही यह प्रणाली नेत्रहीन विद्यार्थियों के लिए अत्यंत कठिन साबित होती थी, मगर उन्हें उस प्रणाली को सीखना अनिवार्य कर दिया गया था। संगीत को छोड़कर अन्य किसी भी कार्य के लिए छह बिंदियों वाली लिपि को प्रतिबंधित कर दिया गया। नियम बनाया गया कि जो भी इस लिपि का इस्तेमाल करेगा, उसे दंडित किया जाएगा।

इस संघर्ष की वजह से अपने आप नेत्रहीनों और दृष्टि शक्तिसंपन्न लोगों के बीच तनाव बढ़ता गया। इस जंग में लुई ब्रेल की खोजी गई लिपि निर्णायक साबित हो रही थी। नेत्रहीन विद्यार्थियों ने छह बिंदियों वाली लिपि को छोड़ने से इनकार कर दिया। इस लिपि के ज्ञान को विद्यार्थियों से छीनकर पुस्तकों की तरह जला पाना संभव नहीं था। यह ऐसा ज्ञान था, जो उनके मस्तिष्क में रच-बस गया था और कोई भी इस ज्ञान को उनसे छीन नहीं सकता था। उनसे शलाका छीन जा सकती थी, मगर विकल्प के तौर पर सुआ, सिलाई वाली सुई आदि नुकीली चीजों का आसानी से इस्तेमाल किया जा सकता था। अगर सजा देने की नौबत आती तो फिर पूरे विद्यालय को ही सजा देनी पड़ सकती थी। ऐसा लग रहा था कि निर्णय लेते समय डॉ. डाफू ने अंजाम का ठीक से अनुमान नहीं लगाया था।

घटनाक्रम का विवरण सुनकर लुई स्तब्ध रह गए थे। अक्तूबर महीने में विद्यालय में उनकी यह कैसी वापसी हुई थी! यह उनके लिए दिल तोड़ देनेवाली खबर थी!

लुई जीर्ण-शीर्ण परिचित सीढ़ियों पर चढ़ते गए और चुपचाप अपने कार्य में जुट गए। उनकी बनाई गई पाठ्य-पुस्तकें जलाई जा चुकी थीं। वे लड़खड़ाते हुए चल रहे थे, मानो उन्हें आगे बढ़ने का मार्ग नहीं सूझ रहा था। उन्होंने अपने आपसे कहा, 'मैं जरूर कोई बुरा सपना देख रहा हूँ और मुझे जल्द ही नींद से जाग जाना चाहिए।'

अपने कमरे में अकेले बैठकर वे घटनाक्रम के बारे में सोचते रहे, अपने दृष्टि शक्तिसंपन्न मित्रों के तर्कों पर विचार करते रहे। वे उन सबको सही मायने में मित्र ही समझते थे। वह विद्यालय के उस नए भवन के बारे में सोचने लगे, जिसका निर्माण डॉ. पिगनियर के कार्यकाल में शुरू हुआ था और जो अब पूरा होने ही वाला था। नए विद्यालय परिसर के पुस्तकालय में उन्होंने छह बिंदियों वाली ढेर सारी पुस्तकों का सपना देखा था। क्या उनका वह सपना कभी भी पूरा नहीं होने वाला था? उन्होंने महसूस किया कि नए घटनाक्रम की वजह से नेत्रहीनों के भविष्य के समक्ष संकट उत्पन्न हो गया है।

और तब उनके स्मृति-पटल पर उम्मीद की हल्की सी किरण झिलझिला उठी थी, उन्हें पादरी पॉली के शब्द याद आने लगे थे—'सिर्फ ईश्वर ही जवाब जानता है, उसके ऊपर भरोसा रखो।' हाँ, वह भरोसा रखेंगे। वह खुद संकट के इतने नजदीक थे कि शायद संकट के पूरे स्वरूप को अच्छी तरह नहीं देख पा रहे थे। वह ईश्वर के निष्कर्ष की राह देखेंगे, ईश्वर विशाल परिप्रेक्ष्य में मानव की समस्याओं को देख सकता है। उन्हें याद आया कि किस तरह एक समय वेलेंटीन हाए के लिए विद्यालय का दरवाजा बंद कर दिया गया था, मगर बाद में उसी विद्यालय में वेलेंटीन हाए का अभिनंदन किया गया। उन्होंने हौसला बनाए रखने का संकल्प लिया।

विद्यालय परिसर के दूसरे हिस्से में सफेद बालों वाला एक व्यक्ति बैठा हुआ था। वह समस्या पर गहराई के साथ विचार कर रहा था। वह कोई और नहीं, डॉ. डाफू थे। अब उन्हें अपने निर्णय पर संदेह हो रहा था। उनके अनुरोध पर सहायक निदेशक के पद पर नियुक्त होने वाले डॉ. जोसफ गौडेट उनके सामने बैठे थे। डॉ. गौडेट ने ही डॉ. डाफू से अनुरोध किया था कि वह इस समस्या पर अलग नजरिए से विचार करने की कोशिश करें।

डॉ. गौडेट छह बिंदियों वाली लिपि को लेकर काफी उत्साहित थे। उन्हें इस लिपि के रूप में नेत्रहीनों का उज्ज्वल भविष्य दिखाई दे रहा था। यह सच था कि इस लिपि की सहायता से नेत्रहीन लोग स्वतंत्र और आत्मनिर्भर बन सकते थे, मगर क्या फ्रांस के प्रत्येक नागरिक को स्वतंत्रता का हक नहीं मिलना चाहिए? जो देश का उद्देश्य था—स्वतंत्रता, समानता, भाईचारा के उस उद्देश्य में क्या नेत्रहीन नागरिकों को शामिल होने का अधिकार नहीं था? अगर किसी आदमी का हाथ या पैर या आँख नहीं हो तो क्या उसे नागरिकता के अधिकारों से वंचित कर दिया जाएगा? इसी तरह के तर्क देते हुए डॉ. गौडेट ने डॉ. डाफू से अपने

फैसले पर नए सिरे से विचार करने का अनुरोध किया था।

एक सभा का आह्वान किया गया, जिसमें नेत्रहीनों के पक्ष में निर्णय सुनाया गया। छह बिंदियों वाली लिपि पर लगाया गया प्रतिबंध हटा दिया गया और विद्यालय में पढ़ाई-लिखाई के माध्यम के रूप में उस लिपि को आधिकारिक रूप से मान्यता देने की तैयारी की गई। देखते-ही-देखते समूचा परिदृश्य बदल गया था।

विद्यालय का नया विशाल और सुविधाजनक परिसर डॉ. बोलेवार्ड डे इनवेलाइड्स के नए पते पर बनकर तैयार हो गया था, जहाँ इंस्टीट्यूशन ऑफ ब्लाइंड यूथ को स्थानांतरित किया गया। नए विद्यालय परिसर के उद्घाटन की तारीख 22 फरवरी, 1844 निर्धारित की गई। उसी दिन उद्घाटन समारोह के सर्वाधिक महत्त्वपूर्ण कार्यक्रम के रूप में लुई ब्रेल की लिपि को विधिवत् मान्यता देने का निर्णय लिया गया। डॉ. गौडेट कार्यक्रम का संचालन करने वाले थे और गेब्रियल की अगुवाई में संगीत कार्यक्रम प्रस्तुत होने वाला था।

सभागार खचाखच भरा हुआ था। जहाँ विद्यार्थी, शिक्षक, रिश्तेदार, मित्र एवं अन्य कर्मचारीगण बैठे हुए थे। सबसे पहले परिसर का उद्घाटन किया गया, उसके बाद बोलने के लिए डॉ. गौडेट खड़े हो गए। उन्होंने नेत्रहीनों के पढ़ने और लिखने की प्रणाली पर अपना लंबा शोधपत्र पढ़ा और निष्कर्ष के रूप में छह बिंदियों वाली लिपि को सर्वश्रेष्ठ बताया। इस लिपि का प्रदर्शन भी किया गया।

एक शिक्षक अपने साथ एक नेत्रहीन बालिका को लेकर मंच पर पहुँचे। बालिका ने विद्यालय की काली पोशाक पहन रखी थी। वह खूबसूरत लड़की थी और उसकी बड़ी-बड़ी आँखें भूरे रंग की थीं, मगर वह उन आँखों से देख नहीं सकती थी।

एक दर्शक को मंच पर बुलाया गया और एक अप्रकाशित कविता बोलकर बालिका को डिक्टेशन देने के लिए कहा गया। बालिका ने स्लेट और शलाका का इस्तेमाल करते हुए कागज को छेदते हुए छह बिंदियों की लिपि में कविता लिखना शुरू कर दिया। एक दूसरी नेत्रहीन लड़की को बुलाकर वह कागज पढ़ने के लिए कहा गया। उस लड़की ने उँगली फेरते हुए स्पष्ट शब्दों में कविता का पाठ करना शुरू कर दिया। उसे कविता को पढ़ते हुए किसी तरह की कठिनाई का सामना नहीं करना पड़ा।

इसके बाद डॉ. गौडेट ने एक दर्शक को बुलाया और एक नेत्रहीन शिक्षक को संगीत की स्वरलिपि बजाने के लिए कहा गया। विद्यार्थी ने उँगलियों से स्वरलिपि का स्पर्श किया। इसके बाद उसने पियानो वादन करते हुए उसी स्वरलिपि को

सही तरीके से बजाते हुए दर्शकों को मंत्रमुग्ध कर दिया।

दर्शकों ने तालियाँ बजाकर पियानो वादन की सराहना की। अब दर्शक छह बिंदियों वाली जादुई लिपि के आविष्कारक को मंच पर बुलाने की माँग कर रहे थे। जब लुई मंच पर बुलाए गए तो सभागार में मौजूद तमाम लोग उनके सम्मान में खड़े हो गए और देर तक तालियाँ बजाते रहे। यह लुई के जीवन का अविस्मरणीय दिन था।

अपने अभिभाषण में लुई ने डॉ. गौडेट और डॉ. डाफू के प्रति श्रद्धा के साथ आभार प्रकट किया। भीड़ ने उन्हें घेर लिया और लोग उनसे कई तरह के सवाल पूछने लगे। कार्यक्रम समाप्त होने के बाद लुई गेब्रियल और हिपोलीट के साथ जीत का जश्न मनाने के लिए चले गए।

□

अंतिम चरण

क्या कोई चमत्कार हो गया था? क्या उन्हें जानलेवा यक्ष्मा रोग से मुक्ति मिल गई थी? लुई को अपने भीतर आए बदलाव पर विश्वास ही नहीं हो रहा था।

कई सालों से खराब सेहत की वजह से उनके लिए अध्यापन के पेशे को जारी रख पाना भी संभव नहीं रह गया था। वे संगीत और शोध की दुनिया में ही सिमटकर रह गए थे। इस दौरान उन्होंने पुस्तकालय के लिए पुस्तकों की प्रतियाँ तैयार करने का काम भी जारी रखा था।

मगर सन् 1847 में ऐसा लगा मानो कोई चमत्कार हो गया। उनकी तबीयत सुधर गई थी। विद्यालय के चिकित्सक ने उनकी जाँच करने के बाद कहा कि वह अध्यापन के कार्य को आराम से जारी रख सकते हैं। डॉ. डाफू ने विद्यालय में उनकी वापसी का स्वागत किया था। एक बार फिर लुई व्याकरण, बीजगणित, इतिहास और संगीत की कक्षाओं में पढ़ाने लगे थे।

अपनी माता से लुई ने मितव्ययिता और बचत करने की आदत सीखी थी। वह अपने वेतन का एक हिस्सा तो बचाते ही थे। इसके अलावा अपनी जमीन से होने वाली आय की भी बचत करते थे। बचाई गई राशि का इस्तेमाल लुई जरूरतमंद विद्यार्थियों की आर्थिक सहायता करने के लिए करते थे। पियरे ऐसा ही एक जरूरतमंद विद्यार्थी था।

पियरे ऑर्गन बजाते समय असाधारण प्रतिभा का परिचय देता था। वह अपने कार्य को तत्परता के साथ पूरा करता था, मगर एक दिन उसका सुर सध नहीं रहा था। उसने तीन बार एक शार्प बजाने की जगह एक नैचुरल बजाया था।

''क्या बात है पियरे?'' लुई ने पूछा, ''क्या तुम्हारे सिर मैं दर्द हो रहा है?''

''नहीं महाशय! मेरे सिर में दर्द नहीं हो रहा है, बल्कि मेरे दिल में दर्द हो रहा है।''

लुई ने पियरे के कंधे पर हाथ रख दिया, "क्या बात है, मुझे खुलकर बताओ, पियरे।"

"इस बार हमारी अंगूर की खेती तबाह हो गई है। घर में बिल्कुल पैसे नहीं हैं। लगता है, मुझे घर लौट जाना होगा।"

"चिंता करने की कोई जरूरत नहीं है।" लुई ने तसल्ली देते हुए कहा, "मेरे पास यहाँ एक बक्सा है, जिसमें इस तरह की परेशानियों को दूर करने की दवा मौजूद है।"

लुई ने बक्से को पियरे के सामने रख दिया और उसे खोलने के लिए कहा। उसके भीतर कागज रखे हुए थे।

"अगर तुम बक्से में मौजूद कागजों पर किए गए दस्तखत की तरह दस्तखत कर दोगे तो तुम्हारी पढ़ाई के खर्च का इंतजाम हो जाएगा। इन कागजों की यही खूबी है। इन कागजों पर यह भी लिखा हुआ है कि विद्यालय की पढ़ाई पूरी करने के बाद जब तुम कोई काम करने लगोगे तो उधार की राशि बक्से में वापस लाकर रख दोगे। बताओ, परेशानी का इलाज कैसा है?"

"बहुत-बहुत धन्यवाद, महाशय!" पियरे ने बेताबी के साथ छह बिंदुओं वाली लिपि में अपना नाम कागज पर लिख दिया, फिर कागज को तरतीब के साथ बक्से के भीतर सुरक्षित रख दिया।

"अब बताओ, क्या तुम इस शार्प को अच्छी तरह बजा सकते हो?"

"जी महाशय! अब इसे बजाना मेरे लिए आसान होगा।"

अपनी खराब सेहत को ध्यान में रखते हुए लुई ने विवाह करने और घर बसाने के बारे में विचार नहीं किया था। वह अपने पूर्व शिष्यों के साथ निरंतर पत्र-व्यवहार करते रहते थे। उन्हें विद्यालय की सूचनाओं से अवगत करवाते रहते थे, उन्हें लेखन-सामग्री और पुस्तकें प्रतिलिपि तैयार करने के लिए भेजते रहते थे। उन्हें आर्थिक सहायता और पुस्तकों का वितरण करते रहते थे। उनके लिए उनके शिष्य ही 'परिवार' थे और विद्यालय ही उनका 'घर' था।

डॉ. पिगनियर ने अपनी पुस्तक में लुई की एक नेत्रहीन महिला मित्र का भी उल्लेख किया है, जिसके साथ लुई का पत्र-व्यवहार होता रहता था। लुई की उस महिला से मुलाकात संभवत: कुप्रे की यात्रा करते समय रास्ते में हुई थी। लुई ने उसे छह बिंदुओं वाली लिपि सिखाई थी। जब दोनों में गहरी दोस्ती हो गई तो लुई ने उस महिला से 'छह बिंदुओं वाली लिपि' को प्रचारित करने के लिए कहा। वह यह नहीं चाहते थे कि लिपि के साथ-साथ उनके नाम को भी प्रचारित किया जाए।

उन्होंने कभी भी आत्म-प्रचार के लिए कोई काम नहीं किया।

सन् 1848 में पेरिस में दूसरी क्रांति शुरू हो गई। चारों तरफ गोलीबारी होने लगी और 'लोकतंत्र के लिए! लोकतंत्र के लिए!' नारा सुनाई देने लगा। सुरक्षा कर्मियों की मोर्चाबंदी तोड़ दी गई और पूरा शहर ही युद्ध का मैदान बनकर रह गया।

लुई और गेब्रियल घटनाक्रम पर पैनी नजर रखे हुए थे। लुई को इस बात पर अफसोस था कि हिंसा हो रही है, घृणा फैल रही है, अनावश्यक रक्तपात हो रहा है, मगर इसके साथ ही उनकी दृढ धारणा थी कि लोकतांत्रिक व्यवस्था के जरिए ही प्रत्येक नागरिक के लिए समानता और स्वतंत्रता के अधिकारों को सुनिश्चित किया जा सकता है। लुई को यह सुनकर राहत महसूस हुई कि पचहत्तर वर्षीय सम्राट् लुई फिलिप इंग्लैंड भाग जाने में सफल हुए थे। उद्योग मेले मैं जब लुई ने सम्राट् के समक्ष अपनी लिपि का प्रदर्शन किया था, तब सम्राट् ने उदारतापूर्वक उनके इस आविष्कार की सराहना की थी।

लुई के एक जीवनीकार ने लिखा है— ''गेब्रियल ने एक विजय-यात्रा की धुन की रचना की थी। फ्रांसीसी कवि बारेंगन की कविता की धुन भी बनाई थी और फ्रांस के तमाम नागरिकों ने 'लिबर्टी' के पौधे लगाते हुए अपने देश की वंदना की थी—संसार की महारानी, मेरी मातृभूमि फ्रांस, तुम हो महान्।''

जब तूफान शांत हुआ, लुई नए सिरे से शोध कार्य में जुट गए। कई पुस्तकें तैयार करने के अपने लक्ष्य के प्रति वे सदैव जागरूक बने रहते थे। चिकित्सक ने भले ही उन्हें विश्राम करने की सलाह दे रखी थी, मगर उनका जिज्ञासु मस्तिष्क शांत नहीं रह सकता था। अब डॉ. डाफू सहयोग के लिए हर तरह के उपाय करते हुए नजर आ रहे थे। बिंदुओं वाली लिपि के मुद्रण के लिए कई विधियों को आजमाकर देखा जा रहा था। लुई ने लेखन की एक ऐसी विधि खोज निकाली थी, जिसके जरिए लिखे हुए शब्दों को आम व्यक्तियों के अलावा नेत्रहीन व्यक्ति भी पढ़ सकते थे। अक्षरों को रेखांकित करते हुए उभरे हुए बिंदुओं वाली लिपि का इसमें प्रयोग किया गया था। उन्होंने इस विधि का नाम 'राफीग्राफी' रखा। विद्यार्थियों ने उत्साह के साथ इस विधि को अपनाया। चूँकि वे अपने वैसे मित्रों और रिश्तेदारों को भी पत्र लिखना चाहते थे, जो देखने की क्षमता रखते थे।

एक दिन लुई के पास एक सरकारी पत्र पहुँचा। लुई ने छूकर महसूस किया कि वह मुहरबंद लिफाफा है। उन्होंने अंदाजा लगाया कि जरूर इस खत को स्याही से लिखा गया होगा और इसे पढ़ने के लिए किसी ऐसे व्यक्ति की मदद लेनी पड़ेगी, जो देखने में समक्ष हो, मगर विद्यालय में किसी को पत्र पढ़ने के लिए देने पर पत्र

की गोपनीयता भंग हो सकती थी। लुई ने निश्चय किया कि कक्षाएँ समाप्त हो जाने के बाद दोपहर में वह गेब्रियल और हिपोलिट को साथ लेकर डॉ. पिगनियर के घर जाएँगे। वहीं पत्र को पढ़वाकर उसमें लिखे संदेश को समझ लेंगे। इसके अलावा अपने शुभचिंतक डॉ. पिगनियर से मुलाकात करके उन्हें खुशी भी महसूस होगी।

डॉ. पिगनियर ने दरवाजा खोला तो उन्होंने अपने सामने उन तीनों शिक्षकों को पाया, जिन्हें उन्होंने कभी प्रशिक्षणार्थी शिक्षक के पद पर नियुक्त किया था। पिगनियर ने उनका हार्दिक स्वागत किया और अनुरोध किया कि वे रात्रिभोज में शामिल होने के साथ ही संगीत का भी आनंद लें।

अब उस रहस्यपूर्ण लिफाफे को सावधानीपूर्वक खोला गया, फिर खत को पढ़ा गया।

पेरिस-स्ट्रासबर्ग रेलमार्ग का निर्माण शुरू होनेवाला था। इसके लिए दो साल पहले भूमि सर्वेक्षण का काम किया गया था। रेलमार्ग के लिए कुप्रे में स्थित लुई की जमीन का अधिग्रहण किया जा रहा था और इसके बदले लुई को मिलनेवाली क्षतिपूर्ति की राशि का विवरण लिखा हुआ था।

डॉ. पिगनियर ने खुशी का इजहार करते हुए रसोई में मौजूद अपनी पत्नी को संबोधित किया, ''सुनती हो, सबसे बढ़िया वाइन की बोतल निकालो। हम जश्न मनाएँगे।''

''पहले लिपि और अब रेलमार्ग।'' गेब्रियल ने कहा, ''मेरे दोस्त, अब अगली बार तुम क्या खुशखबरी देनेवाले हो?''

लुई हँस पड़े, ''मैं जानता हूँ कि मेरी जमीन उपजाऊ है। मैंने कभी सोचा नहीं था कि उस जमीन पर रेल की पटरी उग आएगी।''

उस शाम लुई खयालों में डूबे हुए थे। वार्त्तालाप की तरफ वे ध्यान नहीं दे पा रहे थे। उनके दोस्त भी समझ गए थे कि लुई किसी सोच में डूबे हुए हैं। असल में लुई इस बात का हिसाब कर रहे थे कि क्षतिपूर्ति के रूप में जो राशि उन्हें मिलने वाली है, उसे वह किस प्रकार खर्च कर सकते हैं। सालाना आय सुनिश्चित करने के लिए उन्होंने एक खेत खरीदने का निश्चय किया। वह सीमोन के खेत की बगल में ही खेत खरीदना चाहते थे। इसके बाद भी पुस्तकों और शोधों के लिए काफी रकम उनके पास बची रह सकती थी।

अध्यापन करते हुए तीन बेहतरीन साल गुजरते गए और फिर सेहत के जादू ने उनका साथ छोड़ दिया। इसके बावजूद लुई विद्यालय में मौजूद रहे और कमजोरी की हालत में भी विद्यार्थियों को पियानो सिखाते रहे।

सन् 1851 के दिसंबर में एक दिन पेरिस में शीतलहरी चलने लगी और तापमान गिरता चला गया। ऐसा ही मौसम तैंतालीस साल पहले भी रहा होगा, जिस दिन सीमोन रेने अपने नवजात पुत्र के नाम का पंजीकरण करवाने के लिए फिसलनभरी कोबलस्टोन स्ट्रीट पर कदम बढ़ा रहे थे, मगर अब ऐसी कोई नर्स उनके पास मौजूद नहीं थी, जो देख पाती कि उन्हें कितने यत्न के साथ कपड़ों में लपेटकर रखा गया था। लुई को बुखार हो गया और उनकी तबीयत बिगड़ती चली गई।

बीमारी की स्थिति में लुई की देखभाल करने के लिए सीमोन उनके पास आ गए। लुई की माता की उम्र यात्रा करने की इजाजत नहीं देती थी और कमजोरी की हालत में लुई के लिए भी यात्रा कर पाना संभव नहीं रह गया था। गेब्रियल और हिपोलीट निरंतर लुई के साथ मौजूद रहे। डॉ. पिगनियर अकसर लुई का हाल-चाल पूछने के लिए आते थे।

जब लुई के भाई सीमोन और दोस्त गेब्रियल व हिपोलीट उनके बिस्तर के पास बैठे हुए थे, तब उन्होंने धीमी आवाज में कहना शुरू किया—

"कल का दिन मेरे जीवन का एक यादगार और खूबसूरत दिन था। उस समय मैंने महसूस किया कि धर्म की सारी शक्तियाँ और गरिमा मेरे हृदय में विद्यमान है। मानव हृदय भी किस कदर रहस्यमय होता है! मैं इस नतीजे पर पहुँचा हूँ कि धरती पर मेरा कार्य पूरा हो चुका है, कल मैंने ईश्वर की रोशनी को भली-भाँति महसूस किया, ईश्वर ने शाश्वत उम्मीद की रोशनी मेरी दृष्टि में समाहित कर दी। इसके बाद धरती की कोई भी चीज मुझे भला कैसे आकर्षित कर सकती है? खैर, मैंने ईश्वर से अनुरोध किया कि मुझे इस दुनिया से वापस बुला ले, मगर मुझे लगा कि मैं यह बात अधिक दृढता के साथ नहीं कह पा रहा था।"

अपने तैंतालीसवें जन्मदिन के दो दिन बाद, 6 जनवरी की सुबह लुई ने अपने भीतर शक्ति का संचार महसूस किया। असल में, पिछले कुछ दिनों से उनकी तबीयत में कुछ सुधार हो रहा था। उन्हें लगने लगा था कि वह शायद ठीक हो जाएँगे।

पेरिस की मीनारों और घंटाघरों से सुनाई देने वाले घंटों की पुलक भरी झनझनाहट को सुनकर लुई समझ गए कि वह 'प्रभुप्रकाश' का दिन था। इसी दिवस पर पूरब के ज्ञानीजनों ने बेथलहेम का दौरा कर नवजात शिशु का दर्शन किया था और इसे हर साल उत्सव के रूप में धूमधाम से मनाया जाता था। उन्हें लुवरे की मीनार से चाँदी के घंटे की आवाज सुनाई दे रही थी, नोटरे डेम के घंटाघर से उन्हें घंटे की झनझनाहट सुनाई दे रही थी, सेंट यूस्टीच की सात घंटियों की आवाज

सुनाई दे रही थी, सेंट जर्मन की सुरीली घंटियों की आवाज सुनाई दे रही थी और इसी तरह घंटियों का अद्‌भुत सरगम वे सुनते रहे थे। लुई घंटीवादक के रोमांच को अच्छी तरह महसूस कर सकते थे, जो घंटीवादक रस्सी खींचकर हवा में ध्वनियों को छोड़ देते थे। बचपन से ही उन्हें घंटियों की झनझनाहट पसंद थी। उन्हें याद था कि वे किस तरह अपने शिक्षक बेकेरेट के साथ घंटियाँ बजाया करते थे।

जब घंटियाँ खामोश हो गईं, तब लुई ने अनुरोध किया कि प्रथम 'प्रभुप्रकाश' के दिन नवजात प्रभु को मजूसी की तरफ से उपहार के रूप में सोना, लोबान और गंध- रस दिए जाने का प्रतीकात्मक अर्थ नए सिरे से बताया जाए।

पादरी ने कहा, ''सोना राजा को दिए जानेवाले उपहार का प्रतीक है, लोबान ईश्वर को दिए जाने वाले उपहार का प्रतीक है और गंधरस ऐसे मनुष्य को दिया जाने वाला उपहार है, जिसका जीवन नश्वर होता है।''

दोपहर बाद लुई के भीतर सुबह जैसी शक्ति भले ही बनी हुई थी, मगर अंत का संकेत भी नजर आने लगा था। उन्होंने एक बार फिर धर्मसंदेश सुनने की इच्छा प्रकट की।

लई समझ गए थे कि संसार से सदा के लिए विदा होने का समय आ चुका है। उन्होंने सीमोन से अपनी माँ और बहन को अंतिम अभिवादन का संदेश कहने के लिए कहा। अपने पास मौजूद सभी लोगों से उन्होंने मधुर वचन कहे और सबकी सराहना की। शाम साढ़े सात बजे लुई की मृत्यु हो गई।

इस दुखद समाचार के साथ सीमोन कुप्रे की तरफ रवाना हो गए। विद्यालय में लुई की अंत्येष्टि की तैयारी शुरू हो गई। विद्यार्थियों ने ताँबे की सहायता से अपने प्रिय शिक्षक की मुखाकृति बनाई, जिसे वे हमेशा अपने साथ स्मृतिचिह्न के रूप में रखना चाहते थे।

सीमोन जब कुप्रे से वापस विद्यालय पहुँचे तो उन्होंने अपनी माता की इच्छा सबको बताई। माता चाहती थी कि लुई को अपने गाँव लाया जाए और वहीं उनकी अंत्येष्टि की जाए। जिस रास्ते से लुई कुप्रे तक कई बार आवाजाही कर चुके थे, उसी रास्ते से उन्हें अंतिम बार कुप्रे ले जाया गया। टार्टे स्ट्रीट के किनारे पत्थर से निर्मित फार्म हाउस में एक बार फिर उन्हें थोड़ी देर विश्राम के लिए रखा गया। चर्च में धार्मिक अनुष्ठान संपन्न किया गया। कभी उसी चर्च में उन्हें दीक्षित किया गया था और वहीं पॉली के लिए वह आर्गन बजाते थे। उन्हें कुप्रे के शांत समाधि-स्थल में अपने पिता और मेरी की समाधियों की बगल में दफना दिया गया।

शोक में डूबी हुई माँ, बहन समाधि के सामने खड़ी थीं। सीमोन की आँखें

छलछना उठी थीं। वर्षों से समय का हिसाब रखनेवाली घड़ी की घंटी ने उसी समय आशीर्वाद के रूप में दोपहर बारह बजने का संकेत बारह बार 'टन-टन' की आवाज के साथ दिया।

लुई की वसीयत खोलने के लिए सीमोन ने एक बार फिर पेरिस की यात्रा की। लुई की माता ने लुई के लिए सावधानीपूर्वक धन बचाकर रखा था और लुई ने अपनी वसीयत में माता के लिए सालाना आय का प्रावधान रखा था। लुई ने कैथरीन और मेरी के बच्चों के लिए भी धन का प्रावधान रखा था। उन्होंने कुप्रे की जमीन सीमोन के नाम कर दी थी। विद्यालय के मित्रों के लिए उन्होंने अपना बैंक खाता, पियानो और सेलो धरोहर के रूप में छोड़ा था। फर्नीचर और पुस्तकें भी उन्हीं के लिए छोड़ी थीं। दस और लिफाफे थे, जिनके जरिए लुई ने सोसाइटी फॉर द ब्लाइंड अपने युवा मार्गदर्शक, अस्पताल के बालक, रात्रि प्रहरी और घर की देखभाल करनेवाले सेवक के लिए उपहार रख छोड़े थे।

जब लुई के सामानों को देखा जा रहा था, तब उनके मित्रों ने एक बक्से को देखा, जिस पर लुई ने लिखा था, "इसे बिना खोले जला दिया जाए।" मित्रों ने उत्सुकता के साथ बक्से को खोलकर देखा और पाया कि उसमें पियरे और दूसरे कई विद्यार्थियों के हस्ताक्षर थे, जिन्होंने लुई से कभी उधार लिया था। स्पष्ट था कि लुई किसी भी विद्यार्थी से ऋण की वसूली करना नहीं चाहते थे। बक्से को कागजों के साथ जला दिया गया।

कुप्रे और विद्यालय के परिजनों तथा मित्रों को छोड़कर लुई ब्रेल के देहांत पर किसी ने विशेष रूप से ध्यान नहीं दिया। 6 जनवरी, 1852 को पेरिस से प्रकाशित समाचार-पत्रों में राजनीतिक और सामाजिक खबरें तो थीं, मगर नेत्रहीन अध्यापक की मृत्यु का कहीं कोई उल्लेख नहीं था। अभी तक किसी ने लुई के महान् योगदान को महसूस नहीं किया था। अभी तक दुनिया ने समझा नहीं था कि लुई ने किस तरह दृष्टिशक्ति से बाधित मनुष्यों के जीवन में प्रकाश फैलाने का काम किया था।

अब आने वाले समय में कोई छोटा नेत्रहीन बच्चा पुस्तक की कमी पर आँसू बहाने वाला नहीं था, न ही युवा नेत्रहीनों को शिक्षा के माध्यम को खोजते हुए हताश होने की जरूरत थी। कुप्रे के नेत्रहीन बालक लुई ब्रेल ने दुनिया भर के नेत्रहीनों को छह बिंदुओं वाली लिपि का उपहार दिया था, जिसकी सहायता से दुनिया भर के नेत्रहीन मनुष्य स्पर्श के जरिए शिक्षा प्राप्त कर सकते थे और अक्षमता के अँधेरे से निकलकर देखने में सक्षम लोगों के साथ बराबरी कर सकते थे।

□

स्मारक और प्रसिद्धि

लुई ब्रेल के देहांत के अगले वर्ष रॉयल इंस्टीट्यूशन फॉर ब्लाइंड के शिक्षकों और विद्यार्थियों ने 25 मई, 1853 को एक स्मृति समारोह का आयोजन किया और लुई ब्रेल के प्रति श्रद्धांजलि अर्पित की। इस अवसर पर हिपोलीट कोल्टर ने लुई ब्रेल की प्रेरक जीवन-कथा का पाठ किया। विद्यालय के परिसर में संगमरमर से निर्मित लुई ब्रेल की प्रतिमा का अनावरण किया गया। इस प्रतिमा के नीचे 'अध्यापक' लिखा हुआ था।

प्रतिमा का अनावरण होते ही दृष्टिहीन छात्र प्रतिमा को छूकर महसूस करने के लिए उमड़ पड़े। प्रतिमा के बारे में सिर्फ एक ही त्रुटि बताई गई कि उसमें लुई ब्रेल के बालों को अच्छी तरह नहीं दरशाया गया था। हिपोलीट ने लिखा—"लुई अपने व्यक्तित्व और पोशाक को लेकर काफी सजग रहते थे और तरतीब के साथ बालों को सँवारना उन्हें पसंद था।"

छह बिंदुओं वाली वर्णमाला अपने आविष्कारक के नाम पर ब्रेल के रूप में मशहूर हो रही थी और फ्रांस से बाहर भी फैलती जा रही थी। शुरू-शुरू में चर्च की प्रार्थना के रूप में इस लिपि का दूसरी भाषाओं (लातिन, इटालियन, स्पेनिश, जर्मन और अंग्रेजी) में प्रचार हुआ। कागज के पन्ने को एक सीधी रेखा से दो भागों में बाँटा जाता था। बाईं तरफ देश की भाषा में प्रार्थना को लिखा जाता था और फिर दाईं तरफ उसी प्रार्थना को ब्रेल लिपि में लिखा जाता था।

दूसरे देशों के पर्यवेक्षक फ्रांस में अपनाई जा रही इस नई लिपि में दिलचस्पी लेने लगे थे। कई सम्मेलन आयोजित किए जा रहे थे और नेत्रहीनों के लिए ब्रेल लिपि की उपयोगिता का प्रदर्शन किया जा रहा था। लुई के देहांत के पैंतीस साल बाद यूरोप के लगभग समस्त दृष्टिहीनों के विद्यालयों में छह बिंदुओं वाली लिपि को अपना लिया गया था।

सन् 1887 में लुई के गाँव कुप्रे में उनकी स्मृति में एक स्मारक का निर्माण किया गया था। लुई की ताम्र मूर्ति बनाई गई। एक शिक्षक के रूप में लुई को छह बिंदुओं वाली लिपि में लिखी एक पुस्तक एक दृष्टिहीन बालक को पढ़ाते हुए दरशाया गया था। पत्थरों पर अंकित किया गया था—'ब्रेल के लिए, कृतज्ञ नेत्रहीनगण।'

लुई ब्रेल की लिपि को अमेरिका ने देर से अपनाया था। डॉ. डार्फो जैसे कई विद्वान् इस लिपि के प्रचार-प्रसार में वहाँ बाधक बन रहे थे।

नेत्रहीनों के पढ़ने-लिखने की कारगर और आजमाई जा चुकी ब्रेल लिपि को अपनाने की जगह अमेरिका में नेत्रहीनों के लिए अलग लिपि तैयार करने की कोशिश हो रही थी। उस समय नेत्रहीनों के लिए दो प्रकार की लिपियाँ अपनाई गई थीं। दोनों ही लिपियों में जमीन-आसमान का अंतर था। देश के अलग-अलग हिस्सों में रहनेवाले नेत्रहीन लोग एक-दूसरे का पत्र नहीं पढ़ सकते थे, न ही ब्रिटिश प्रेसों से नेत्रहीनों के लिए प्रकाशित पुस्तकों और पत्रिकाओं को पढ़ सकते थे, यानी अंग्रेजी भाषी नेत्रहीनों के लिए तीन तरह की लिपियाँ प्रचलित हो गई थीं!

नेत्रहीनों ने एकजुट होकर माँग करनी शुरू कर दी कि उनके लिए केवल एक लिपि होनी चाहिए, जिसकी सहायता से पढ़ना और लिखना संभव हो सके। तीनों लिपियों में से सर्वश्रेष्ठ लिपि को चुनने के लिए कई तरह के परीक्षण किए गए। पाया गया कि ऐसे परीक्षणों में ब्रेल लिपि अपनानेवाले ब्रिटिश छात्रों का प्रदर्शन सर्वश्रेष्ठ रहा था।

नए सिरे से इम्तिहान लिये गए और ब्रेल लिपि ही अव्वल साबित हुई। इसके बाद अमेरिका में ब्रेल लिपि को अपनाने का दौर शुरू हुआ। दुनिया भर के अंग्रेजी भाषी नेत्रहीनों के लिए ब्रेल लिपि को आधिकारिक रूप से चुन लिया गया। अब दुनिया भर के अंग्रेजी भाषी नेत्रहीन भले ही समान रूप से अंग्रेजी का उच्चारण नहीं कर रहे थे, मगर उनके लिखने और पढ़ने का माध्यम वही छह बिंदुओं की लिपि थी, जिसका आविष्कार लुई ब्रेल ने किया था।

लुई ब्रेल की मृत्यु के एक सौ वर्ष बाद तक उनकी प्रसिद्धि दुनिया भर में फैल चुकी थी। जून 1952 लुई ब्रेल की स्मृति में एक सप्ताह तक जन्म शताब्दी समारोह मनाया गया। इस समारोह में बीस अलग-अलग देशों के प्रतिनिधियों ने भाग लिया। इस समारोह का सबसे महत्त्वपूर्ण क्षण उस समय आया, जब लुई ब्रेल के शरीर के अवशेषों को कुप्रे स्थित कब्र से निकालकर देश की राजधानी के उस कब्रिस्तान में राजकीय सम्मान के साथ दफनाया गया, जहाँ फ्रांस के महान् और

प्रसिद्ध लोगों को दफनाया गया था।

रॉयल इंस्टीट्यूशन फॉर ब्लाइंड से शोभा-यात्रा निकाली गई। जिसमें दुनिया के विभिन्न हिस्सों से आए सैकड़ों युवा और वृद्ध नेत्रहीनों ने भाग लिया। लुई के शरीर के अवशेषों को एक वाहन में रखकर यह शोभा-यात्रा निकाली गई थी।

ताबूत को जब देश की राजधानी के समाधि-स्थल की तरफ ले जाया गया तो दोनों तरफ काली, लाल और सफेद रंग की वर्दी पहने सैनिक सम्मान दरशाने के लिए खड़े थे। समाधि-स्थल के द्वार पर लिखा गया था—

'अपने महान् सपूत को देश सम्मान देता है।'

वहाँ पहुचनेवाले नेत्रहीन प्रशंसकगण भले ही उन शब्दों को पढ़ नहीं पा रहे थे, मगर उन्हें इस बात का अहसास था कि किस तरह कृतज्ञ राष्ट्र अपनी महान् संतान के प्रति आदर व्यक्त कर रहा है।

इसके बाद ब्रेल के नाम पर स्कूलों, सड़कों और पत्रिकाओं के नाम रखे गए और 19 जनवरी, 1948 को डाक टिकट जारी हुआ ।

लुई ब्रेल के सर्वश्रेष्ठ स्मारक के रूप में ऐसे अनगिनत पुस्तकालय दुनिया भर में अस्तित्व में आए हैं, जहाँ नेत्रहीन छह बिंदुओंवाली लिपि की सहायता से अध्ययन कर सकते हैं। कुप्रे के नेत्रहीन बालक का लक्ष्य पूरा हो गया। वह बालक चाहता था कि नेत्रहीनों के लिए उँगलियों के स्पर्श से पढ़ी जा सकनेवाली ढेर सारी पुस्तकों का प्रकाशन हो। उस बालक का सपना आखिरकार पूरा हो गया।

□

लुई ब्रेल की स्मृति में हेलन केलर का भाषण

[अन्य जिज्ञासु पाठकों की तरह हेलन केलर ने भी लेखों और भाषणों के जरिए अपने जैसे अनगिनत नेत्रहीनों के प्रति किए गए लुई ब्रेल के उपकार को महसूस किया था। सन् 1952 में जब पेरिस में लुई ब्रेल का जन्म शताब्दी समारोह आयोजित किया गया, तब हेलन केलर को विशिष्ट अतिथि के रूप में आमंत्रित किया गया। हेलन केलर ने सम्मान स्वीकार करते हुए लुई ब्रेल की स्मृति में जो भाषण दिया, उसका अनुवाद यहाँ प्रस्तुत किया गया है।]

स्थान : सोरबोन, पेरिस

दिनांक : 21 जून, 1952

माननीय राष्ट्रपति महोदय, अध्यापकगण, भाइयो और बहनो!

आप लोगों ने जिस तरह मुझे सम्मानित किया है, उससे मैं अभिभूत हो गई हूँ। मैं यह मानती हूँ कि यह सम्मान केवल मुझे नहीं दिया गया है, बल्कि उन तमाम नेत्रहीनों और बधिरों को दिया गया है, जिनका मैं प्रतिनिधित्व कर रही हूँ।

अपनी सीमाओं में घुटकर खत्म होने के बजाय जो लोग अनवरत प्रयत्न करते हैं और अपनी पहचान बनाने की कोशिश करते हैं, ऐसे लोगों के वजूद को मान्यता देने के लिए मैं दुनिया भर के नेत्रहीनों की ओर से आपको धन्यवाद देना चाहती हूँ। जिस तरह मानवता गुटनबर्ग के प्रति आभारी है, उसी तरह हम नेत्रहीन लोग लुई ब्रेल के प्रति आभारी हैं। यह सच है कि आम मुद्रण वाली लिपि की तुलना में बिंदियों वाली लिपि बिल्कुल भिन्न है, मगर ये उभरी हुई बिंदियाँ हमारी उँगलियों के नीचे बहुमूल्य बीज की तरह हैं, जिनकी सहायता से हम लोग अपनी

बौद्धिक फसल पैदा करते हैं। ब्रेल लिपि के बगैर हमारी शिक्षा किस कदर अधूरी और अराजक हो सकती थी, इस बात का आसानी से अंदाजा लगाया जा सकता है। वैसी स्थिति में हम लोगों के लिए साहित्य, दर्शन और विज्ञान के द्वार को खोल पाना संभव नहीं हो सकता था, मगर जादुई छड़ी की तरह लुई ब्रेल की उभरी हुई छह बिंदियों ने विद्यालयों में नेत्रहीनों के लिए ढेर सारी पुस्तकों के सपने को साकार कर दिखाया है। ये पुस्तकें हमें समुद्री जहाज की तरह शिक्षा के बंदरगाहों, पुस्तकालयों और अभिव्यक्ति के तमाम साधनों तक पहुँचाती हैं और हमें मुक्ति प्रदान करती हैं।

जरा ध्यान से देखिए दुनिया भर के नेत्रहीन लोगों के बीच किस तरह भाईचारे और सद्‌भाव का वातावरण निर्मित हो रहा है और ब्रेल लिपि की अंतरराष्ट्रीय स्तर पर स्वीकृति के कारण नेत्रहीन लोग किस तरह मानव जाति के साथ और आपस में शब्दों के माध्यम से संवाद कायम करने में सफल हो पा रहे हैं।

इससे पता चलता है कि आरंभ में किस तरह नेत्रहीन लोगों को मानवीय ज्ञान की आंतरिक रोशनी की सहायता से अंधकार के विरुद्ध अनवरत संघर्ष करना पड़ा। दुनिया भर के नेत्रहीन लोग केवल यही सवाल पूछते रहे हैं कि उन्हें उनकी योग्यता को साबित करने का अवसर क्यों नहीं मिल रहा है, उन्हें दृष्टि शक्तिसंपन्न लोगों के समान ही आगे बढ़ने के लिए प्रोत्साहित क्यों नहीं किया गया।

सोरबोन के अध्यापकों को मैं अपने दिल की बात बताना चाहती हूँ। आप लोग मानवता के उत्थान में महत्त्वपूर्ण भूमिका निभा रहे हैं। आप लोग फ्रांस का प्रतिनिधित्व कर रहे हैं, जो देश बौद्धिक गतिविधियों को हमेशा प्रोत्साहित करता रहा है—इसी देश में लुई ब्रेल पैदा हुए थे और जिन्होंने अपने देश की विरासत को अपने कार्यों द्वारा समृद्ध बनाया था।

लुई ब्रेल के प्रति अपने सम्मान को प्रदर्शित करने के लिए इससे बेहतर तरीका और क्या हो सकता है कि हम ईसाई मत के अनुसार विकलांगों की सहायता करें और आम जनता के बीच सहयोग का ऐसा भाव पैदा करें, जिसके जरिए दृष्टिशक्ति से बाधित लोगों को दक्षता के शीर्ष और आध्यात्मिक संतुष्टि तक पहुँचने में आसानी हो सके।

□

लुई ब्रेल के पदचिह्नों की खोज

(लुई ब्रेल के जन्म के द्विशती वर्ष के अवसर पर अंग्रेजी की मशहूर लेखिका सूजन जे स्पंगीन ने लुई के जन्मस्थान और उनके जीवन से जुड़े विविध पहलुओं की नए सिरे से पड़ताल की और अपने अनुभव को लिखा। उनके ब्योरे से लुई के जन्म के दो सौ वर्षों बाद के परिदृश्य पर तो रोशनी पड़ती ही है, साथ ही वर्तमान युग में महान् आविष्कारक लुई की प्रासंगिकता भी समझ में आती है।)

लुई ब्रेल के जन्म का द्विशती वर्ष समारोह और उनकी खोजी गई लिपि से संबंधित सम्मेलन के अवसर पर मैं उस महान् व्यक्ति के पदचिह्नों की खोज करते हुए अपने मन में उठ रहे कुछ सवालों के जवाबों को ढूँढ़ने का प्रयत्न किया कि उन्होंने किस तरह का जीवन जिया था और किस तरह छह बिंदियों वाली लिपि का आविष्कार किया था। यह मेरा सौभाग्य था कि मुझे पेंथियन में स्थित उनकी समाधि से लेकर उनके जन्मस्थान कुप्रे तक जाने का मौका मिला।

पुण्यात्मा का स्मरण

4 जनवरी, 2009 को लुई की जयंती के अवसर पर मुझे 'नेशनल इंस्टीट्यूट फॉर द यंग ब्लाइंड' के परिसर में स्थित प्रार्थनालय में एक प्रार्थना सभा में भाग लेने के लिए आमंत्रित किया गया। पेरिस की शरद कालीन हवा के झोंकों को झेलते हुए हम लोग तेज कदमों से चलकर होटल से विद्यालय पहुँच गए। प्रार्थनालय भले ही छोटा था, मगर सुंदर था। खिड़कियों से झाँक रही धूप चर्च के गायक वृंद के चेहरों पर दमक रही थी। इस सभा में कई ऐसे मेहमान भी शामिल हुए थे, जो अगले दिन ब्रेल लिपि पर होनेवाले सम्मेलन में भाग लेने के लिए पेरिस पहुँचे थे।

मेरे लिए इस प्रार्थनालय का विशेष महत्त्व था, क्योंकि वहाँ वह ऑर्गन

रखा हुआ था, जिसे कभी लुई ब्रेल बजाया करते थे। उनके साथ अन्य विद्यार्थियों के ऑर्गन भी वहाँ रखे हुए थे, जिन्हें लुई ऑर्गन बजाना सिखाया करते थे। लुई विद्यार्थियों को ऑर्गन-वादन सिखाने के अलावा छह बिंदियों वाली लिपि की सहायता से संगीत की स्वरलिपि को पढ़ना भी सिखाते थे।

प्रार्थना समाप्त होने के बाद विद्यालय में एक विशेष स्वागत समारोह का आयोजन किया गया। इस अवसर पर हम लोगों को परंपरागत फ्रेंच केक 'किंग्स केक' का टुकड़ा खाने के लिए दिया गया। इस केक के अंदर एक मटर या गेहूँ को छिपा देने का रिवाज था। जिस व्यक्ति के हिस्से में मटर या गेहूँ आता था, उसे दिन भर के लिए राजा घोषित कर दिया जाता था और मुकुट पहना दिया जाता था। मैसाच्युसेट्स के केरोल सेंटर में कंप्यूटर कार्यक्रम के निदेशक ब्रायन चार्ल्ससन और दक्षिण अफ्रीका के विलियम रोलैंड को मुकुट पहनाया गया। रोलैंड वर्ल्ड ब्लाइंड यूनियन के पूर्व अध्यक्ष हैं।

जैसा कि हम सभी जानते हैं कि लुई ब्रेल ने नेत्रहीनों के लिए अद्‌भुत लिपि की खोज की थी। आज उस लिपि को उनके नाम से जाना जाता है। पेंथियन में जिस स्थान पर उनकी समाधि है, वहाँ फ्रांस के दूसरे महापुरुषों की भी समाधियाँ हैं। पहले पेंथियन में 'सेंट जेनेविए' नामक एक चर्च था, जिसका निर्माण 18वीं शताब्दी में चौदहवें लुई के आदेश पर वास्तुकार जर्मेन स्कौफलोट ने किया था, मगर सन् 1791 से इसे फ्रांस की महान् हस्तियों के समाधि-स्थल के रूप में तब्दील कर दिया गया। अब इसमें नए जमाने के वास्तुशिल्प के आधार पर निर्मित समाधियों को देखा जा सकता है। यहाँ वोल्तेयर, रूसो, विक्टर ह्यूगो, जीन मौलीन, पियरे और मेरी क्यूरी जैसी महान् हस्तियों की समाधियाँ हैं।

मुझे लुई ब्रेल की समाधि के करीब जाने का अवसर मिला, जहाँ फूल-मालाएँ चढ़ाई गई थीं। यह देखकर मुझे सुखद आश्चर्य हुआ कि कई नेत्रहीन लोग उस समाधि के पास पहुँच रहे थे और उस स्थान का स्पर्श करना चाहते थे, जहाँ उनके मार्गदर्शक को दफनाया गया था।

पुष्पांजलि अर्पित करने का कार्यक्रम संपन्न होने के बाद स्वागत समारोह का आयोजन किया गया। इसमें अतिथियों को फ्रेंच मदिरा परोसी गई और बादाम से बनाया गया लजीज व्यंजन खाने के लिए दिया गया। सफेद दस्ताने पहने वेटर चाँदी के पात्र में लजीज भोजन परोस रहे थे।

4 जनवरी की शाम मशहूर नोटरे-डेम-पेरिस चर्च में महान् आविष्कारक लुई ब्रेल को श्रद्धांजलि देने के लिए ऑर्गन-वादन कार्यक्रम का आयोजन किया

गया था। लुई ब्रेल स्वयं एक सिद्धहस्त ऑर्गन-वादक थे। जिस विद्यालय में लुई ने पढ़ाई की थी और अध्यापन किया था, उसी विद्यालय के पूर्व छात्र जीन पियरे लिगी ने ऑर्गन-वादन प्रस्तुत किया था, जो उसी चर्च में ऑर्गन-वादक के रूप में काम कर रहे थे।

सन् 1785 में वेलेंटीन हाए ने 'इंस्टीट्यूशन फॉर ब्लाइंड चिल्ड्रन' की स्थापना की, जिसके साथ पहले टॉयल शब्द जुड़ा और फिर यह नेशनल इंस्टीट्यूट फॉर द यंग ब्लाइंड (आई.एन.जे.ए.) बन गया। सन् 1819 में दस वर्ष की आयु में लुई ने इस विद्यालय में दाखिला लिया, जहाँ उन्होंने फ्रेंच, इतिहास, भूगोल और गणित की शिक्षा प्राप्त की। इसी दौरान वे नेत्रहीनों के लिए विशिष्ट लिपि की खोज भी करते रहे। उनकी जो लिपि चार महाद्वीपों में लाखों नेत्रहीनों का जीवन बदलनेवाली थी, वह सन् 1829 में सबसे पहले दुनिया के सामने आई। ब्रेल की सहायता से ही नेत्रहीनों के लिए लिखने का सपना साकार हो पाया। इसी लिपि के चलते नेत्रहीनों के लिए सामाजिक एवं पेशेवर जीवन की उन्नति संभव हो पाई और उन्होंने एक सांस्कृतिक जीवन को अपनाना शुरू कर दिया। सन् 1889 में मौरीस डे ला सिजेरन ने वेलेंटीन हाए एसोसिएशन (ए.वी.एच.) की स्थापना की, जिसका उद्देश्य फ्रांस के साथ दुनिया भर के दृष्टि बाधित लोगों के बीच ब्रेल लिपि का प्रचार-प्रसार करना था। यह संस्था अपने पुस्तकालय और प्रेस की सहायता से दुनिया भर के नेत्रहीनों के लिए ज्ञान का दरवाजा खोलना चाहती थी।

ब्रेल लिपि के विकास की अनूठी यात्रा के चलते ही ए.वी.एच., आई.एन.जे.ए. और अन्य संगठनों ने लुई ब्रेल की 200वीं जयंती को यादगार तरीके से मनाने का फैसला किया। इस अवसर पर ब्रेल लिपि के संबंध में एक अंतरराष्ट्रीय सम्मेलन आयोजित किया गया, जिसका शीर्षक रखा गया—छह बिंदियों से लेखन और इसका भविष्य। इस सम्मेलन में मदद करनेवाले संगठनों के नाम थे—फ्रांस की सरकार, यूनेस्को, वर्ल्ड ब्लाइंड यूनियन, नेशनल कमेटी फॉर द सोशल प्रमोशन ऑफ ब्लाइंड एंड पार्टिली साइटेड पीपुल और लुई ब्रेल जन्म द्विशती समारोह आयोजन समिति। 5 से 8 जनवरी, 2009 तक इस सम्मेलन का यूनेस्को में आयोजन किया गया। इसका संचालन वर्ल्ड ब्लाइंड यूनियन के महासचिव फ्रांसिस मेड्री लिजाइन ने किया।

इस सम्मेलन का उद्देश्य सूचना प्रौद्योगिकियों के संदर्भ में ब्रेल लिपि के विकास का विश्लेषण करना था। इसमें संगीत, गणित, कार्टोग्राफी, कला, कला के संपर्क, ब्रेल गेम, विकासशील देशों की भाषाएँ और ब्रेल लिपि, शिक्षा, स्वतंत्रता और रोजगार के क्षेत्र में ब्रेल लिपि की उपयोगिता, सार्वजनीन ब्रेल लिपि और

उपभोक्ताओं के परिप्रेक्ष्य में ब्रेल लिपि पर विचार-विमर्श किया गया। ब्रेल लिपि के विविध पहलुओं को उजागर करने के लिए कार्यशालाएँ आयोजित की गईं।

बुधवार, 7 जनवरी को सम्मेलन का समापन हो गया। इसके बाद मेयर की मेजबानी में एक भोज का आयोजन किया गया।

लुई ब्रेल का जन्मस्थान

जिस घर में लुई ब्रेल का जन्म हुआ था, गुरुवार 8 जनवरी को हम लोग उस घर को देखने के लिए गए। कुप्रे में स्थित यह घर एक मजबूत ग्रामीण कॉटेज है, जिसका निर्माण 18 वीं शताब्दी में किया गया था। 1956 में फ्रांस सरकार ने इस घर को संग्रहालय घोषित कर दिया। यह दर्शनार्थियों के लिए साल भर खुला रहता है। घर में घुसते ही आसानी से अंदाजा लगाया जा सकता है कि इस घर में ब्रेल परिवार किस तरह जीवन गुजारता रहा था। तकरीबन एक शताब्दी तक ब्रेल परिवार-साज निर्माण का काम करता रहा था। उनका यह घर फ्रांसीसी गृह शिल्प का एक उदाहरण है। साज-निर्माण से जुड़े कुछ औजार, काम करने की बेंच, हथौड़े, फुँदना, झब्बा आदि अभी भी दुकान में देखे जा सकते हैं, जहाँ बचपन में हुई दुर्घटना के दौरान लुई को आँख की रोशनी गँवानी पड़ी थी।

लुई ब्रेल अपने जन्मस्थान के साथ हमेशा गहरा लगाव महसूस करते थे। जब भी उनकी तबीयत बिगड़ जाती थी, विश्राम करने के लिए वे वहाँ पहुँच जाते थे। जिस कमरे में वे रहते थे, उसमें उनके समय की वस्तुएँ सँजोकर रखी गई हैं। इसके अलावा छह बिंदियों वाली लिपि की खोज की प्रक्रिया से जुड़े दस्तावेजों और वस्तुओं को भी प्रदर्शित किया गया है।

पेरिस में लुई ब्रेल जन्म द्विशती समारोह के अवसर पर उनके सम्मान में जाने-माने गीतकार टेरी केली के नए गीत 'मर्सी लुई' को जारी किया गया। समारोह के दौरान 'कनाडियन नेशनल इंस्टीट्यूट फॉर द ब्लाइंड' के कलाकारों ने इस गीत को गया। इस गीत के जरिए लुई ब्रेल के प्रति आभार प्रकट किया गया है, जिन्होंने दुनिया भर के नेत्रहीनों की अँधेरी दुनिया को आलोकित करने की भूमिका निभाई।

नेत्रहीनों की जादुई छड़ी है ब्रेल लिपि

अगर इस सवाल पर विचार किया जाए कि किस व्यक्ति ने नेत्रहीनों पर सबसे बड़ा उपकार किया है तो बेहिचक जवाब के रूप में लुई ब्रेल का नाम लोगों की जुबान पर आ जाता है।

आरंभ से ही स्पष्ट था कि नेत्रहीनों को शिक्षा प्रदान करने के लिए एक कारगर विधि की खोज जरूरी थी, जिसकी सहायता से वे लिख-पढ़ सकते थे। लुई ब्रेल ने छह बिंदियों वाली लिपि की खोज कर मानो दुनिया भर के नेत्रहीनों के हाथों में जादुई छड़ी थमा दी।

लुई ब्रेल की खोज किसी परी कथा के समान चमत्कारी थी। केवल छह बिंदियाँ! लेकिन जब वे बिंदियाँ कोरे कागज पर उभरने लगीं तो नेत्रहीनों की अँधेरी दुनिया में रोशनी फैल गई। इन्हीं छह बिंदियों की सहायता से लुई ब्रेल ने संगीत की स्वरलिपियों को लिखना शुरू किया। इन्हीं छह बिंदियों की सहायता से लुई ने नेत्रहीनों को विचार करने के साधन के रूप में अचूक शक्ति सौंप दी! इन्हीं बिंदियों के जरिए उन्होंने शब्दों को कैद कर लिया, जो शब्द जीवन के उल्लास के साथ नाचते और गाते हैं—शब्द जो शरमाते हैं और उदास होते हैं; शब्द जो नेत्रहीनों को भाईचारे के बंधन में बाँधते हैं।

□

लुई ब्रेल के पूर्ववर्ती वेलेंटीन हाए

किस तरह एक सामान्य स्पर्श यादगार पल बन सकता है ? किस तरह ऐसे ही एक स्पर्श ने नेत्रहीनों की अँधेरी दुनिया को आलोकित करनेवाले लुई ब्रेल को जीवन के आरंभिक वर्षों में प्रभावित किया था ? इस स्पर्श ने लुई ब्रेल को इतना प्रभावित किया था कि उन्हें बार-बार इस स्पर्श की याद आती रहती थी और जीवन के अहम फैसले लेते वक्त यही स्पर्श उनकी सहायता करता था। असल में यह वेलेंटीन हाए के संवेदनशील हाथ का स्पर्श था, जिसने लुई ब्रेल को गहरे तक से प्रभावित किया था। अज्ञान और बदहाली के अँधेरे से नेत्रहीनों को उबारने की लड़ाई में वेलेंटीन हाए लुई ब्रेल के पूर्ववर्ती योद्धा थे। लुई को वेलेंटीन हाए से हाथ मिलाने का अवसर उस समय प्राप्त हुआ था, जब हाए को पेरिस में स्थित रॉयल इंस्टीट्यूट फॉर ब्लाइंड यूथ में अभिनंदन करने के लिए आमंत्रित किया गया था। हाए ने 37 वर्ष पहले विश्व में सर्वप्रथम नेत्रहीनों के विद्यालय के रूप में इस संस्थान की स्थापना की थी। उस समय लुई ब्रेल विद्यालय के एक छात्र थे, लेकिन वह क्या वजह थी, जिसके चलते हाए को अपने द्वारा स्थापित विद्यालय में प्रवेश करने से लंबे समय तक रोका जाता रहा था और अंतत: उन्हें अभिनंदन करने के लिए आमंत्रित किया गया था ? विद्यालय की स्थापना करने के लिए उन्हें कितनी तकलीफों, यंत्रणाओं और जोखिमों का सामना करना पड़ा था और बदले में देश और समाज ने उन्हें क्या दिया था ? उन सवालों का जवाब पाने के लिए उनके जीवन संघर्ष को जानना आवश्यक होगा।

वेलेंटीन हाए का जन्म पेरिस के पास पिकार्डी में 13 नवंबर, 1745 को हुआ। उनके पिता एक बुनकर थे, जो अपनी जीविका चलाने के लिए कपड़ा बुनने के साथ-साथ पड़ोस के चर्च में घंटा बजाने का काम भी करते थे। अकसर वेलेंटीन अपने बड़े भाई रेने जस्ट के साथ चर्च पहुँचकर पिता की जगह घंटा बजाया करते

थे। इसी दौरान उनका परिचय पादरियों से हुआ और उन्होंने अच्छी शिक्षा प्राप्त की। रेने बुद्धिमान् थे और आगे चलकर वे क्रिस्टोग्राफी के विशेषज्ञ बन गए। भाषाओं पर अधिकार होने के चलते वेलेंटीन हाए को विदेश मंत्रालय में पत्रों के अनुवादक की नौकरी मिल गई। फुरसत की घड़ियों में वह विद्यार्थियों को पढ़ाने लगे। उसी दौरान घटी एक घटना ने उनके जीवन की दिशा को बदलकर रख दिया।

सितंबर 1771 में एक दिन हाए पेरिस की सड़कों पर टहलते हुए 'लुई ले ग्रांड' नामक स्थान पर पहुँच गए, जिसे अब वेनडोम के नाम से जाना जाता है। कैफे सेंट ओवीड की तरफ से हँसने और शोर मचाने की आवाज ने उनका ध्यान अपनी ओर आकर्षित किया। कैसा बीभत्स नजारा था! कैफे के सामने एक मंच पर दस नेत्रहीनों को वाद्ययंत्रों के साथ खड़ा कर दिया गया था, जो बिना सुर-ताल के वाद्ययंत्रों को बजाए जा रहे थे। उनकी आँखों पर लैंस विहीन कार्ड बोर्ड का चश्मा पहना दिया गया था। इस तरह उनकी नेत्रहीनता का मजाक उड़ाया जा रहा था। संगीत की स्वरलिपि को स्टैंड पर रखकर पढ़ने के लिए मोमबत्तियाँ जलाई गई थीं। यह भी एक किस्म का भद्दा मजाक ही था, क्योंकि वे नेत्रहीन उन स्वरलिपियों को नहीं पढ़ सकते थे। स्वरलिपियों को दर्शकों की तरफ जान-बूझकर घुमाकर रखा गया था, ताकि दर्शकों का अधिक-से-अधिक मनोरंजन हो सके। उन नेत्रहीनों को विद्वानों की तरह लबादे पहनाए गए थे और ऐसी टोपियाँ पहनाई गई थीं, जिनके साथ गधे के कान की प्रतिकृति जुड़ी हुई थी। इस तरह नेत्रहीनों के प्रति अमानवीय बरताव का परिचय दिया गया था। लगभग दो महीने से इन नेत्रहीन भिक्षुओं का इस्तेमाल इसी तरह तमाशा दिखाकर कैफे में ग्राहकों को आकर्षित करने के लिए किया जा रहा था। इन निरीह व्यक्तियों की विकलांगता का फूहड़ प्रदर्शन देखते हुए खाते-पीते वर्ग के लोग मनोरंजन कर रहे थे। वेलेंटीन हाए इस दृश्य को देखकर स्तब्ध रह गए। इसी घड़ी उन्होंने संकल्प लिया कि वे अपना जीवन नेत्रहीनों के बीच शिक्षा का प्रचार-प्रसार करने के लिए समर्पित कर देंगे। वे नेत्रहीनों के जीवन में सुधार लाने के लिए हर संभव कोशिश करेंगे।

बाद में उस घटना को याद करते हुए वेलेंटीन हाए ने लिखा—

"मानवता के लिए अपमानजनक नजर आनेवाले इस दृश्य को साकार करने की कल्पना किस तरह की गई? क्यों ऐसे संवेदनहीन दृश्य के विरोध में मार्मिक कविताओं और लेखों की रचना संभव नहीं हो पाई? जबकि इस घटना को अपनी आँखों से देखते हुए मैं अंदर तक सिहर गया और मेरे हृदय मैं पीड़ा का भाव उभर आया, इस घटना ने मेरी आत्मा के तारों को झंकृत कर दिया। मैंने संकल्प

लिया—हाँ, एक दिन मैं इन नेत्रहीनों के लिए पुस्तकें तैयार करके दिखाऊँगा। एक दिन नेत्रहीन भी अक्षरों को पढ़-लिख पाएँगे और एक दिन वे स्वयं संगीत की स्वरलिपियों को पढ़ते हुए प्रभावशाली संगीत कार्यक्रम भी प्रस्तुत कर पाएँगे। अभी जो लोग इस क्रूर तमाशे को देखकर मनोरंजन प्राप्त कर रहे हैं, एक दिन उनके सिर पर गधे के कान दिखाई देने लगेंगे।''

इस भावनात्मक संकल्प की पृष्ठभूमि में फ्रांस में आए नवजागरण का भी गहरा प्रभाव था। इस नवजागरण के चलते नए विचार और नए सिद्धांत सामने आ रहे थे। इतिहास में पहली बार सभी नागरिकों के लिए शिक्षा के अधिकार पर बल दिया जा रहा था। इतिहास के इस मुकाम पर आकर विचारकों ने नेत्रहीनों के बीच शिक्षा के प्रचार-प्रसार पर बल देना शुरू किया। सदियों से नेत्रहीनों को शिक्षा की रोशनी से वंचित रखा जाता रहा था, मगर अब डिडेरोट और रूसो जैसे विचारक अपने उदार सिद्धांतों का प्रचार करते हुए कह रहे थे कि नेत्रहीन बच्चों को शिक्षा दी जानी चाहिए और उन्हें भी समाज की मुख्यधारा में शामिल किया जाना चाहिए। ऐसे महान् विचारकों ने जब इस तरह का संदेश देना शुरू किया तो स्वाभाविक रूप से फ्रांस के जनमानस पर ऐसी बातों का गहरा प्रभाव पड़ा। बदलाव की आवश्यकता को महसूस करते हुए लोगों ने एक किस्म का सामाजिक आंदोलन शुरू कर दिया। वेलेंटीन हाए भी उन विचारकों के लेखन से परिचित थे। कैफे सेंट ओविड की घटना ने उनके जज्बातों को झकझोरकर रख दिया और इसके साथ ही उन्होंने अपने जीवन का नया लक्ष्य भी निर्धारित कर लिया।

उस समय वधिरों की सहायता के लिए जो प्रयत्न हो रहे थे, उनकी ओर वेलेंटीन हाए ने ध्यान देना शुरू कर दिया। मूक-वधिरों की दशा सुधारने के लिए पादरी डेलपी के कार्यों की चर्चा उन दिनों पेरिस में हो रही थी। पादरी डेलपी के उत्तराधिकारी पादरी सिकार्ड ने एक मूक वधिर बालक जीन मासी को जिस तरह संकेतों के जरिए वार्त्तालाप करना सिखाया था, उसके चलते पादरी सिकार्ड के प्रति लोगों के मन में सम्मान का भाव बढ़ गया था। इसके बावजूद वेलेंटीन हाए को अपने संकल्प को पूरा करने के लिए अभी एक दशक से भी अधिक समय तक इंतजार करना था। इस अवधि में उनका हौसला कमजोर नहीं हुआ। वह अनवरत अपने सपने को साकार करने के लिए समाधान की तलाश करते रहे।

एक दूसरी घटना ने जहाँ हाए के संकल्प को मजबूत बनाया, वहीं संभवत: समाधान खोजने के लिए भी प्रेरित किया। एक नेत्रहीन भिखारी ने अपनी ईमानदारी का परिचय देते हुए हाए को प्रभावित किया था। जब उस भिखारी को एक बड़े

आकार का सिक्का दिया गया तो उसने सिक्का छूकर समझ लिया कि वह जिस सिक्के का हकदार है, उसे देने वाले ने ज्यादा बड़ा सिक्का यानी अधिक पैसे दिए हैं। उसने सिक्का देने वाले को आवाज लगाकर पूछा कि कहीं उससे गलती तो नहीं हो गई है। हाए जहाँ उस नेत्रहीन भिखारी की ईमानदारी से प्रभावित हुए, वहीं स्पर्श की शक्ति का भी उन्हें आभास हुआ, जिसके जरिए भिखारी ने सिक्के की भिन्नता का अंदाजा लगा लिया था। वे एक ऐसी प्रणाली पर विचार करने लगे जिसकी सहायता से नेत्रहीन अक्षरों को उसी तरह पहचान सकते थे, जिस तरह वे सिक्कों को पहचान लेते थे।

इस दिशा में कदम बढ़ाने के लिए हाए को एक महिला से प्रेरणा मिली। उस महिला का नाम मारिया थेरेसा वोन पेराडीस था, जो वियना की रहनेवाली थी। नेत्रहीन होने के बावजूद उस महिला ने पियानोवादक के रूप में ख्याति अर्जित की थी। मारिया का जन्म सन् 1759 में हुआ था। नेत्रहीन होने के बावजूद बचपन से ही मारिया बहुआयामी प्रतिभा का परिचय देने लगी थी। संगीत के क्षेत्र में उसे महारत हासिल थी। मारिया के पिता महारानी के दरबार के सभासद थे। उन्होंने अपनी बेटी के लिए योग्य शिक्षकों का प्रबंध किया था और अपनी बेटी की प्रतिभा की ओर महारानी का ध्यान भी आकर्षित किया था। वियना के शाही चर्च में महारानी ने मारिया का गायन सुना था और बेहद प्रभावित हुई थी। महारानी ने मारिया को संगीत की तालीम देने के लिए एक विशिष्ट शिक्षक को नियुक्त किया था और उसकी शिक्षा के लिए दो सौ फ्लोरीन वार्षिक वजीफे के रूप में देने की घोषणा की थी। संगीत साधना करने के साथ-साथ मारिया ने विभिन्न भाषाओं, इतिहास और भूगोल का अध्ययन भी किया था। उसके व्यक्तित्व से तेज प्रदर्शित होता था और अपनी सुंदरता से वह सबका ध्यान अपनी तरफ आकर्षित कर लेती थी। शिक्षा के माध्यम से किसी नेत्रहीन व्यक्ति के जीवन में किस कदर सकारात्मक परिवर्तन लाया जा सकता है, मारिया इस बात का अनूठा उदाहरण बन गई थी। सन् 1784 में वह पेरिस पहुँची, जहाँ रानी मेरी एंटोनेट ने उसे वित्तीय सहायता प्रदान की। पेरिस में मारिया के संगीत कार्यक्रम में भाग लेनेवालों में वेलेंटीन हाए भी शामिल थे। मारिया से प्रभावित होते हुए हाय ने मारिया को नेत्रहीनों को शिक्षित करने के अपने संकल्प के बारे में बताया। इस मामले में मारिया ने उनका उत्साह बढ़ाया और सहायता करने का वचन भी दिया।

मारिया ने हाए को बताया कि उन्होंने कढ़ाई के उपकरण के भीतर कागज डालकर पिन की सहायता से अक्षरों को उकेरा और फिर विपरीत दिशा से उँगलियों

से स्पर्श करते हुए अक्षरों को पहचानना सीखा था। मारिया ने बताया कि किस तरह उनके लिए खास तौर पर एक छापाखाने का इंतजाम किया गया था, जिसकी सहायता से वह जर्मन अक्षरों को लिख सकती थी। संभवतः सबसे महत्त्वपूर्ण जानकारी उन्होंने यह दी कि उनका जॉर्ज वीसेमबर्ग नामक एक जर्मन युवक के साथ पत्र-व्यवहार होता रहा था। वह पाँच साल की उम्र में ही दृष्टि शक्ति खो बैठा था और उसने पढ़ाई-लिखाई सीखकर एक उदाहरण प्रस्तुत किया था। इस युवक को सौभाग्य से क्रिश्चियन निसेन नामक शिक्षक मिल गए थे, जिन्होंने नेत्रहीनों की मदद के लिए आजमाए गए सौंडरसन के तरीकों के साथ ही कुछ नए तरीकों की खोज की थी और कई उपकरण भी बनाए थे।

वेलेंटीन हाए को महसूस हुआ कि उन्होंने 14 वर्ष पहले जो संकल्प लिया था, उसे अब पूरा करने का समय आ गया था। जिस तरह पादरी सिकार्ड को जीन मासी जैसा योग्य शिष्य मिला था, हाए उसी तरह किसी योग्य शिष्य की तलाश करने में जुट गए थे। सेंट जर्मेन चर्च के बाहर उन्हें सत्रह वर्षीय फ्रांसिस लेजयोर मिला, जो अनपढ़ था और जिसने बचपन में दृष्टि गँवा दी थी। शुरू में फ्रांसिस भिक्षावृत्ति का लाभदायक पेशा छोड़ने के लिए तैयार नहीं हुआ, चूँकि उसकी कमाई ही उसके विशाल परिवार की गुजर-बसर होती थी। जब हाए ने उसे समझाया तो वह सुबह भिक्षावृत्ति करने के बाद शाम के वक्त पढ़ाई करने के लिए तैयार हो गया। उसने शर्त रखी कि शाम के समय भिक्षावृत्ति न करने के कारण उसे जो नुकसान होगा, उसकी भरपाई हाए को करनी पड़ेगी। जैसे-जैसे फ्रांसिस शिक्षा की रोशनी से आलोकित होता गया, वैसे-वैसे उसके अंदर परिवर्तन नजर आने लगा। उसने भिक्षावृत्ति का पूरी तरह त्याग कर दिया और मन लगाकर पढ़ाई करने में जुट गया।

एक योग्य शिष्य को पाकर हाए प्रसन्न हुए। अब वह नेत्रहीनों को शिक्षा प्रदान करने के लिए विभिन्न साधनों पर विचार करने लगे। उन्होंने मारिया के अनुभवों पर गौर करना शुरू कर दिया। वीसेमबर्ग को शिक्षित करने के लिए जिन उपकरणों, नक्शों आदि का प्रयोग किया गया था, उन्होंने उन तमाम चीजों की पड़ताल की और फिर सौंडरसन के गणितीय स्लेट का एक उन्नत रूप तैयार किया।

हाए नेत्रहीनों की पढ़ाई-लिखाई के लिए एक साधन की तलाश कर रहे थे और कैफे सेंट ओवीड की घटना की तरह इस सवाल का जवाब भी उन्हें नाटकीय तरीके से मिला। सन् 1786 में एक दिन फ्रांसिस हाए की मेज पर कुछ कागजों को रख रहा था, तभी अचानक उसके साथ में एक मुद्रित पृष्ठ आ गया। उसने उँगलियों से पृष्ठ का अच्छी तरह स्पर्श किया और फिर अपने गुरु को पुकारा। फ्रांसिस ने

अक्षर को पहचानते हुए उसका उच्चारण किया। वह प्रेस से छपकर आया किसी का शोक-पत्र था, जिसमें अक्षर कुछ उभरे हुए मुद्रित किए गए थे। हाए ने सोचा कि अगर कोई नेत्रहीन व्यक्ति मामूली उभरे हुए अक्षर को स्पर्श से पहचान सकता है तो अगर अक्षरों को बड़े आकार में उभारते हुए मुद्रित किया जाए तो नेत्रहीनों के लिए उनको पढ़ पाना कठिन नहीं होना चाहिए। जल्द ही हाए अपने इस विचार को क्रियान्वित करने में जुट गए। नेत्रहीनों के लिए पढ़ने का एक तरीका उन्होंने शीघ्र ही लोज निकाला।

जब लिखने का तरीका मिल गया, उनका उपकरण तैयार हो गया और उनकी प्रणाली निर्धारित हो गई, तब उन्होंने फ्रांसिस को उसी विधि से प्रशिक्षित करना शुरू कर दिया। छह महीने में ही नेत्रहीन फ्रांसिस उसी विधि के जरिए पढ़ने-लिखने में सक्षम बन गया। फ्रांसिस की प्रगति से संतुष्ट होकर हाए ने अपनी विधि को सार्वजनिक रूप से प्रदर्शित करने का फैसला किया, ताकि इस विधि का प्रचार-प्रसार करने के लिए संसाधन जुटाना संभव हो सके।

पेरिस के बौद्धिक जगत् के चर्चित व्यक्ति बन चुके अपने भाई रेने की सहायता से वेलेंटीन हाए को रॉयल अकादमी ऑफ साइंस के सदस्यों के सामने अपनी खोजी गई विधि का प्रदर्शन करने का मौका मिल गया। अकादमी के सदस्य उनके प्रयोग से अत्यंत प्रभावित हुए और उन्होंने इस प्रयोग को आगे बढ़ाने के लिए एक कमेटी बनाई। इसके साथ ही अकादमी के सदस्यों ने युवा हाए को नेत्रहीन बच्चों की सहायता करने के लिए प्रोत्साहित किया।

हाए को अपना अभियान जारी रखने के लिए विभिन्न सरकारी विभागों से इजाजत लेना जरूरी हो गया था। उन्होंने अलग-अलग विभागों के अधिकारियों के सामने अपनी प्रणाली का प्रदर्शन करते हुए उनकी मंजूरी प्राप्त कर ली थी। अब उन्हें और भी अधिक छात्रों की जरूरत थी। पेरिस के गण्यमान्य व्यक्तियों ने उन्हीं दिनों एक मानवतावादी संस्था बनाई थी, जो चौदह नेत्रहीन बालक-बालिकाओं की देखभाल कर रही थी। हाए को ये बच्चे शिष्य के रूप में मिल गए। संस्था से जुड़े गण्यमान्य व्यक्ति हाय को बच्चों का अध्यापक बनाते हुए खुश थे और वे निरंतर हाए को नेत्रहीनों का विद्यालय संचालित करने के लिए मदद कर रहे थे; मगर क्रांति के बाद ऐसे गण्यमान्य व्यक्तियों ने विद्यालय से संपर्क तोड़ा लिया।

विद्यालय की शुरुआत पहले रू कोकीलर इलाके में की गई, फिर उसे रू नोटरे इलाके में स्थानांतरित किया गया। हाए इसके मुख्य शिक्षक थे और फ्रांसिस उनके सहायक की भूमिका निभा रहा था। कुल चौदह नेत्रहीन विद्यार्थी थे। धीरे-

धीरे विद्यार्थियों की संख्या पचास तक पहुँच गई। इसका नाम 'नेशनल इंस्टीट्यूशन फॉर ब्लाइंड पीपुल' रखा गया। सन् 1784 में स्थापित इस विद्यालय को विश्व में नेत्रहीनों के लिए प्रथम विद्यालय माना जाता है।

वेलेंटीन हाए अपने विद्यार्थियों को साथ लेकर अलग-अलग स्थानों पर उनके पढ़ने-लिखने की दक्षता का प्रदर्शन करते थे और संगीत कार्यक्रम आयोजित करते थे। इस तरह वे विद्यालय के लिए आर्थिक सहयोग जुटाने का प्रयास करते थे। पेरिस में लोग इस तरह के कार्यक्रमों से प्रभावित होकर सहयोग देने के लिए तैयार हो जाते थे। विभिन्न संस्थाओं और रॉयल अकादमी की तरफ से प्रायोजित कार्यक्रमों में भी हाए के विद्यार्थियों को कार्यक्रम प्रस्तुत करने के लिए आमंत्रित किया जाता था।

सन् 1786 में क्रिसमस के उत्सवपूर्ण वातावरण में हाए को अपने शिष्यों के साथ शाही दरबार में संगीत कार्यक्रम प्रस्तुत करने के लिए आमंत्रित किया गया। वियना में मारिया को संरक्षण देनेवाली रानी की बेटी महारानी मेरी एंटोनेट कार्यक्रम देखकर अत्यंत प्रभावित हुई। महारानी ने देखा कि नेत्रहीन बच्चे आसानी के साथ पढ़-लिख रहे थे। वे गणित के सवालों को हल कर रहे थे और कलात्मक वस्तुओं का निर्माण कर रहे थे। जब नेत्रहीन बच्चों ने सम्राट् और महारानी का सम्मानपूर्वक अभिवादन किया तो सभी भावुक हो उठे। बच्चों ने संगीत का कार्यक्रम प्रस्तुत कर सबको मुग्ध कर दिया, मगर तीन साल बाद ही महारानी को प्राणदंड दे दिया गया और सम्राट् हाए को वह शाही पुरस्कार कभी नहीं दे पाए, जिसे देने की उन्होंने घोषणा की थी।

क्रांति की आग तेजी से चारों तरफ फैलती गई और इस आग की वजह से वेलेंटीन हाए द्वारा नेत्रहीनों की सहायता के लिए शुरू किए गए अभियान को भी काफी नुकसान उठाना पड़ा। हाए ने बदलते हुए वक्त के साथ तालमेल कायम करने की कोशिश की और उसी के अनुरूप अपने विद्यालय का भी संचालन करते रहे। उनके कई शिष्य क्रांतिकारी बन गए और हाए ने अपने शिष्यों को चर्च की प्रार्थनाओं के साथ-साथ क्रांति के गीत भी सिखा दिए।

अब राजशाही खत्म हो गई तो हाए को वित्तीय मदद मिलनी भी बंद हो गई। हाए ने विद्यालय के अस्तित्व को बचाने के लिए तत्कालीन असेंबली से अनुरोध किया। सरकार ने हाए और उनके विद्यार्थियों को 'कॉन्वेट फॉर द केलेस्टीन्स' में रहने का निर्देश दिया। जो मूक-वधिरों का विद्यालय था। यह हाए के लिए अनुकूल स्थिति नहीं थी और एक ही परिसर में दो प्रकार के विद्यालयों को संचालित कर पाना आसान काम नहीं था। तीन वर्षों के बाद नेत्रहीन विद्यार्थियों का विद्यालय रू

डे लोंबार्ड इलाके के एक भवन में स्थानांतरित किया गया। दस वर्षों में विद्यालय को चार बार स्थानांतरित करना पड़ा था। यहाँ विद्यालय की दशा और बिगड़ गई। शिक्षा पर ध्यान देने की जगह इसे एक वर्कशॉप का रूप दे दिया गया और 28 जुलाई, 1795 को इसका नाम बदलकर 'नेशनल इंस्टीट्यूशन ऑफ ब्लाइंड वर्कर्स' रख दिया गया।

वेलेंटीन हाए ने विद्यालय के मूल स्वरूप और अपने छापेखाने को जिंदा रखने के लिए अनवरत संघर्ष जारी रखा, मगर आर्थिक सहायता उपलब्ध नहीं होने और राजनीतिक शक्तियों में तेजी से आ रहे परिवर्तन के कारण उन्हें निराश होना पड़ा।

अक्तूबर 1800 में नेपोलियन ने समस्त नेत्रहीन बच्चों को क्विंज विंट्स नामक शरणगाह में रहने के लिए भेज दिया, जिसकी स्थापना नौवें लुई ने धर्मयुद्ध के दौरान दृष्टि गँवानेवाले योद्धाओं की सहायता करने के लिए की थी। यहाँ नेत्रहीन बच्चों का वर्गीकरण 'दूसरे दरजे के नेत्रहीन' के रूप में किया गया। 'प्रथम दरजे' के नेत्रहीन वे वयस्क लोग थे, जो शरणगाह में पहले से रह रहे थे। उनकी संख्या 300 थी। हाए को 120 बच्चों का प्रभारी बनाया गया। नियम बनाया गया कि पूरी तरह दृष्टि बाधित बच्चों को ही यहाँ कम-से-कम सात साल की उम्र में दाखिल किया जा सकता था। उनके लिए आठ वर्षों की शिक्षा का पाठ्यक्रम निर्धारित किया गया। कई यूरोपीय विद्यालयों में आज भी इसी नियम का पालन किया जाता है। वेलेंटीन हाए की राजनीतिक विचारधारा से नाराज होकर नेपोलियन ने सन् 1802 में उन्हें उनके पद से हटा दिया।

हाए उन नेत्रहीनों को आसानी से भुलानेवाले नहीं थे, जिनके लिए उन्होंने अपने जीवन को समर्पित करने का संकल्प लिया था। वह तब भी नेत्रहीनों की मदद करने के लिए प्रतिबद्ध बने हुए थे। उन्होंने छोटे स्तर पर नेत्रहीनों के लिए एक विद्यालय की स्थापना की। जिसका संचालन उन्होंने तीन वर्षों तक किया। इतने कम समय में ही उन्होंने दो नेत्रहीन युवाओं के लिए शिक्षा का मार्ग प्रशस्त कर दिया। इन दोनों युवकों की चर्चा समूचे यूरोप में होने लगी। इसमें से पहला नेत्रहीन अलेक्जेंडर रोडेनबाख यूरोप का पहला नेत्रहीन सांसद बना और बेल्जियम का प्रसिद्ध राजनेता कहलाया। दूसरे नेत्रहीन अलेक्जेंडर फोर्नियर ने तीव्रता से उँगलियों के स्पर्श से अक्षरों को पढ़ने में दक्षता हासिल कर ख्याति अर्जित की। उसने कई देशों में अपनी इस दक्षता का प्रदर्शन किया।

सन् 1806 में रूस के जार ने हाए को रूस में नेत्रहीनों के विद्यालय की स्थापना करने के लिए आमंत्रित किया। हाए अपनी पत्नी और फोर्नियर के साथ

रूस रवाना हो गए।

रूस जाते समय हाए जर्मनी में रुके। जर्मनी में भी उनकी शोहरत फैल चुकी थी और बर्लिन में उनसे एकेडमी ऑफ साइंस को संबोधित करने का अनुरोध किया गया। एकेडमी के सदस्य उनके अभिभाषण से अत्यंत प्रभावित हुए। सदस्यों ने प्रशिया के सम्राट् फ्रेडरिक विलहम तृतीय और रानी लुई के समक्ष हाए की शिक्षा प्रणाली को प्रदर्शित करने की व्यवस्था की।

सम्राट् हाए से प्रभावित हुए और उन्होंने जर्मनी में नेत्रहीनों के लिए विद्यालय स्थापित करने का उनसे अनुरोध किया। सम्राट् ने इस कार्य को सफल बनाने के लिए अपने अधिकारियों को निर्देश दिया। इस तरह बर्लिन के पास स्टेगलिज में अगस्त 1806 में विद्यालय का उद्घाटन किया गया। जल्द ही इस विद्यालय की गिनती यूरोप में नेत्रहीनों के अग्रणी विद्यालय के रूप में होने लगी।

रूस की दिशा में आगे बढ़ते हुए हाए वियना पहुँचे, जहाँ उन्होंने पाया की सन् 1804 में ही निर्धनों के जिला निदेशक जोहान विलहम क्लेन ने नेत्रहीनों के लिए एक विद्यालय की स्थापना की थी। जोहान शिक्षा की कमी को गरीबी की मूल वजह मानते थे और इसी बात को ध्यान में रखते हुए उन्होंने नेत्रहीन बच्चों के लिए विद्यालय की स्थापना की थी। वेलेंटीन हाए की तरह जोहान ने भी एक शिष्य जैकब ब्राउन नामक नेत्रहीन लड़के के साथ विद्यालय की शुरुआत की थी।

जब वेलेंटीन हाए रूस पहुँचे तो वहाँ अनमने मन में उनका स्वागत किया गया और वहाँ के अधिकारियों ने उन्हें विश्वास दिलाने की कोशिश की कि रूस में कोई भी व्यक्ति नेत्रहीन नहीं था। जार ने भले ही उन्हें आमंत्रित किया था, मगर जार से मुलाकात करने की इजाजत उन्हें कई सालों के बाद मिल पाई। इस दौरान हाए की मदद मदर जरीना ने की और इस तरह हाए कुछ नेत्रहीन बच्चों को एकत्र करने में सफल हो गए, मगर भाषा की भिन्नता और संसाधनों की कमी की वजह से हाए विद्यालय की जगह एक किस्म का अनाथालय ही विकसित कर पाए।

वेलेंटीन हाए सन् 1817 में पेरिस लौट आए। रूस से आते समय जार ने उन्हें 'ऑर्डर ऑफ सेंट ब्लादीमीर पदक से सम्मानित' किया। पेरिस लौटने पर उनके अपने ही विद्यालय ने उनके प्रति जैसा तिरस्कारपूर्ण बरताव किया, उसे देखते हुए वे हताश और क्षुब्ध हो उठे। उस समय विद्यालय के निदेशक गिली ने विद्यालय के संस्थापक वेलेंटीन हाए के विद्यालय परिसर में कदम रखने पर प्रतिबंध लगा दिया। इससे पता चलता है कि गिली कितना निरंकुश स्वभाव का व्यक्ति था और महान् मानवतावादी वेलेंटीन हाए के प्रति उसके मन में कैसा शत्रुतापूर्ण भाव था!

गिली के इस बरताव की असली वजह क्या थी? अन्य सरकारी अधिकारियों की तरह गिली भी वेलेंटीन हाए की राजनीतिक विचारधारा को संदेह की नजरों से देखता था। उसे डर था कि अगर हाए विद्यालय में कदम रखेंगे तो उसे अपनी नौकरी से हाथ धोना पड़ेगा। गिली वास्तव में वेलेंटीन हाए की महत्ता और उनके परोपकारी स्वभाव को समझ नहीं पाया था। क्रांति के समय हाए ने जो कुछ किया था, उसके पीछे उनके मन में केवल विद्यालय को जिंदा रखने का संकल्प था। वे क्रांति के उथल-पुथल भरे माहौल में विद्यालय के वजूद को कायम रखना चाहते थे और इसके पीछे किसी तरह की राजनीतिक विचारधारा नहीं थी।

जब डॉ. पिगनियर ने गिली के स्थान पर निदेशक का पद सँभाला तो परिस्थितियाँ बदल गईं। पिगनियर उदार स्वभाव के व्यक्ति थे, जो नेत्रहीन बच्चों के हितैषी की भूमिका निभाना चाहते थे। पिगनियर चाहते थे कि उनके पूर्ववर्ती गिल ने जो गलती की थी, उसका पश्चात्ताप करने के लिए वेलेंटीन हाए को आदरपूर्वक विद्यालय में आमंत्रित किया जाए और उनका सार्वजनिक रूप से अभिनंदन किया जाए।

वृद्ध हो चुके वेलेंटीन हाए का अभिनंदन करने के लिए 21 अगस्त, 1821 की तारीख निश्चित की गई। इस समारोह के लिए विद्यार्थियों और अध्यापकों ने जबरदस्त तैयारी की। जीन रॉबलीन ने अपनी पुस्तक 'रीडिंग फिगर्स' में इस यादगार कार्यक्रम का जीवंत वर्णन प्रस्तुत किया! मंच पर विद्यालय के निदेशक और अध्यापकों ने वेलेंटीन हाए को घेर रखा था और विद्यालय के कलाकार संगीत की सुरलहरियाँ छोड़कर विद्यालय के संस्थापक का स्वागत कर रहे थे। आसमान में अगस्त महीने के बादल के टुकड़े तैर रहे थे। गरमी का मौसम था। विद्यार्थीगण कविताओं का पाठ कर रहे थे। गायक वृंद ने एक संगीत काव्य गाकर विद्यालय के संस्थापक के प्रति श्रद्धा का भाव व्यक्त किया।

"यह एक अद्‌भुत अनुभव था। वर्षों की गलतफहमियों के बाद, वर्षों की नाउम्मीदी और उम्मीद के बाद, वेलेंटीन हाए को अपने प्रिय विद्यालय ने सम्मानित किया। जब संगीत थम गया, तब अपने स्वागत से अभिभूत वृद्ध व्यक्ति ने नेत्रहीन बच्चों को बाँहों में भर लिया और नम आँखों के साथ कहा, "जो भी काम हुआ है, उसे ईश्वर ने किया है!" उन्होंने भावुक मन से अपने विचार व्यक्त किए और प्रत्येक व्यक्ति के साथ हाथ मिलाया। वेलेंटीन हाए के इर्द-गिर्द जो पुलकित नेत्रहीन बच्चे मौजूद थे, उनमें लुई ब्रेल भी शामिल था, जो भविष्य में नेत्रहीनों की पढ़ाई-लिखाई के माध्यम के रूप में सर्वश्रेष्ठ लिपि का आविष्कार करने वाला था।

उस समय लुई ब्रेल अत्यंत उत्साहित थे, तभी वेलेंटीन हाए ने लुई के हाथ को अपने हाथ में थाम लिया। उस दिन की घटना इतिहास में एक यादगार प्रतीक के रूप में दर्ज हो चुकी है, जब शक्ति और साहस की विरासत को पूर्ववर्ती आविष्कारक ने चुपके से परवर्ती आविष्कारक को सौंप दिया था। लुई को जीवन में हमेशा हाए के स्पर्श की स्मृति से प्रतिकूल परिस्थितियों में भी साहस बनाए रखने की प्रेरणा मिलती रही।

मार्च, 1822 में जब वेलेंटीन हाए का देहावसान हो गया तो विद्यालय में छा गया। 77 साल की उम्र में हाए का देहावसान हो गया था। सरकारी अधिकारियों और तत्कालीन बुद्धिजीवी वर्ग ने उनकी उपेक्षा की थी। उनकी अंतिम यात्रा में उनके गिने-चुने रिश्तेदार और उनके विद्यालय के विद्यार्थीगण ही शामिल हुए थे। हाए के निधन की खबर सुनकर लुई ब्रेल अपने साथियों के साथ इस तरह रोने लगे थे, मानो उनके किसी पारिवारिक सदस्य का निधन हो गया हो।

28 फरवरी, 1818 को लिखे गए एक पत्र में, जिसे रॉयल इंस्टीट्यूट में सुरक्षित रखा गया है, वेलेंटीन हाए ने इच्छा व्यक्त की थी कि उनकी समाधि पर सेंट एथेनिसियस के अंतिम शब्दों को लिखा जाए—"और जीवन भर वह इस बात को सच मानता रहा कि बुरे लोग अपने शिकार को पहली बार में खत्म नहीं होने की वजह से कभी माफ नहीं करते।"

वेलेंटीन हाए के जीवन में निरंतर प्रतिकूल परिस्थितियाँ बनी रहीं। इसके बावजूद उन्होंने शालीनता के साथ लीक से अलग चलते हुए अपने चुने गए उद्देश्य के लिए अपने जीवन को समर्पित कर दिया। भले ही समाज ने उनके प्रयत्नों की तरफ ध्यान नहीं दिया, मगर हाए ने कभी समाज की परवाह नहीं की।

उस जमाने में दृष्टि बाधित लोगों का जीवन शोचनीय बना हुआ था और उन्हें भीख माँगकर गुजारा करना पड़ता था। उनके जीवन में शिक्षा के लिए कोई स्थान नहीं था। वेलेंटीन हाए शिक्षा का प्रचार-प्रसार करते हुए नेत्रहीनों के जीवन में जिस तरह का सकारात्मक परिवर्तन लाना चाहते थे, उसके प्रति तत्कालीन समाज संवेदनशील नहीं था।

इसके बावजूद वेलेंटीन हाए ने अपने संकल्प को पूरा करते हुए नेत्रहीनों के लिए प्रथम विद्यालय की स्थापना की और नेत्रहीनों की शिक्षा के लिए उभरे हुए अक्षरोंवाली प्रणाली की खोज की। उन्होंने रूसो के उपदेश पर अमल करते हुए नेत्रहीनों के बीच शिक्षा की रोशनी फैलाने के लिए अपने जीवन को न्योछावर कर दिया।

इजाबेल रॉस ने लिखा है—"वेलेंटीन हाए के विद्यालय का अनुकरण करते

हुए समूचे यूरोप में नेत्रहीनों के लिए कई विद्यालयों की स्थापना की गई और इस तरह उन्हें सच्चे अर्थों में श्रद्धांजलि दी गई।'' सन् 1861 में हाए के योगदान को स्वीकार करते हुए फ्रांस की सरकार ने हाए द्वारा स्थापित विद्यालय परिसर में संगमरमर से निर्मित उनकी प्रतिमा स्थापित की।

वेलेंटीन हाए को श्रद्धांजलि देते हुए पर्किंस इंस्टीट्यूट के प्रथम निदेशक डॉ. सैमुअल ग्रिडली होवे ने सन् 1833 में लिखा—''वेलेंटीन हाए सच्चे अर्थों में 'नेत्रहीनों के पिता' थे। उन्हें जो सम्मान मिला है, वह किसी भी पुरस्कार से बढ़कर है, यह किसी युद्ध के महान् विजेता से भी बड़ी उपलब्धि कही जा सकती है।''

□

लुई ब्रेल के पत्र

(लुई ब्रेल के लिखे जो पत्र उपलब्ध हैं, उनके जरिए उनकी बुद्धिमत्ता और व्यवहार-कुशलता का परिचय मिलता है। नीचे दिए गए एक पत्र से स्पष्ट झलकता है कि वे अपना पक्ष सशक्त तरीके से प्रस्तुत करना जानते थे। इस पत्र में लुई ने एक ऐसे व्यक्ति का उल्लेख किया है, जिसे डॉ. पिगनियर नहीं जानते थे। उस व्यक्ति का नाम एमीले पियरे ट्रेंचरी था, जिसे बाद में न्यू इंग्लैंड इंस्टीट्यूशन फॉर द एजुकेशन ऑफ द ब्लाइंड (अब पर्किंस स्कूल), बोस्टन, मैसाच्युसेट्स में सैमुअल ग्रिडली ने नियुक्त किया था। अमेरिका में रहते हुए ट्रेंचरी ने अपनी प्रतिभा का परिचय दिया और लांगफेलो, इमर्सन तथा जो प्रेसकोट जैसी हस्तियों के संपर्क में आया। सन् 1836 में ट्रेंचरी ने मिड वेस्ट में वाद्ययंत्रों की पहली दुकान खोली और पहली बार पियानो की बिक्री की। एल्टन में स्थित चर्च में वह ऑर्गन बजाता था। नब्बे साल की उम्र तक वह कुशलतापूर्वक पियानो बजाता रहा।)

कुप्रे, 20 सितंबर, 1831

महाशय, इस पत्र में मैं श्रीमान् डेकासेट की प्रशंसा में अपने मन के उद्गार व्यक्त नहीं कर रहा हूँ, जिन्होंने मुझ पर बहुत सारे अहसान किए हैं। मैं आज इस पत्र में जिस व्यक्ति के बारे में लिख रहा हूँ, वह मेरे इस पत्र के बारे में कुछ नहीं जानता, मगर मैं उस व्यक्ति के हितों को नजरअंदाज भी नहीं कर सकता। संगीत के लिए हमें जिस व्यक्ति से 30 फ्रैंक की सहायता मिलने वाली है, वह कुछ महीनों से डीजोन में है।

मुझे लगता है कि वह व्यक्ति रकम विद्यार्थियों तक पहुँचाने के लिए ट्रेंचरी से जरूर मिला होगा और उसे रकम दी होगी या कहा होगा कि रकम देने के लिए उससे कोई अनुरोध नहीं किया गया था, मगर मेरे मित्र की चुप्पी से मुझे ऐसा आभास हो रहा है कि डी रूबा को वह रकम प्राप्त हो चुकी है। उसने इस बात का

कभी उल्लेख नहीं किया, न ही पत्रों में इस संबंध में कुछ लिखा। इसीलिए मुझे लगता है कि ट्रेंचरी से दस्तखत करवाकर एक रसीद माँग लेना उचित रहेगा या फिर दानदाता से रसीद लेना ठीक रहेगा। मैं आपको इस तरह की रसीद माँगकर भेज सकता था, जिसे दिखाकर आप डी रूबा से विद्यार्थियों के हक का पैसा देने के लिए कह सकते थे।

मगर फिर मैंने अपना विचार बदल लिया। मैं इस तरह का कोई कदम उठाना नहीं चाहता। इस मामले में जो भी निर्णय लेना होगा, वह आप ही लेंगे। क्षमा करें महाशय, जिस मामले से मैं प्रत्यक्ष तौर पर जुड़ा हुआ नहीं हूँ, उसका उल्लेख करने की छूट ले रहा हूँ। मुझे यह कहने की इजाजत दें कि अपने दिल की बातें आपको लिखकर मुझे प्रसन्नता का अनुभव होता है। इस तरह मुझे विश्वास हो जाता है कि आप सही निष्कर्ष तक पहुँच पाएँगे। वहाँ से आते समय मैं आपको यह बताना भूल गया था कि अगर आप उचित समझें तो रोस्टेंट को ऊँचे ग्रेड में स्वीकार किया जा सकता है।

मुझसे ऐसा न कहें—चुप रहो, कुछ मत बोलो! अगर आप ऐसा कहेंगे तो मैं आपसे अनुरोध करूँगा कि नए विद्यार्थियों को इतिहास की कक्षा में दाखिला करवा दें।

महाशय, कृपया मेरी माँ और बहन का अभिवादन स्वीकार करें और मेरा प्रणाम भी स्वीकार करें। हम आपसे यह अनुरोध भी करना चाहते हैं कि आप अपनी भगिनी महोदया तक हम लोगों का अभिवादन अवश्य पहुँचा दें।

यह मेरा सौभाग्य है कि मैं आपका स्नेह प्राप्त करनेवाला छात्र हूँ।

—लुई ब्रेल

(डॉ. पिगनियर ने जरूर उस पत्र का तत्परता के साथ जवाब दिया होगा, चूँकि कुछ दिनों बाद ही लुई ने उन्हें फिर पत्र लिखा। यह खेद का विषय है कि पिगनियर के लिखे गए पत्र उपलब्ध नहीं हैं। लुई जब भी किसी की सिफारिश कर रहे होते थे तो इस बात का हमेशा ध्यान रखते थे कि पिगनियर के साथ उनका सौहार्दपूर्ण संबंध प्रभावित न होने पाए। कोल्टाट ने लुई की इस खूबी की चर्चा करते हुए लिखा भी है—''जब भी वे कोई अच्छा काम करते थे तो बहुत सहजता और विनम्रता से पेश आते थे।'' नीचे लिखे गए पत्र में लुई अपने एक नेत्रहीन साथी को वजीफा दिलवाने के लिए डॉ. पिगनियर से अनुरोध करते हैं। लुई के पत्र में शालीनता और सरलता का भाव बना रहता है। नीचे लिखे पत्र को लुई ने बड़े भाई सीमोन को बोलकर लिखवाया था।)

कुप्रे, 2 अक्तूबर, 1833

महाशय, जैसी उदारता आपने मेरे प्रति दरशाई है, उसे देखते हुए छुट्टियों के बीच पेरिस लौट जाना चाहिए। हालाँकि मैंने लौटने का फैसला उसी दिन कर लिया था, जिस दिन आपको पत्र लिखा था। मैं 9 तारीख की रात नौ या दस बजे विद्यालय में पहुँच जाऊँगा। मुझे चाउवीन का एक पत्र मिला है, जिसमें उसने बॉक्स भेजने के लिए आपको धन्यवाद दिया है। ऐसा लगता है कि उसे क्विंज विंग्ट की तरफ से तीन महीने का वजीफा प्राप्त हो चुका है। संभवत: इस बात की जानकारी आपको नहीं रही होगी। उसका कहना है कि उसने विद्यालय के पते पर मुझे दो पत्र भेजे थे, जो मुझे नहीं मिले।

एक विचित्र बात यह हुई है कि उसके इलाके के पोस्टमास्टर ने उसे जुलाई महीने को मिलाकर तीन महीने के वजीफे के रूप में 28 फ्रैंक और 14 सौस दिए हैं, जबकि उसे 37 फ्रैंक और 10 सौस मिलने चाहिए थे। उसने मुझसे पूछा है कि शेष रकम प्राप्त करने का क्या उपाय हो सकता है। मेरा मानना है कि उसे वर्ष में चार बार अपना निवास प्रमाण-पत्र संबंधित अधिकारी को भेजना चाहिए, तब अधिकारी रकम उस तक सीधे पहुँचा सकता है। वैसी स्थिति में उसे हर बार केवल चार फ्रैंक गँवाने पड़ेंगे, जिसमें डाक व्यय भी शामिल रहेगा।

मैं आपसे अनुरोध करना चाहता हूँ कि इस मामले में आप अपने सुझाव दें। मुझे आपको इस तरह किसी अजनबी के लिए परेशान करते हुए हिचकिचाहट महसूस हो रही है, जब आप लिकी में अपने बच्चों के साथ छुट्टियाँ मना रहे हैं, मगर वह कभी आपका विद्यार्थी रह चुका है और उसकी सिफारिश एक ऐसा व्यक्ति कर रहा है, जो तहे दिल से आपकी इज्जत करता है और आपसे सहायता पाने की अपेक्षा रखता है।

कृपया मेरे साथियों को मेरे आगमन के बारे में सूचित कर दें, ताकि सबकुछ ठीक-ठाक रहे। आपसे मैं चाउवीन के बारे में अच्छी खबर सुनने की भी अपेक्षा रखता हूँ। मुझे पूरी उम्मीद है कि आपकी माननीया भगिनी की सेहत में सुधार होगा।

मेरे साथ ही मेरी माँ और मेरे भाई का अभिवादन स्वीकार करें और अपनी भगिनी महोदया को भी हमारा नमस्कार कहें।

यह मेरा सौभाग्य है कि मैं आपका स्नेह प्राप्त करनेवाला छात्र हूँ।

—लुई ब्रेल

□

नेत्रहीनों की मार्गदर्शक हेलन केलर

"दृष्टिहीनों की प्रगति में मुख्य बाधा दृष्टिहीनता नहीं, बल्कि दृष्टिहीनों के प्रति समाज की नकारात्मक सोच है।"

—हेलन केलर

कल्पना कीजिए कि न तो आप देख सकते हैं और न ही सुन सकते हैं, फिर भी क्या आप लिख, पढ़ और बोल सकते हैं। क्या दोस्त बना सकते हैं व उनके साथ खेल सकते हैं? कितना आसान होगा आपके लिए भाषण देना, किताबें व लेख लिखना और विभिन्न देशों की यात्रा करना! कभी समय मिले तो ज्यादा नहीं सिर्फ दस मिनट के लिए अपनी आँखों पर पट्टी बाँधकर अपने कार्यों को करने की कोशिश करें, आपको समस्या की गंभीरता का अहसास हो जाएगा।

वैसे तो दुनिया के इतिहास में विकलांगता के बावजूद अध्ययन-लेखन एवं रचनाशीलता के अन्य क्षेत्रों में अद्‍भुत उपलब्धियाँ हासिल करनेवाले महान् व्यक्तियों के दर्जनों उदाहरण हैं, जिन्होंने न सिर्फ अपना जीवन सफलतापूर्वक जिया, बल्कि अपने जैसे लाखों लोगों के लिए प्रेरणास्रोत भी बने। ऐसी ही असाधारण व्यक्तित्व की धनी एक विदुषी महिला हेलन केलर थीं। उनका मानना था कि थोड़ी सी मदद से दृष्टिहीन लोग न सिर्फ अपना जीवन स्वतंत्रतापूर्वक जी सकते हैं, बल्कि जो कुछ उन्हें समाज से मिलता है, उससे ज्यादा वे समाज में अपने कार्यों द्वारा योगदान कर सकते हैं।

दृष्टिहीनों के लिए प्रेरणास्रोत रही हेलन केलर का नाम दुनिया के चंद ऐसे प्रभावशाली व्यक्तियों में गिना जाता है, जिन्होंने दोहरी विकलांगता के बावजूद दुनिया को न सिर्फ एक नई दिशा दी, बल्कि दुनिया को दृष्टिहीनों, बधिरों व अन्य प्रकार की विकलांगता से ग्रस्त लोगों को सम्मान देना सिखाया। बचपन से ही

बधिर और दृष्टिहीन होने के बावजूद हेलन केलर ने बीसवीं शताब्दी में राजनीतिक, सामाजिक, सांस्कृतिक आंदोलनों में महत्त्वपूर्ण भूमिका निभाई।

उन्होंने अपने जीवनकाल में 39 देशों की यात्रा की तथा सन् 1964 में अमेरिकी राष्ट्रपति जॉनसन ने उन्हें अमेरिका का सर्वोच्च नागरिक सम्मान 'प्रेसिडेंट मेडल ऑफ फ्रीडम' से सम्मानित किया।

हेलन केलर का जन्म संयुक्त राज्य अमेरिका अलबामा के उत्तर-पश्चिमी ग्रामीण इलाके के छोटे से कस्बे टस्कंबिया में 27 जून, 1880 को हुआ। वे एक असाधारण महिला थीं, जिन्होंने न सिर्फ 'अमेरिकी फेडरेशन ऑफ ब्लाइंड' के साथ 44 वर्षों तक काम किया, बल्कि विकलांगों के अधिकारों की जोरदार वकालत भी की।

दृष्टिहीनों और बधिरों की तरफ से उनके द्वारा किए गए कार्यों के लिए उन्हें दुनिया भर के विश्वविद्यालयों द्वारा सम्मानित किया गया, जिसमें हार्वर्ड, ग्लासगो, बर्लिन और दिल्ली विश्वविद्यालय भी शामिल हैं। राष्ट्रपति ग्रोवर क्लीवलैंड से लेकर जॉन एफ. कैनेडी तक सभी ने ह्वाइट हाउस में उनका स्वागत किया।

हेलन केलर के शब्दों में, ''हम वास्तव में कभी भी खुश नहीं रह सकते, जब तक कि हम दूसरों के जीवन को अच्छा बनाने की कोशिश नहीं करते।''

जब हम अपने आसपास ऐसी प्रतिभाओं को शारीरिक विकलांगता की बाधाओं के साथ संघर्ष करते हुए आगे बढ़ते हुए देखते हैं तो हमारे मन में प्रशंसा, कौतूहल, श्रद्धा, प्रार्थना और प्रेरणा के भाव उमड़ने लगते हैं। विकलांगों को सामान्य छात्रों के साथ प्रतिस्पर्धा करते हुए सम्मानपूर्वक जीवन जीने में कितना संघर्ष करना पड़ता है और उसमें कितना अभ्यास शामिल होता है, उसे आम तौर पर लोग समझ नहीं पाते।

□

कंप्यूटराइज्ड हो चुकी है लुई ब्रेल की वर्णमाला

उभरे हुए छह बिंदुओं से विशेष वर्णमाला तैयार कर लुई ब्रेल ने नेत्रहीनों के लिए एक वैश्विक लिपि तैयार की, जिसमें कंप्यूटर प्रौद्योगिकी के आने से पुस्तकों का प्रकाशन कार्य तेज गति से शुरू हो चुका है।

भारत में नेत्रहीनों के लिए कई विशेष स्कूल हैं और अब तो ऊँची कक्षाओं में भी ब्रेल लिपि में किताबें उपलब्ध होने लगी हैं। गैर-सरकारी संस्था नेशनल फेडरेशन ऑफ ब्लाइंड (एन.एफ.बी.) नेत्रहीनों के लिए किताबों का प्रकाशन और संग्रह करती है।

संस्था के प्रवक्ता का कहना है, विज्ञान और गणित की किताबें अब ऊँची कक्षाओं के लिए उपलब्ध होने लगी हैं। पहले अधिकतर नेत्रहीन आठवीं कक्षा तक ही पढ़ पाते थे, जो अब किताबों की उपलब्धता के कारण 10वीं और आगे तक पढ़ाई करने में भी सक्षम हैं। कंप्यूटर में कार्य होने से विशेष कोड की संख्या बढ़ चुकी है। इन विशेष कोड में विशेष कैरेक्टरों का बड़ा संग्रह होता है, जिनसे पुस्तकें तैयार होती हैं। इससे अब विविध विषयों में किताबें भी उपलब्ध होने लगी हैं।

भारत की महत्त्वाकांक्षी शिक्षा परियोजना 'सर्व शिक्षा अभियान' में भी नेत्रहीन बच्चों के लिए शिक्षा देने की व्यवस्था है। उनके लिए ब्रेल लिपि में किताबें तैयार की जा रही हैं। इस परिसंघ में 25 हजार से अधिक सदस्य हैं और इसे 'विश्व नेत्रहीन संघ' की मान्यता प्राप्त है।

लुई के स्कूल में कुल 14 किताबें थीं और उन्होंने सारी पढ़ डाली थीं। उन्होंने महसूस किया कि नेत्रहीनों की पढ़ाई में काफी परेशानियाँ हैं। इसके बाद उन्होंने अपना लक्ष्य बना लिया कि नेत्रहीनों के लिए ऐसी व्यवस्था बनानी है, जिससे वे

अपनी उँगली की मदद से पढ़ सकें।

उन्होंने छह बिंदुओं की मदद से ऐसी वर्णमाला बनाई, जिसे छूकर नेत्रहीन भी पढ़ सकते थे। पूरे विश्व में इस विशेष वर्णमाला में कई किताबें जा चुकी हैं।

इन विशेष प्रकार की पुस्तकों के प्रकाशन और संग्रह में नेत्रहीन भी उल्लेखनीय भूमिका निभाते हैं। प्रूफ रीडर का काम तक वे देख सकते हैं।

दिन-प्रतिदिन प्रगति से नेत्रहीनों का स्वावलंबन बढ़ता जा रहा है।

□

ब्रेलर

ब्रेलर ब्रेल लिखने की एक ऐसी मशीन होती है, जिसके द्वारा एक बार में ब्रेल के एक अक्षर के सभी बिंदु उभारे जा सकते हैं। हमारे देश में तीन प्रकार के ब्रेलर—पर्किंस ब्रेलर, ताज ब्रेलर तथा मार्बर्ग ब्रेलर प्रयोग में लाए जाते हैं। भारत में पर्किंस ब्रेलर का सबसे अधिक प्रयोग किया जाता है, क्योंकि यह अधिक कार्यकुशल है। इस ब्रेलर का निर्माण पर्किंस नामक व्यक्ति ने किया था, जिसके नाम पर इस ब्रेलर का नाम पर्किंस ब्रेलर रखा गया।

इस मशीन में ब्रेल के छह बिंदुओं के लिए छह बटन होते हैं, जिसमें बटनों को एक साथ दबाया जाता है। ब्रेलर से ब्रेल लिखते समय क्या लिखा गया है, उसे साथ-ही-साथ पढ़ा भी जा सकता है; जबकि ब्रेल-पाटी (स्लेट) में लिखते समय कागज को पूरा निकालकर पढ़ना पड़ता है।

ब्रेलर की सहायता से बहुत तेजी से ब्रेल लिखी जा सकती है। इस यंत्र में लाइन को बदलने के लिए एक लाइन चेंजर बिंदुओं वाले छह बटनों के बाईं तरफ लगा होता है। कुछ गलती हो जाने पर बैक स्पेशर की सहायता से लिखनेवाले बिंदु को पीछे की ओर भी लाया जा सकता है, जो कि छह बटनों के दाईं ओर लगा रहता है।

ब्रेलर में पीछे की ओर दायाँ व बायाँ मार्जिन सेट करने के लिए बटन बने होते हैं।

सबसे पहले ब्रेलर का निर्माण डेविड अब्राहम ने सन् 1951 में किया। डेविड अब्राहम नेत्रहीनों के विद्यालय के शिक्षक थे। एक दिन विद्यालय के निदेशक ने उनसे ऐसा उपकरण बनाने के लिए कहा, जो सस्ता हो और जिसकी सहायता से विद्यार्थियों को ब्रेल लिखने में आसानी हो। इस तरह अब्राहम ने दिन-रात मेहनत करते हुए ब्रेलर का निर्माण किया।

सन् 2008 में एक कम वजन वाले ब्रेलर का निर्माण संभव हो पाया। इस यंत्र में 'इरेजर की' लगा हुआ है और इसे साथ ले जाने के लिए हैंडल भी लगा हुआ है।

जब कंप्यूटर की खोज हुई तो नेत्रहीनों के लिए ब्रेल इंबोसर को कंप्यूटर के साथ जोड़ दिया गया। इस तरह नेत्रहीनों के लिए कंप्यूटर पर लिख पाना संभव हो गया। दूसरी तरफ स्क्रीन रीडर कंप्यूटर सॉफ्टवेयर की सहायता से नेत्रहीनों के लिए कंप्यूटर पर लिखे शब्दों को पढ़ पाना भी संभव हो गया।

□

नेत्रहीनों के लिए अंतरराष्ट्रीय छड़ी दिवस

हर साल 15 अक्तूबर को दुनिया भर में नेत्रहीनों के लिए 'अंतरराष्ट्रीय छड़ी दिवस' मनाया जाता है। जब कोई व्यक्ति अपनी दृष्टि किसी कारणवश खो देता है तो वह बहुत सी वस्तुओं के ऊपर से अपना नियंत्रण खो देता है। सबसे अधिक प्रभाव उसकी गतिशीलता पर पड़ता है, जिसके अभाव में वह किसी भी कार्य को पूर्ण करने में अपने आपको अक्षम महसूस करता है। इसके साथ ही वह दूसरों पर निर्भर होने के लिए मजबूर हो जाता है और अपनी स्वतंत्रता को खो देता है। दृष्टिहीन व्यक्ति की सुरक्षा और स्वतंत्रता की रक्षा के लिए ही द्वितीय विश्वयुद्ध के बाद 'मोबिलिटी' उपकरण के रूप में श्वेत छड़ी का आविष्कार अमेरिका के डॉक्टर रिचर्ड ई हूवर ने किया।

साधारणतया लंबी छड़ी का रंग सफेद होता है, इसलिए यह श्वेत छड़ी के नाम से जानी जाती है। श्वेत छड़ी आज पूरे विश्व में स्वतंत्रता के प्रतीक के रूप में स्वीकृत हो चुकी है। यह एक दृष्टिहीन व्यक्ति को सुरक्षा, स्वतंत्रता और एक सामान्य चाल प्रदान करती है, ताकि वह समाज में एक सामान्य व्यक्ति की भाँति अपने आपको स्थापित कर सके।

श्वेत छड़ी के आविष्कार से पहले दृष्टिहीन व्यक्ति किसी-न-किसी व्यक्ति एवं पशु (कुत्ता) पर अपने दैनिक कार्यों एवं अन्य कार्यों के लिए निर्भर रहता था। अपने छोटे-से-छोटे कार्यों को पूरा करने के लिए उसे दूसरे की सहायता की आवश्यकता होती थी।

आज श्वेत छड़ी दृष्टिहीन व्यक्तियों द्वारा स्वयं आने और जाने की योग्यता का भी प्रतीक बन चुकी है। चूँकि श्वेत छड़ी एक सस्ता और अच्छा उपकरण है, इसलिए भी इसे प्रत्येक वर्ग के नेत्रहीन लोग आसानी से प्रयोग कर सकते हैं। कुछ

छड़ियों में टिप के ऊपर लाल रंग की एक रेखा चिह्न होती है, जो विशेष रूप से दृष्टि बाधितों को दरशाती है तथा कुछ छड़ियों में वैसे ही लाल रंग की दो रेखा चिह्न होती हैं, जो यह इंगित करती हैं कि व्यक्ति दृष्टिहीन होने के साथ-साथ मूक-बधिर भी है। श्वेत छड़ी जैसी एक और छड़ी होती है, जिसे 'फोल्डिंग केन' कहा जाता है। इस छड़ी की यह विशेषता है कि इसे मोड़कर रखा जा सकता है। इस प्रकार इन छड़ियों के प्रयोग से दृष्टिहीनों द्वारा सड़कों और मुख्य मार्गों पर गतिशीलता हेतु अवसर बढ़ गए हैं।

कोई भी दृष्टिहीन व्यक्ति तभी बिना किसी व्यक्ति के सहारे स्वतंत्रतापूर्वक चल पाता है, जब वह श्वेत छड़ी तकनीक की जानकारी रखता हो। श्वेत छड़ी दृष्टिहीन व्यक्ति की आँख है, क्योंकि छड़ी जब किसी वस्तु का स्पर्श करती है तो उससे उत्पन्न आवाज से दृष्टिहीन व्यक्ति यह ज्ञात कर लेता है कि सामने कौन सी और किस प्रकार की वस्तु है तथा उससे वह अपना बचाव कर लेता है। मार्ग में आनेवाली विभिन्न प्रकार की रुकावटों तथा बाधाओं की जानकारी भी श्वेत छड़ी के माध्यम से दृष्टिहीन व्यक्ति आसानी से पता कर उनसे अपनी सुरक्षा कर लेता है। दृष्टिबाधितों को एक दिशा देने हेतु सन् 1930 में अमेरिका ने एक कानून बनाया, जिसके अनुसार यदि कोई दृष्टिहीन व्यक्ति श्वेत छड़ी हाथ में लेकर सड़क पार कर रहा है तो सभी वाहनों को रुक जाना चाहिए एवं उसके सड़क पार कर लेने के पश्चात् ही वाहनों को आगे बढ़ना चाहिए। इस नियम के प्रति लोगों में जागरूकता पैदा करने के लिए अमेरिकी राष्ट्रपति की अध्यक्षता में 6 अक्तूबर, 1964 को प्रतिवर्ष 15 अक्तूबर को 'अंतरराष्ट्रीय छड़ी दिवस' मनाने का निर्णय लिया गया। सन् 1964 से प्रतिवर्ष 15 अक्तूबर को विश्व स्तर पर अंतरराष्ट्रीय छड़ी दिवस आयोजित कर श्वेत छड़ी को दृष्टिहीनता के प्रतीक के रूप में मान्यता प्रदान की जा रही है, ताकि दृष्टिहीन व्यक्ति भी आसानी से अपने कार्यों को संपन्न कर सकें।

भारत में श्वेत छड़ी का परिचय सबसे पहले एन.ए.बी. मुंबई ने सन् 1958 में करवाया। उसके बाद लॉयंस क्लब मुंबई द्वारा श्वेत छड़ी का वितरण किया गया। धीरे-धीरे संपूर्ण भारत में दृष्टिबाधितों द्वारा श्वेत छड़ी का उपयोग होने लगा। वर्तमान में इसका प्रशिक्षण दृष्टिबाधितों के पुनर्वास एवं अन्य गतिविधियों के लिए अनिवार्य है।

□

बिंदियों वाली लिपि की संघर्ष कथा

(नेत्रहीनों के लिए लिपि की एकरूपता को लेकर लंबे समय तक संघर्ष चलता रहा। उन्नीसवीं सदी के अंत में और बीसवीं सदी के शुरुआती तीन दशकों में इस संघर्ष का आखिरी दौर चला। इस संघर्ष में जिन लोगों ने सक्रिय रूप से भागीदारी की, उनमें मशहूर विद्वान् रॉबर्ट बी इरविन भी शामिल थे। वे उन कार्यकर्ताओं में से एक थे, जिनके प्रयत्नों से सन् 1932 में लंदन में ब्रेल लिपि की एकरूपता पर सभी अंग्रेजी भाषी देशों में सहमति संभव हो पाई। डॉ. इरविन ने लिपि के संघर्ष का वर्णन अपनी पुस्तक में किया है, जिसका निचोड़ नीचे प्रस्तुत किया जा रहा है।)

अकसर सामाजिक कार्यकर्ताओं की शिकायत रहती है कि नेत्रहीनों को विभिन्न प्रकार की समस्याओं का सामना करना पड़ता है। इस सिलसिले में लिपियों की असमानता का जिक्र किया जाता है कि किस तरह उन्हें बोस्टन लाइन टाइप, न्यूयॉर्क पॉइंट, अमेरिकी ब्रेल, संशोधित ब्रेल ग्रेड डेढ़ आधा और अंत में ग्रेड दो तक तालमेल कायम करना पड़ा है। इस बात में कोई शक नहीं कि स्पर्श से अक्षरों को पहचानने की यह यात्रा अत्यंत तकलीफदेह रही है। अगर दृष्टि संपन्न लोगों को ऐसी तकलीफदेह प्रक्रिया से होकर गुजरना पड़ता तो उनकी स्थिति कैसी होती, इस बात की कल्पना की जा सकती है।

अमेरिका में नेत्रहीनों के लिए विद्यालय की स्थापना करनेवालों ने हमेशा विशेष उपकरणों और उपायों के लिए यूरोप का अनुकरण किया। सन् 1830 में बोस्टन, न्यूयॉर्क और फिलाडेल्फिया में नेत्रहीनों के लिए विद्यालयों की स्थापना की गई। उस समय यूरोप में उभरे हुए रोमन अक्षरों का प्रयोग नेत्रहीनों के बीच किया जा रहा था। उस समय तर्क यह दिया जाता था कि दृष्टि वाले शिक्षक भी उन अक्षरों को आसानी से पढ़ सकते थे। माना जा रहा था कि नेत्रहीन एक समान

टाइप वाले अक्षरों को दृष्टि संपन्न सहयोगियों के साथ समान रूप से पढ़ सकते थे।

हालाँकि लुई ब्रेल ने अपनी बिंदियोंवाली लिपि संबंधी पुस्तक सन् 1829 में ही प्रकाशित कर दी थी, मगर सरकारी तौर पर उसे कहीं भी मान्यता नहीं दी गई थी। यह बात भी स्पष्ट नहीं है कि अमेरिका में नेत्रहीनों की शिक्षा के लिए काम करनेवाले कार्यकर्ताओं को ब्रेल लिपि की जानकारी थी या नहीं, मगर सन् 1860 में मिसूरी स्कूल फॉर द ब्लाइंड के बोर्ड के सदस्य डॉ. साइमन पोलोक ने यूरोप में जब ब्रेल लिपि का प्रचलन देखा तो उसे वह अपने साथ अमेरिका लेकर आए और उन्होंने अपने स्कूल में उस लिपि को आधिकारिक रूप से अपनाने का फैसला किया।

सन् 1860 के पूर्वार्द्ध में न्यूयॉर्क इंस्टीट्यूट फॉर द ब्लाइंड के शिक्षक और सुपरिंटेंडेंट विलियम बेल वेट ने पाया कि ज्यादातर नेत्रहीन बच्चों को उभरे हुए रोमन अक्षरों को पढ़ने में काफी दिक्कत का सामना करना पड़ता था और वयस्क विद्यार्थियों के लिए भी पढ़ने की उस प्रणाली को सीख पाना असंभव जैसा कार्य था। ऐसी स्थिति को ध्यान में रखते हुए उन्होंने बिंदियोंवाली प्रणाली अपनाने का विचार किया। फिलाडेल्फिया में मुद्रित रोमन अक्षरों के साथ बिंदियोंवाली रेखाओं का कुछ हद तक प्रयोग नेत्रहीनों की पढ़ाई के लिए किया जा रहा था; मगर नेत्रहीनों के लिए यह विधि भी उपयोगी साबित नहीं हो पा रही थी।

वेट ने लिखा है कि उन्होंने बोस्टन और फिलाडेल्फिया में स्थित नेत्रहीन विद्यालयों के प्राचार्यों से अनुरोध किया कि वे उनके साथ मिलकर रोमन अक्षरों की जगह ब्रेल लिपि को शिक्षा के माध्यम के रूप में अपनाने का निर्णय लें, जैसा कि सेंट लुईस में स्थित मिसूरी स्कूल फॉर द ब्लाइंड में ब्रेल लिपि को मान्यता दे दी गई थी। वेट के अनुरोध को प्रचार्यों ने स्वीकार नहीं किया। इसके बाद वेट ने अपने स्तर पर बिंदियोंवाली प्रणाली को विकसित करने का प्रयास शुरू कर दिया। वह ब्रेल लिपि से भी अधिक उन्नत प्रणाली तैयार करने पर ध्यान दे रहे थे। सन् 1868 में उन्होंने अपनी लिपि का प्रकाशन किया।

सन् 1871 में 'अमेरिकन एसोसिएशन ऑफ इंस्ट्रक्टर्स ऑफ द ब्लाइंड' की बैठक में वेट द्वारा खोजी गई न्यूयॉर्क पॉइंट लिपि को अमेरिका के सभी अंध विद्यालयों में लागू करने की सिफारिश की गई।

ब्रेल प्रणाली के तहत वर्णमाला, संख्या, उच्चारण आदि के हिसाब से बिंदियों का प्रयोग किया जाता है। स्लेट से लगे कागज पर बिंदियाँ बनाई जाती हैं या 'ब्रेल टाइप राइटर' की सहायता से इस तरह की बिंदियाँ बनाई जाती हैं, इस लिपि में दो

चौड़ी और दो ऊँची बिंदियों का प्रयोग किया जाता है। लिखते समय प्रत्येक बिंदी के लिए समान स्थान की आवश्यकता होती है। वेट ने महसूस किया कि ब्रेल लिपि के तहत अधिक स्थान की जरूरत होती है। इसीलिए कम स्थान घेरनेवाली प्रणाली को विकसित करते हुए उन्होंने दो ऊँची बिंदी और समानांतर रूप से फैलनेवाली एक, दो, तीन या चार चौड़ी बिंदियोंवाली लिपि की उन्होंने खोज की। इसके तहत दो बिंदी के समान चौड़े अक्षर के लिए दो बिंदियों, तीन बिंदी के समान चौड़े अक्षर के लिए तीन चौड़ी बिंदियों का ही प्रयोग किया जा सकता था। इस विधि से निश्चित रूप से स्थान की बचत हो जाती थी, मगर न्यूयॉर्क पॉइंट के लोअर केस अक्षरों को एक जटिल तरीके से कैपिटल के रूप में परिवर्तित किया जाता था, जिसमें चार चौड़ी बिंदियों को जोड़ा जाता था। यह इतना दुरूह कार्य था कि प्रकाशक अपनी पुस्तकों में कैपिटल अक्षरों का बिल्कुल प्रयोग नहीं करते थे।

जब लुई ब्रेल ने किसी अक्षर के बदले बिंदियों के विकल्प को निश्चित किया तो उन्होंने इस पहलू की तरफ गौर करने की जरूरत नहीं समझी कि किसी अक्षर की कितनी अधिक पुनरावृत्ति वाक्यों में होती है। उदाहरण के तौर पर उन्होंने 'टी' अक्षर के लिए चार बिंदियाँ निर्धारित कीं और 'ए' अक्षर के लिए एक ही बिंदी निर्धारित की, जबकि अधिकतर भाषाओं में 'ए' की तुलना में 'टी' की पुनरावृत्ति वाक्यों में ज्यादा देखी जाती है।

इस कमी की तरफ जोएल डब्ल्यू स्मिथ का ध्यान आकर्षित हुआ। स्मिथ बोस्टन में स्थित पर्किंस इंस्टीट्यूट फॉर द ब्लाइंड में एक नेत्रहीन पियानो शिक्षक थे। वे भी ब्रेल प्रणाली को उन्नत बनाने की दिशा में काम करना चाहते थे।

स्मिथ इस नतीजे पर पहुँचे थे कि अगर अक्षरों को तीन ऊँची और दो चौड़ी बिंदियों के रूप में लिखा जाए तो उसे पढ़ना अधिक आसान हो सकता है। वेट की न्यूयॉर्क पॉइंट की कुछ खूबियों से प्रेरित होते हुए स्मिथ ने ब्रेल लिपि को नया क्रम देने का प्रयास शुरू कर दिया। उन्होंने अंग्रेजी भाषा में बार-बार व्यवहृत होनेवाले अक्षरों के लिए न्यूनतम बिंदियों का प्रावधान रखा। बिंदियोंवाली पुस्तकों का आकार घटाने के लिए उन्होंने अक्षरों के अलावा शब्दों की पुनरावृत्ति के आधार पर बिंदियों के प्रयोग के कुछ नियम निश्चित किए। इस प्रणाली को 'संशोधित ब्रेल' के नाम से जाना गया।

सन् 1878 में स्मिथ ने अमेरिकन एसोसिएशन ऑफ इंस्ट्रक्टर्स ऑफ द ब्लाइंड के समक्ष अपनी प्रणाली का प्रदर्शन किया, तब तक एसोसिएशन न्यूयॉर्क पॉइंट को आधिकारिक रूप से मान्यता प्रदान कर चुकी थी। बैठक में वेट और उनके

सहयोगियों ने स्मिथ के साथ अपमानजनक व्यवहार भी किया और लगभग उन्हें फटकारकर हतोत्साहित करने का प्रयास किया।

पर्किंस इंस्टीट्यूट के विद्यार्थी 'संशोधित ब्रेल' का प्रयोग करते रहे, मगर एक दशक तक बोस्टन से बाहर इस प्रणाली का प्रचार-प्रसार नहीं हो पाया। पर्किंस इंस्टीट्यूट में आधिकारिक रूप से रोमन अक्षरों को मान्यता मिली हुई थी, जिसे 'बोस्टन लाइन टाइप' के नाम से भी जाना जाता था। सभी जानते थे कि यह अव्यावहारिक लिपि थी और नेत्रहीन विद्यार्थी आसानी से इस प्रणाली का उपयोग नहीं कर सकते थे। इसके बावजूद लिपि को मान्यता मिली हुई थी।

अमेरिका में लुई ब्रेल की लिपि का प्रचार मिसूरी से बाहर उतना नहीं हो पाया था, जितना 'संशोधित ब्रेल' का प्रचार हुआ था। इलीनॉयस के नेत्रहीन लोग निजी जीवन में इसी लिपि का प्रयोग कर रहे थे, मगर वहाँ भी आधिकारिक तौर पर न्यूयॉर्क पॉइंट को मान्यता मिली हुई थी और अधिकारीगण 'संशोधित ब्रेल' से चिढ़ते रहे थे।

सन् 1890 में इस परिदृश्य में एक बार फिर बदलाव दिखाई पड़ा। फिलाडेल्फिया में स्थित पेंसिल्वेनिया इंस्टीट्यूशन फॉर द इंस्ट्रक्शन ऑफ ब्लाइंड के सुपरिंटेंडेंट पद पर आए एक युवा ने इस पूरे परिदृश्य में महत्त्वपूर्ण भूमिका निभाई। वह एडवर्ड ई. एलन थे, जिन्होंने लंदन के रॉयल नॉर्मल कॉलेज फॉर द ब्लाइंड से शिक्षा प्राप्त की थी, जहाँ लुई ब्रेल की लिपि के अंग्रेजी संस्करण को अपनाया गया था। लंदन से एलन शिक्षक बनकर बोस्टन स्थित पर्किंस इंस्टीट्यूट में गए। वहाँ उनका परिचय स्मिथ की संशोधित ब्रेल लिपि से हुआ, जिसका प्रयोग वहाँ पांडुलिपियाँ तैयार करने के लिए किया जा रहा था। उन्हें यह विधि पसंद नहीं आई, जब उन्होंने देखा कि नीचे की तरफ दो बिंदियों का इस्तेमाल करते हुए किसी भी अक्षर को कैपिटल में रूपांतरित किया जा सकता था।

फिलाडेल्फिया पहुँचने के बाद एलन ने आधिकारिक रूप से न्यूयॉर्क पॉइंट को मान्यता प्रदान की। हालाँकि उन्होंने लिखा है कि उस लिपि को शिक्षकगण पसंद नहीं करते थे। इसके बावजूद उन्होंने दो सालों तक इस प्रणाली को लागू रखा। चूँकि उस समय बिंदियों पर आधारित यही एकमात्र प्रणाली थी, जिसके जरिए सरकार समर्पित अमेरिकी छापाखानों में नेत्रहीनों के लिए पुस्तकों का प्रकाशन होता था।

सन् 1892 में ब्रांटफोर्ड, ओण्टारियो में अमेरिकन एसोसिएशन ऑफ इंस्ट्रक्टर्स ऑफ द ब्लाइंड का सम्मेलन आयोजित हुआ। इस अवसर पर पर्किंस इंस्टीट्यूट के निदेशक माइकल एनागलोस की अध्यक्षता में सात अंध विद्यालयों के सुपरिंटेंडेंट्स

की एक बैठक आयोजित हुई। इस बैठक में सर्वसम्मति से न्यूयॉर्क पॉइंट को अनुपयोगी बताया गया और ब्रेल के किसी स्वरूप को अपनाने पर जोर दिया गया। मिसूरी के अंध विद्यालय के डॉ. जॉन टी. सिबली, स्मिथ और एलन को लेकर एक उप-समिति बनाई गई। इस उप-समिति को अमेरिका में ब्रेल को अपनाने के सवाल पर ठोस निर्णय लेना था। काफी विचार-विमर्श के बाद डॉ. सिबली ने संशोधित ब्रेल को अपनाने का फैसला किया। हालाँकि उस पद्धति से तैयार की गई कोई भी पुस्तक उस समय मौजूद नहीं थी। सन् 1900 में डॉ. सिबली के सुझाव पर इस पद्धति का नाम 'अमेरिकन ब्रेल' रख दिया गया।

इसी दौरान नेत्रहीनों के लिए पुस्तकों का मुद्रण करने के सवाल पर लिपि के मुद्दे पर विचार-विमर्श का दौर भी चलता रहा। अब तक उभरे हुए रोमन अक्षरों को लाइन टाइप के नाम से जाना जाता था, वहीं अलग-अलग टाइपों की सहायता से न्यूयॉर्क पॉइंट का मुद्रण किया जाता था। इंग्लैंड में ब्रेल पुस्तकों का मुद्रण धातु की चादर की सहायता से किया जाता था। इस प्रक्रिया में छेद करने के लिए शलाका और हथौड़े का इस्तेमाल किया जाता था। जॉन फोर्ड ने तेरह वर्षों तक मेहनत करते हुए इसी पद्धति से नेत्रहीनों के लिए बाइबिल का मुद्रण किया था।

नेत्रहीनों के लिए पुस्तकों का आधुनिक तरीके से मुद्रण सन् 1892 में शुरू हुआ, जब 'इलीनॉयस स्कूल फॉर ब्लाइंड' के सुपरिंटेंडेंट फ्रैंक एच. हाल ने ब्रेंटफोर्ड में अमेरिकन एसोसिएशन ऑफ इंस्ट्रक्टर्स ऑफ द ब्लाइंड के समक्ष अपने द्वारा बनाए गए ब्रेल टाइप राइटर का प्रदर्शन किया। इस उपकरण की खोज के साथ ही ब्रेल लिपि में तेजी से लिख पाना संभव हो गया। इससे पहले स्लेट और शलाका की सहायता से लिखनेवाले नेत्रहीन प्रति मिनट दस से बीस शब्द तक ही लिख पाते थे। ब्रेल टाइपराइटर की मदद से इस रफ्तार को तीन गुना तक बढ़ा पाना संभव हो गया।

जब ब्रेल टाइपराइटर की सहायता से कागज पर लिखने की विधि ढूँढ़ ली गई तो फिर पीतल, काँसा या लोहे की चादर पर बिंदियाँ बनानेवाली अधिक शक्तिशाली मशीन की खोज करना आसान हो गया। इस मशीन का नाम 'ब्रेल स्टीरियो टाइपमेकर' रखा गया और सन् 1893 में शिकागो में इसे कोलंबियाई प्रदर्शनी में प्रदर्शित किया गया। मुद्रण की प्रक्रिया आसान थी। बिंदीवाली धातु की चादर पर सख्त भारी कागज ढक दिया जाता था। सामान्य कागज की तुलना में यह कागज दोगुना मोटा होता था। उसके ऊपर रबर की चादर डाल दी जाती थी। दबाव डालकर कागजों पर बिंदियाँ बनाई जाती थीं। इस तरह ब्रेल लिपि में पुस्तकें तैयार होने लगी थीं।

जब हाल ने स्टीरियो टाइपमेकर का निर्माण कर लिया, तब एलन ने फिलाडेल्फिया स्थित अपने अंध विद्यालय में एक ब्रेल प्रिंटिंग प्रेस की स्थापना की। इसके बाद कई दूसरे विद्यालयों में भी इस तरह के प्रिंटिंग प्रेस खोले गए, जिसमें इलीनॉयस का अंध विद्यालय भी शामिल था। इन विद्यालयों की तरफ से उभरी हुई बिंदियों वाली धातु की चादरें कई बार अमेरिकन प्रिंटिंग हाउस फॉर द ब्लाइंड में जमा की जाती थीं, जहाँ से पुस्तकें छापकर विभिन्न विद्यालयों को बेची जाती थीं।

कई वर्षों तक अमेरिकी ब्रेल और न्यूयॉर्क पॉइंट के समर्थकों के बीच तनाव की स्थिति बनी रही। यह संघर्ष जहाँ नेत्रहीनों के लिए काफी अहमियत रखता था, वहीं इसको लेकर दोनों पक्षों के दृष्टि-संपन्न कार्यकर्ताओं के बीच कड़वाहट और व्यक्तिगत शत्रुता बढ़ती गई। लिपि के सवाल पर विवाद गहराता गया। एक अंध विद्यालय का सुपरिंटेंडेंट पहले न्यूयॉर्क पॉइंट का समर्थक था, लेकिन काफी अध्ययन करने के बाद उसने अपने विद्यालय में ब्रेल लिपि को लागू कर दिया। इसके बाद अगले साल जब वह इंस्ट्रक्टरों के राष्ट्रीय सम्मेलन में भाग लेने के लिए गया तो भोजन की मेज पर उसके उन पुराने मित्रों ने उसके साथ बैठने से इनकार कर दिया, जो न्यूयॉर्क पॉइंट के समर्थक थे। कड़वाहट के ऐसे माहौल में फ्रैंक हाल के खोजे गए ब्रेल राइटर का गहरा प्रभाव पड़ा, चूँकि इस उपकरण की सहायता से न्यूयॉर्क पॉइंट लिख पाना संभव नहीं था।

वर्षों बाद वेट ने बताया कि ब्रैंटफोर्ड सम्मेलन में उन्होंने जब ब्रेल राइटर का मुआयना किया तो इस नतीजे पर पहुँचे कि अगर न्यूयॉर्क पॉइंट के लिए उसी तरह के उपकरण को ईजाद नहीं किया गया तो न्यूयॉर्क पॉइंट का वजूद मिट जाएगा। उन्होंने इस मसले पर विचार करते हुए कई महीने तक प्रयोग जारी रखा और न्यूयॉर्क पॉइंट लिखने के लिए एक टाइपराइटर का निर्माण कर लिया। इस उपकरण का नाम 'क्लेडोग्राफ' रखा गया।

वेट ने बताया कि जब वह अपनी खोजी गई मशीन की घोषणा कर रहे थे, तभी ब्रेल स्टीरियो टाइपमेकर अस्तित्व में आ गया और उसे देखकर वह दंग रह गए। क्लेडोग्राफ की सहायता से न्यूयॉर्क पॉइंट को तेजी से लिख पाना संभव था और इसके उपयोग की विधि भी आसान थी। इस उपकरण के आधार पर धातु की चादरों पर बिंदियाँ बनाने की विधि जल्द ही विकसित कर ली गई। इस तरह न्यूयॉर्क पॉइंट का वजूद अगली पीढ़ी के लिए बचा रहा। लिपियों के विवाद को लेकर जो धन और समय का अपव्यय होता रहा, उस पर कभी-कभी अफसोस जाहिर किया जाता है, मगर इस विवाद के सकारात्मक पहलू भी थे। दो प्रणालियों

के समर्थकों के बीच प्रतिस्पर्धा जारी रहने से नए उपकरणों की खोज संभव हुई। अगर यह होड़ नहीं होती तो इस तरह के उपकरण संभवतः सामने नहीं आ पाते।

दोनों प्रतिस्पधी प्रणाली के समर्थकों ने अपनी-अपनी लिपि के पुस्तकालयों का निर्माण करने के लिए जनता से चंदा लिया और सरकारों से आर्थिक सहायता हासिल की। वेट ने न्यूयॉर्क पॉइंट को पूर्णता प्रदान करने के लिए तीस साल तक मेहनत की थी और एक ऐसा वक्त आया, जब उन्होंने अमेरिका के ज्यादातर अंध विद्यालयों में इसी लिपि को आधिकारिक रूप से लागू होते हुए देखा। उनके लिए यह विवाद निजी तौर पर अहमियत रखता था। अगर न्यूयॉर्क पॉइंट का वजूद कायम रहेगा तो इतिहास में लुई ब्रेल के साथ उनके नाम को भी याद रखा जाएगा, शायद उनकी सोच इसी तरह की थी।

वैसा संभव नहीं हो पाया और मरने के बाद उन्हें नेत्रहीनों के उत्थान के लिए कार्य करनेवाले एक समर्पित कार्यकर्ता के रूप में याद रखा जा रहा है। मरते समय वे हताश और क्षुब्ध हो चुके थे। जब न्यूयॉर्क के पब्लिक स्कूलों में नेत्रहीन बच्चों को शिक्षा प्रदान करने के लिए ब्रेल लिपि को आधिकारिक रूप से मान्यता दी गई थी तो उन्हें काफी तकलीफ महसूस हुई थी।

सन् 1909 में न्यूयॉर्क के पब्लिक स्कूलों में नेत्रहीन विद्यार्थियों के लिए दिन की कक्षाएँ शुरू करने की योजना बनाई गई। उस समय सवाल पैदा हुआ कि शिक्षा के माध्यम के रूप में किस लिपि का प्रयोग किया जाएगा। न्यूयॉर्क शहर में ही न्यूयॉर्क पॉइंट की खोज की गई थी। इसीलिए इस मसले को लेकर भावनात्मक किस्म का माहौल बन गया था। बोर्ड ऑफ एजुकेशन ने इस मसले पर एक जन सुनवाई आयोजित करने का फैसला किया और दोनों प्रणालियों के समर्थकों से अपने-अपने तर्क पेश करने के लिए कहा गया।

24 मार्च और 18 मई को दो जन-सुनवाई आयोजित की गईं। पहली जन-सुनवाई में ढाई घंटे का समय निर्धारित किया गया। इस समय को दोनों पक्षों के बीच आधा-आधा बाँट दिया गया। पहले न्यूयॉर्क पॉइंट के समर्थकों ने अपना पक्ष प्रस्तुत किया। पॉइंट के समर्थकों ने उग्र तरीके से अपनी बातें कहीं और कोई नतीजा नहीं निकलने पर दूसरी जन-सुनवाई की तारीख निर्धारित की गई।

विलियम बेल वेट ने न्यूयॉर्क पॉइंट के समर्थन में तर्क पेश किए। वहीं कुमारी विनी फ्रेड होल्ट ने अमेरिकी ब्रेल के समर्थन में तर्क पेश किए। दोनों ही अपने-अपने गुट की अगुआई कर रहे थे। इस सुनवाई से पहले ही वेट और होल्ट के बीच तकरार चलती रही थी और उनके झगड़े के मूल कारण का नेत्रहीनों की लिपि से

कोई लेना-देना नहीं था। वेट को होल्ट का प्रचार का तरीका पसंद नहीं था, वहीं होल्ट को वेट के विद्यालय का पाठ्यक्रम पसंद नहीं था, जहाँ विद्यार्थियों को किसी तरह का हुनर सिखाने का कोई प्रावधान नहीं रखा गया था।

वेट के अलावा न्यूयॉर्क पॉइंट के समर्थन में जिन दिग्गजों ने अपने तर्क पेश किए, उनमें मेरीलैंड अंध विद्यालय के सुपरिंटेंडेंट जॉन एफ. ब्लोडसो, कालेजी विद्यार्थी बेंजामिन ब्रीनस्टीन शामिल थे।

ब्रेल राइटर का आविष्कार करनेवाले फ्रैंक एफ. हाल तब तक नेत्रहीनों के लिए कार्य करना छोड़ चुके थे। होल्ट ने हाल को न्यूयॉर्क आकर जन सुनवाई में अपना तर्क पेश करने के लिए तैयार कर लिया। उनके साथ ही इलीनॉयस अंध विद्यालय के छापाखाने के प्रमुख जॉर्ज डब्ल्यू जोन्स, पेंसिल्वेनिया अंध विद्यालय के सुपरिंटेंडेंट ओलीन एच. बरीट, शिकागो पब्लिक स्कूल के नेत्रहीन सुपरवाइजर जॉन बी. कर्रीस आदि दिग्गज अमेरिकी ब्रेल के समर्थन में तर्क पेश करने के लिए जन सुनवाई में शामिल हुए थे। इस अवसर पर पर्किंस इंस्टीट्यूट के निदेशक एडवर्ड ई. एलन यूरोप में मौजूद नहीं थे। अगर वे होते तो जरूर जन सुनवाई में शामिल होते।

हेलन केलर हमेशा अवांछित विवादों से दूर रहना पसंद करती थीं। वह जन सुनवाई में शामिल नहीं हुईं, मगर उन्होंने बोर्ड ऑफ एजुकेशन के निदेशक ए. इमर्सन पामर को एक पत्र लिखा था, जिसे जन सुनवाई के दौरान पढ़कर सुनाया गया।

जिस सभागार में जन सुनवाई हो रही थी, उसमें दोनों प्रणालियों के समर्थक भारी संख्या में मौजूद थे। लंदन के 'रॉयल नॉर्मल कॉलेज फॉर द ब्लाइंड' के प्रसिद्ध निदेशक सर फ्रांसिस कैंपबेल के पुत्र एवं 'आउटलुक फॉर द ब्लाइंड' पत्रिका के संपादक चार्ल्स कैंपबेल अपने सहयोगियों के साथ जन सुनवाई को देखने के लिए उपस्थित हुए थे। फिलाडेल्फिया और बाल्टीमोर के प्रतिनिधिगण भी इस अवसर पर उपस्थित हुए थे। इसके अलावा ब्रेल और न्यूयॉर्क पॉइंट के स्थानीय समर्थकगण जन सुनवाई में शामिल हुए थे। सभागार में सन्नाटा फैला हुआ था और सभी ध्यान से वक्ताओं की दलील सुन रहे थे।

दोनों प्रणालियों के समर्थक अपनी-अपनी प्रणाली की खूबियों को गिना रहे थे और उसे नेत्रहीनों के लिए उपयोगी बता रहे थे। जन सुनवाई कर रही कमेटी के सदस्यों के लिए इस तकनीकी मुद्दे पर जनता की भावनाओं के दबाव को समझ पाना मुश्किल होता जा रहा था।

दोनों ही पक्ष के वक्ता अपनी-अपनी लिपि के लचीलेपन और कम लागत

पर विशेष रूप से जोर दे रहे थे। तर्क दिया गया कि अमेरिकी ब्रेल की तुलना में न्यूयॉर्क पॉइंट लिखते समय अक्षर कम स्थान घेरते हैं। वेट ने स्थान बचाने की खूबी का अतिशयोक्तिपूर्ण वर्णन प्रस्तुत किया था। उन्होंने यह तर्क भी दिया था कि पुस्तकालयों में ब्रेल लिपि की पुस्तकों की तुलना में न्यूयॉर्क पॉइंट की पुस्तकों की संख्या ज्यादा थी।

अमेरिकी ब्रेल के समर्थकों ने दलील दी कि न्यूयॉर्क पॉइंट का इस्तेमाल करनेवाले कई अंध विद्यालयों ने न्यूयॉर्क पॉइंट को छोड़कर अमेरिकी ब्रेल को अपना लिया था। इस बात से पता चलता था कि नई प्रणाली तेजी से लोकप्रिय होती जा रही थी। उन्होंने यह तर्क भी दिया कि न्यूयॉर्क पॉइंट के प्रकाशक कैपिटल लैटर्स, हाइफन आदि का प्रयोग बिल्कुल नहीं कर पाते और प्रतीक-चिह्नों के बगैर ही पुस्तकों का प्रकाशन किया जाता है।

दूसरी सुनवाई के दौरान कुछ परीक्षणों के निष्कर्षों को प्रस्तुत किया गया, जो ब्रेल की श्रेष्ठता को सिद्ध करते थे, मगर पहली सुनवाई में ही न्यूयॉर्क पॉइंट को गहरा धक्का लग चुका था। फ्रैंक हाल ने एक प्रदर्शन के जरिए यह आक्रमण किया था। उन्होंने एक पुस्तक के शीर्षक पृष्ठ की दो प्रतियाँ प्रदर्शित कीं। एक प्रति न्यूयॉर्क पॉइंट में लिखी गई थी और दूसरी ब्रेल में। न्यूयॉर्क पॉइंट में कैपिटल अक्षर गायब थे। वहीं ब्रेल लिपि में शुद्ध शीर्षक नजर आ रहा था।

हाल ने प्रतीक चिह्नों के मामले में भी इसी तरह का प्रदर्शन किया और इस तरह न्यूयॉर्क पॉइंट की कमजोरियों को असरदार तरीके से उजागर किया। उन दिनों न्यूयॉर्क पॉइंट के आलोचक उस पर कमजोर होने का आरोप लगाते थे और मानते थे कि उस लिपि की पुस्तकों में कमजोर अंग्रेजी का ही प्रयोग नजर आता था, जो नेत्रहीन बच्चों के लिए उपयोगी नहीं था।

पायर के नाम लिखे गए हेलन केलर के पत्र से अमेरिकी ब्रेल के पक्ष में सशक्त माहौल तैयार हो गया था। पत्र में लिखा गया था—

प्रिय महोदय,

मुझे इस बात का अफसोस है कि मैं 24 मार्च को न्यूयॉर्क सिटी के बोर्ड ऑफ एजुकेशन की जन सुनवाई में भाग नहीं ले पाऊँगी। मैं वर्षों से उभरी हुई बिंदियों में गहरी दिलचस्पी लेती रही हूँ और ऐसा मैं सिर्फ निजी फायदे के लिए नहीं करती रही हूँ (चूँकि मैं सभी प्रणालियों को पढ़ सकती हूँ), बल्कि उन तमाम नेत्रहीन लोगों के बारे में सोचकर दिलचस्पी लेती रही हूँ, जो मेरी तरह खुशकिस्मत नहीं हैं। मैं समझ सकती हूँ कि आप न्यूयॉर्क पॉइंट और अमेरिकी ब्रेल की खूबियों के

बीच तुलना करना चाहते हैं। मैं समझती हूँ, जब आपके समक्ष तथ्य पेश किए जाएँगे तो इन दोनों प्रणालियों में से एक प्रणाली को चुनने में आपको कठिनाई नहीं होगी।

मैंने न्यूयॉर्क पॉइंट को हमेशा जटिल और अपर्याप्त प्रणाली माना है। मैं ज्यादातर पुस्तकों में इसके स्वरूप को लेकर संतुष्ट नहीं हूँ, चूँकि इसमें कैपिटल लैटर्स, हाइफन आदि प्रतीक चिह्नों का प्रयोग नहीं किया जाता। वैसी स्थिति में कई बार पाठक स्वाभाविक रूप से भ्रमित हो जाता है, मगर इसका सबसे अधिक बुरा प्रभाव कम उम्र के विद्यार्थियों पर पड़ता है। ऐसे विद्यार्थी को भाषा और व्याकरण की दोषपूर्ण जानकारी मिलती है। मुझे कई नेत्रहीन व्यक्तियों ने सामान्य स्याही वाले टाइप राइटर से पत्र लिखकर भेजे हैं। उन पत्रों में उसी तरह की भाषागत त्रुटियाँ हैं, जो न्यूयॉर्क पॉइंट में पाई जाती हैं। इन पत्रों को पढ़कर मैं इस नतीजे पर पहुँची हूँ कि न्यूयॉर्क पॉइंट के आदी व्यक्ति जीवन भर भाषागत त्रुटियों के शिकार होकर रह जाते हैं।

यह सच है कि न्यूयॉर्क पॉइंट की खोज करने वालों ने कैपिटल लैटर्स का प्रावधान भी बनाया है और इस साल सर्दियों में अलबानी के स्टेट लाइब्रेरी कैपिटल लैटर्स के लिए सटीक चिह्न का निर्धारण भी करनेवाली हैं, मगर यह खेद की बात है कि चालीस साल गुजर जाने के बावजूद आज तक यह लिपि 'संपूर्णता' को प्राप्त नहीं कर पाई है। जब भी कैपिटल लैटर्स का प्रयोग किया जाता है तो भ्रम की स्थिति पैदा हो जाती है। मैं हमेशा 'जे' को 'डी', 'बी' को 'आई' और 'ओ' को 'वाई' पढ़ती रही हूँ। वैसी स्थिति में शुरुआती अक्षरों को पढ़ने में बार-बार समय बरबाद करना पड़ता है। इसी तरह मैं प्रतीक चिह्नों के प्रयोग से भी संतुष्ट नहीं हूँ। कई बार इन चिह्नों की गलती से अर्थ का अनर्थ हो जाता है।

मेरे लिए अमेरिकी ब्रेल की तुलना में न्यूयॉर्क पॉइंट को पढ़ पाना बेहद मुश्किल काम है। अमेरिकी ब्रेल में अक्षर दो बिंदी चौड़े और तीन बिंदी ऊँचे होते हैं, वहीं न्यूयॉर्क पॉइंट में तीन बिंदी चौड़े और तीन बिंदी ऊँचे होते हैं। वैसी स्थिति में पढ़ने के लिए उँगलियों को अधिक मेहनत करनी पड़ती है। इसके अलावा न्यूयॉर्क पॉइंट में कुछ अक्षर अस्पष्ट ही रह जाते हैं। ऐसा लगता है कि इसके आविष्कारकों ने इसकी जटिलता की तरफ गौर करने की जरूरत नहीं समझी है। दोनों प्रणालियों में मुझे पत्र मिलते रहते हैं और अमेरिकी ब्रेल में लिखे गए पत्र हमेशा बेहतर होते हैं।

मैं ऐसा भी महसूस करती हूँ कि नेत्रहीनों की विशाल दुनिया में न्यूयॉर्क पॉइंट एक किस्म के क्षेत्रीयवाद का परिचायक है। इस लिपि के लिए मशीन का निर्माण

केवल न्यूयॉर्क में किया जाता है और इसकी सहायता से केवल न्यूयॉर्क पॉइंट को ही लिखा जा सकता है। दूसरी तरफ ब्रेल लिपि की मशीनों का निर्माण जर्मनी, फ्रांस, इंग्लैंड और अमेरिका में किया जाता है। मेरे पास अमेरिकन और जर्मन ब्रेल राइटर हैं, जिनकी सहायता से मैं दुनिया भर के लोगों से संवाद कायम कर पाती हूँ।

मुझे पक्का यकीन है कि अगर सभी पहलुओं पर गौर किया जाए तो न्यूयॉर्क पॉइंट की तुलना में अमेरिकी ब्रेल ही श्रेष्ठ है, चूँकि इसमें भाषागत त्रुटियाँ नहीं हैं और इसे आसानी से पढ़ा भी जा सकता है।

भवदीय
हेलन केलर

उस शाम की जन सुनवाई से चार्ल्स कैंपबेल काफी प्रभावित हुए थे। हालाँकि चार्ल्स इंगलिश ब्रेल को अमेरिकी ब्रेल से बेहतर समझते थे, मगर उन्हें दोनों पक्षों के टकराव को देखने में मजा आ रहा था। 'आउटलुक फॉर द ब्लाइंड' पत्रिका के संपादक के रूप में चार्ल्स इस विवाद में मूकदर्शक की भूमिका निभाना चाहते थे।

जब ब्लैकबोर्ड पर दो शीर्षक पृष्ठों का प्रदर्शन किया गया तो दृष्टि शक्ति-संपन्न दर्शकों पर उसका गहरा प्रभाव पड़ा। चार्ल्स खुशी से उछल पड़े और ठहाका लगाकर हँसने लगे। उनकी हँसी सुनकर लोगों को पता चला कि दर्शकों के बीच चार्ल्स कैंपबेल भी मौजूद हैं। फुसफुसाहट होने लगी, चार्ल्स कैंपबेल भी यहाँ आए हैं! बीसवीं शताब्दी के आरंभिक दो दशकों में नेत्रहीनों की सहायता के लिए चलाए जा रहे अभियान में चार्ल्स ने महत्त्वपूर्ण भूमिका निभाई थी।

काफी विचार-विमर्श करने के बाद 'न्यूयॉर्क बोर्ड ऑफ एजुकेशन' की कमेटी ने अमेरिकी ब्रेल के पक्ष में अपना फैसला सुना दिया।

नेत्रहीनों के लिए शैक्षणिक पुस्तकें तैयार करने के लिए अधिकतर धन अमेरिकी सरकार मुहैया करवाती थी। केंटुकी के लुइसविले में स्थित 'अमेरिकन प्रिंटिंग हाउस फॉर द ब्लाइंड' में नेत्रहीनों के लिए पुस्तकों का मुद्रण किया जाता था। यह प्रेस बाद में दुनिया का सबसे बड़ा नेत्रहीनों की पुस्तकों का प्रेस बन गया। यह एक न्यासमंडल के जरिए संचालित होता था। अमेरिका के तमाम सरकार समर्थित अंध विद्यालयों के सुपरिंटेंडेंट इस न्यासमंडल के सदस्य थे। इसके अलावा बोर्ड के सात अतिरिक्त सदस्य थे, जो केंटुकी में रहते थे। ये सदस्य अध्यक्ष का चुनाव करते थे और दैनंदिन कार्यों का संचालन करने के लिए कार्यकारिणी समिति बनाई जाती थी।

जब तक बोर्ड के अधिकांश सदस्य न्यूयॉर्क पॉइंट के समर्थक थे, तब तक वे ब्रेल लिपि के प्रचार के लिए सरकारी धन के प्रयोग को रोकते रहे थे। वैसी स्थिति में ब्रेल का प्रयोग करनेवाले विद्यालयों को गैर-सरकारी संस्थाओं की सहायता पर निर्भर रहना पड़ता था और अपनी पुस्तकों की मंजूरी के लिए सरकार की अनुकंपा की आवश्यकता पड़ती थी।

सन् 1910 में देखा गया कि बोर्ड में न्यूयॉर्क पॉइंट और ब्रेल के समर्थकों की संख्या एक समान हो गई थी। अब न्यूयॉर्क पॉइंट के समर्थकों के वर्चस्व को सीधी चुनौती मिलने लगी थी।

सन् 1880 से यह परंपरा चली आ रही थी कि जिस स्थान पर 'अमेरिकन एसोसिएशन ऑफ इंस्ट्रक्टर्स ऑफ ब्लाइंड' का द्विवार्षिक अधिवेशन आयोजित होता था, उसी स्थान पर 'अमेरिकन प्रिंटिंग हाउस फॉर द ब्लाइंड' के न्यासमंडल की भी बैठक आयोजित की जाती थी। इस तरह अधिवेशन में शामिल होने वाले सुपरिंटेंडेंटस को अलग से लुइसविले में प्रिंटिंग हाउस की सालाना बैठक में भाग लेने के लिए नहीं जाना पड़ता था।

सन् 1910 में ब्रेल लिपि का इस्तेमाल कर रहे उन्नीस अंध विद्यालयों के सुपरिंटेंडेंटस ने 'अमेरिकन प्रिंटिंग हाउस फॉर द ब्लाइंड' के अध्यक्ष एंड्रयू कोवान को पत्र लिखकर अनुरोध किया कि 'अमेरिकन एसोसिएशन ऑफ इंस्ट्रक्टर्स ऑफ द ब्लाइंड' के अधिवेशन के तुरंत बाद प्रिंटिंग हाउस के बोर्ड की बैठक अरकानसस के लिटिल रॉक में आयोजित किया जाए। इससे कुछ दिन पहले अमेरिकन प्रिंटिंग हाउस के सुपरिंटेंडेंट और सेक्रेटरी बेंजामिन बी हंटून ने पत्र लिखकर बताया था कि केंटुकी का प्रतिष्ठान होने के नाते प्रिंटिंग हाउस के बोर्ड की बैठक केंटुकी से बाहर आयोजित करना गैरकानूनी है। इस पत्र से ब्रेल के समर्थकों के बीच जबरदस्त प्रतिक्रिया हुई। कई सुपरिंटेंडेंट दूर-दराज के इलाकों में रहते थे और लिटिल रॉक से लुइसविले तक जाना उनके लिए काफी कठिन काम था।

उस साल जब अधिवेशन में सारे सुपरिंटेंडेंट एकत्र हुए तो उनके भीतर एक किस्म का क्षोभ भरा हुआ था। सन् 1902 के बाद इन अधिवेशनों में लिपि के मुद्दे पर सार्वजनिक बहस एक बार भी नहीं हुई थी। शिक्षा से जुड़े ऐसे गंभीर मसले पर बहस के चलते कड़वाहट पैदा होने के आशंका जाहिर की जाती थी। इस बार पुरानी परंपरा को भूलकर न्यूयॉर्क पॉइंट बनाम ब्रेल के मसले पर एक खुली बैठक आयोजित करने का निर्णय लिया गया। इसके अलावा केंटुकी से बाहर अमेरिकन प्रिंटिंग हाउस के बोर्ड की बैठक को गैरकानूनी घोषित करने के मुद्दे पर भी विचार

करने का फैसला किया गया।

ब्रेल के समर्थक बोर्ड में बहुसंख्यक बनने का इंतजार लंबे समय से करते आ रहे थे। वैसी स्थिति में वे अधिक जोरदार तरीके से अपने हित की बातें कह सकते थे और ब्रेल लिपि में पुस्तकों का प्रकाशन करने के लिए सरकारी अनुदान का हिस्सा माँग सकते थे। अब उन्हें लग रहा था कि उस वर्ष के लिए अवसर उनके हाथ से निकल गया था। उनमें से कई मान रहे थे कि उनके साथ धोखाधड़ी की गई थी।

सन् 1910 की जो बैठक लिटिल रॉक में हुई, उसमें गरमागरम बहस हुई थी। जून महीने में आयोजित इस बैठक में उत्तेजना का अंदाजा इसी बात से लगाया जा सकता है कि अध्यक्ष पद के लिए एसोसिएशन के किसी भी सदस्य पर भरोसा कर पाना कठिन हो गया था। आखिरकार इंडियाना अंध विद्यालय के वृद्ध सुपरिंटेंडेंट जॉर्ज विलसन को अध्यक्ष पद के लिए चुना गया। विलसन अपनी ईमानदारी और निष्पक्षता के लिए जाने जाते थे। वे ब्रेल और न्यूयॉर्क पॉइंट के मुद्दे पर खुले मन से विचार करना पसंद करते थे। काफी गहराई से जायजा लेने के बाद उन्होंने अपने विद्यालय में संगीत शिक्षा के लिए ब्रेल को और साहित्य शिक्षा के लिए न्यूयॉर्क पॉइंट को अपनाया था।

उस बैठक की अध्यक्षता करना आसान काम नहीं था। एक तरफ न्यूयॉर्क पॉइंट का समर्थन करनेवाले एक समूह को डर सता रहा था कि कहीं ब्रेल समर्थक समूह के हाथों उनकी लिपि को पराजित न होना पड़े, दूसरी तरफ ब्रेल समर्थक समूह इस अवसर का उपयोग ब्रेल पुस्तकों का प्रकाशन करने के लिए सरकारी धन की सहायता सुनिश्चित करना चाहता था।

जब सदस्यगण एकत्र हो गए, तब माहौल में फैले तनाव को अच्छी तरह महसूस किया जा सकता था। निर्णय लिया गया था कि बैठक में किसी भी तरह का सवाल पूछने पर पाबंदी नहीं लगाई जाएगी, न ही बहस को मारपीट के रूप में तब्दील होने दिया जाएगा। कानूनी मान्यता की बात कहने वाले हंटून की काफी आलोचना हो रही थी और उन्हें लकीर का फकीर बताया जा रहा था।

हर सदस्य मंच पर आकर अपनी बात कहने के लिए बेताब था। अध्यक्ष को कहना पड़ा कि जब तक सारे वक्ता अपनी बात नहीं कह देते, तब तक कोई व्यक्ति एक से अधिक बार मंच पर आकर नहीं बोल पाएगा। प्रिंटिंग हाउस के पक्ष को सही तरीके से पेश करने के लिए कहा गया कि उसके सुपरिंटेंडेंट एक से अधिक बार मंच पर आकर सवालों का जवाब देने के लिए स्वतंत्र थे।

हंटून एक ईर्ष्यालु वृद्ध व्यक्ति थे, जो दिल से न्यूयॉर्क पॉइंट का समर्थन करते

थे। वे उन दस प्रतिशत लोगों में से एक थे, जो दोनों ही लिपियों को निजी तौर पर पढ़ सकते थे। बैठक के दौरान हंटून कुछ मुद्दों को पेश करने के लिए बेताब थे। चूँकि वे जवाब देने के अलावा स्वयं कोई सवाल नहीं पूछ सकते थे, इसीलिए वे जोर से कहते थे कि कोई उनसे अमुक सवाल तो पूछकर देखे। जब एक सदस्य ने उनकी नीयत और प्रतिष्ठान की निष्पक्षता पर सवाल उठाया, तो उन्होंने तीव्र विरोध जताया। उन्होंने गुस्से के साथ कहा कि वे सवाल पूछनेवाले की तरफ ध्यान देने की जरूरत महसूस नहीं करते।

अध्यक्ष ने हंटून से कहा कि अगर वह अपनी टिप्पणी वापस नहीं लेंगे तो बैठक की कारवाई तत्काल स्थगित कर दी जाएगी। कुछ पल की खामोशी के बाद हंटून ने खड़े होकर कहा, ''मैंने जो भी टिप्पणी की, उसे वापस लेता हूँ।'' उनके इस कथन के बाद तनाव कम हुआ और लोग हँसने लगे।

इस बैठक के बाद ब्रेल समर्थकों ने किसी भी हालत में अगले दिन लुइसविले में आयोजित होनेवाली बोर्ड की बैठक में शामिल होने का फैसला किया। वहाँ तक पहुँचने के लिए उन्हें लंबी यात्रा करने की जरूरत थी। विशेष वाहन का प्रबंध कर वे बैठक में भाग लेने के लिए पहुँच गए और उस साल लुइसविले की बैठक में रिकॉर्ड संख्या में सदस्यों ने भागीदारी की।

लुइसविले में बोर्ड की सालाना बैठक के अधिकतर कार्यक्रम उसी तरह ऊब भरे थे, जिस तरह अन्य बैठकों में होते हैं। अंत में सभी साँसें थामकर जिस प्रस्ताव की प्रतीक्षा कर रहे थे, वह प्रस्ताव पेश किया गया। इस प्रस्ताव में माँग की गई थी कि सरकारी अनुदान का चालीस प्रतिशत हिस्सा ब्रेल पुस्तकों के प्रकाशन के लिए दिया जाए। इस प्रस्ताव पर जब मतदान हुआ तो विरोध और समर्थन में बराबर-बराबर वोट दिए गए।

अब बैठक के अध्यक्ष एंड्रयू कोवान को निर्णायक वोट देना था।, जो एक स्थानीय प्रतिष्ठित व्यापारी थे। हंटून ने फुसफुसाकर उनसे कहा कि वह प्रस्ताव के खिलाफ अपना वोट दें। कोवान ने अपने न्यूयॉर्क पॉइंट समर्थक मित्र को निराश करते हुए कहा कि प्रस्ताव न्यायसंगत है, चूँकि चालीस प्रतिशत नेत्रहीन विद्यार्थियों का प्रतिनिधित्व करनेवाले ऐसे विद्यालयों से आए थे, जहाँ ब्रेल का प्रयोग हो रहा था। उन्होंने प्रस्ताव के पक्ष में अपना वोट दे दिया। उस समय न्यूयॉर्क पॉइंट समर्थकों को कितना गुस्सा आया था, इस बात की कल्पना आसानी से की जा सकती है।

उस समय से सरकारी अनुदान का चालीस फीसदी हिस्सा ब्रेल लिपि की पुस्तकों के प्रकाशन पर खर्च होने लगा। बाद में जब संशोधित ब्रेल का प्रचलन शुरू

हुआ तो सारा अनुदान उसी की पुस्तकें प्रकाशित करने के लिए खर्च होने लगा।

इस दौरान नेत्रहीन लोगों को लिपि के विवाद का खामियाजा भुगतना पड़ रहा था और बेवजह भुक्तभोगी बनना पड़ रहा था। अंध विद्यालयों के सुपरिंटेंडेंटस के बीच लिपि को लेकर छिड़ी जंग की वजह से नेत्रहीन लोग मर्माहत हो रहे थे। उनमें से कई दोनों तरह की लिपि का प्रयोग करना जानते थे।

सन् 1901 में 'अमेरिकन ब्लाइंड पीपुल्स हायर एजुकेशन एंड जनरल इंप्रूवमेंट एसोसिएशन' ने कनसास सिटी में आयोजित सम्मेलन में एक प्रस्ताव पारित किया, जिसमें कहा गया था, ''विभिन्न लिपियों की पड़ताल करने के लिए एक कमेटी का गठन किया जाए और किसी विश्व स्तर पर प्रचलित प्रणाली को अपनाने का प्रयत्न किया जाए।''

सन् 1902 में इसी प्रस्ताव के आधार पर लिपियों की पड़ताल करने के लिए एक आयोग का गठन किया गया। इसके चार सदस्य थे और एंब्रोस एम. शॉटवेल को इसका अध्यक्ष बनाया गया। शॉटवेल स्वयं नेत्रहीन थे और मिसीगन के अंध विद्यालय के ब्रेल प्रिंटर थे, बाद में मिसीगन के नेत्रहीन रोजगार केंद्र के ब्रेल प्रिंटर और लाइब्रेरियन बन गए थे। शिकागो में नेत्रहीन बच्चों की कक्षाओं के सुपरवाइजर जॉन बी. कर्टीस आयोग के प्रमुख सदस्यों में से एक थे, जो स्वयं भी नेत्रहीन थे। वह एक ब्रेल प्रिंटिंग शॉप का संचालन भी करते थे।

इस आयोग को कार्य करने के लिए किसी तरह की वित्तीय सहायता मुहैया नहीं करवाई गई थी। इस आयोग ने कम बिंदियों और अधिक बिंदियों वाले अक्षरों के बीच तुलना करने के लिए कई परीक्षण किए थे। ऊँचाई और चौड़ाई को लेकर भी आयोग ने कई प्रयोग किए थे। किसी ठोस नतीजे तक पहुँचने के लिए ये प्रयोग संतोषजनक नहीं कहे जा सकते थे।

किसी नतीजे तक पहुँचने से पहले इस आयोग ने ब्रिटिश ब्रेल कमेटी से सहायता हासिल करने की भी नाकाम कोशिश की थी। इस आयोग की एकमात्र ठोस उपलब्धि यही थी कि इसने प्रबुद्ध नेत्रहीन समुदाय का ध्यान विज्ञानसम्मत सिद्धांतों पर आधारित लिपि को अपनाने की तरफ आकर्षित किया था।

सन् 1905 में 'अमेरिकन ब्लाइंड पीपुल्स एजुकेशन एंड जनरल इंप्रूवमेंट एसोसिएशन' की उत्तराधिकारी संस्था 'अमेरिकन एसोसिएशन ऑफ वर्कर्स फॉर द ब्लाइंड' का सम्मेलन मिसीगन के सागीनावो में आयोजित हुआ। इस सम्मेलन में कनाडा के निवासी चार्ल्स डब्ल्यू होल्म्स के एक पत्र का पाठ किया गया। होल्म्स पर्किंस इस्टीट्यूट के पूर्व छात्रों के संगठन के अध्यक्ष थे और नेत्रहीन थे। उनके

पत्र के अंश से स्पष्ट होता है कि उस समय प्रबुद्ध नेत्रहीन लोगों के मन में किस तरह के विचार उठ रहे थे—

''मैं लिपि के मुद्दे पर अपनी राय जाहिर करना चाहता हूँ। आज नेत्रहीनों और उनके हितैषियों के लिए यह मुद्दा अत्यंत महत्त्वपूर्ण बन चुका है। सबसे बड़ी विडंबना की बात यह है कि वर्तमान में हमारे समक्ष पाँच किस्म की लिपियों का वजूद बना हुआ है। उन लिपियों में भी कई तरह की भिन्नता पाई जाती है, जो विभिन्न पुस्तकों को देखने से स्पष्ट हो जाता है। किसी भी नेत्रहीन पाठक के लिए साक्षरता की पूर्णता तक पहुँचना इन पुस्तकों के माध्यम से संभव नजर नहीं आता। हम लोगों के हितैषी दृष्टि शक्तिसंपन्न लोग कब तक लिपि के मुद्दे पर इस तरह का भ्रामक माहौल बनाए रखेंगे? जरा कल्पना कीजिए कि हमें किस तरह अजीब हालात का सामना करना पड़ता है। बोस्टन से प्रकाशित समाचार-पत्र की लिपि न्यूयॉर्क के समाचार-पत्र से बिल्कुल अलग होती है, वहीं फिलाडेल्फिया के समाचार-पत्र की लिपि इन दोनों से अलग होती है। क्या अंग्रेजी भाषी देशों के लिए हम लोग उभरी हुई बिंदियों वाली लिपि में एकरूपता नहीं कायम कर सकते?

''अगर ब्रेल को वैश्विक लिपि की मान्यता दी जाए तो इसके समर्थकों को अपार खुशी मिलेगी। इस तरह की खुशी न्यूयॉर्क पॉइंट या पाँचों भिन्न प्रकार की लिपियों के समर्थकों को मिल सकती है, मगर इस तरह की होड़ से हमें कुछ भी हासिल नहीं होनेवाला, जब तक कि इस मुद्दे पर सभी पक्षों के लोग लचीलेपन का परिचय नहीं देंगे और निजी पसंद-नापसंद को भूलकर बहुसंख्यक की पसंद का सम्मान नहीं करेंगे।

''वर्तमान में ऐसी कई पुस्तकें हैं, जो एक-से अधिक लिपियों में मुद्रित की गई हैं। यानी यह समय और धन की बरबादी ही है, मगर वर्तमान परिस्थितियों में इनका होना जरूरी भी है, चूँकि अलग-अलग प्रणाली के पाठक इन पुस्तकों से लाभान्वित हो सकते हैं। स्टीरियो टाइपिंग की तकनीक आज मुद्रण के क्षेत्र में महत्त्वपूर्ण भूमिका निभा रही है और वैश्विक लिपि के पक्ष में यह तकनीक एक सशक्त दलील भी प्रस्तुत करती है। अलग-अलग लिपियों में धातु की चादरें तैयार करना धन और पैसे की फिजूलखर्ची ही कही जा सकती है। प्रिंटिंग हाउसों और पुस्तकालयों के बीच पहले से ही पुस्तकों के आदान-प्रदान की परंपरा प्रचलित है। इस परंपरा को जारी रखना चाहिए और इसे बढ़ावा भी देना चाहिए। सामूहिक प्रयास करने से कम लागत में अधिक-से-अधिक पाठकों तक पुस्तकें पहुँचाई जा सकती हैं।

''मैं आप लोगों से यह अनुरोध करना चाहता हूँ कि इस मसले पर आप लोग

अवश्य विचार करें। इसमें कोई संदेह नहीं कि इस तरह के प्रयत्न का विरोध जहाँ नेत्रहीनों का एक वर्ग करेगा, वहीं अधिकार-संपन्न वर्ग भी करेगा। इसमें भी कोई संदेह नहीं कि कुछ समय के लिए पाठकों के समक्ष दुविधा की स्थिति पैदा हो जाएगी, मगर कोई भी अच्छाई हासिल करने के लिए विरोध का सामना करना ही पड़ता है और कुरबानियाँ देनी ही पड़ती हैं। अब अंग्रेजी भाषी दुनिया के जागरूक होने का वक्त आ गया है। अगर हम यह सुनहरा मौका गँवा देंगे तो बाद में हमें पछताना पड़ सकता है।''

होल्म्स ने इसी तरह का पत्र उसी साल एडीनबर्ग में आयोजित हुए विश्व नेत्रहीन सम्मेलन को भी भेजा था। उन्हें उम्मीद थी कि ब्रिटिश कार्यकर्ता इस मुद्दे पर विशेष रूप से ध्यान दे सकते थे।

लिपि संबंधी आयोग के बाद 'अमेरिकन एसोसिएशन ऑफ वर्कर्स फॉर द ब्लाइंड' की तरह से यूनिफॉर्म टाइप कमेटी का गठन सागीनावो में सन् 1905 में आयोजित सम्मेलन में लिये गए प्रस्ताव के आधार पर किया गया। प्रस्ताव में बताया गया था—''हम विद्यालयों और आम अध्ययन के लिए लिपि का स्वरूप निश्चित करना चाहते हैं। इसके लिए पाँच सदस्यीय कमेटी बनाई जाएगी, जो ब्रिटिश ब्रेल कमेटी के साथ संवाद स्थापित करेगी और इस तरह लिपि संबंधी आयोग के कार्यों को आगे बढ़ाएगी।''

इस कमेटी के सारे सदस्य नेत्रहीन थे। उनके नाम थे—चार्ल्स डब्ल्यू होल्म्स, एलविन एच. पोलर, जॉन बी, कर्टीस, ली.एन. मुक, एंब्रोस एम. शॉटवेल। इनमें से दो सदस्य न्यूयॉर्क पॉइंट के समर्थक थे, दो अमेरिकी ब्रेल के समर्थक थे और एक सदस्य ब्रिटिश ब्रेल का समर्थक था।

यूनिफॉर्म टाइप कमेटी ने महसूस किया कि उस समय लाइन टाइप को चुनौती का सामना करना पड़ रहा था। कमेटी ने माना कि उम्रदराज नेत्रहीन लोगों के लिए मून टाइप उपयोगी साबित हो सकता था। इस संदर्भ में सुझाव दिया गया कि तीन ऊँची और तीन चौड़ी बिंदियों वाली प्रणाली का विकास किया जा सकता है, जो रोमन अक्षरों के प्रतिरूप हों। इनका निर्माण करना कम खर्चीला हो सकता है। इसे सीखना और लिखना भी आसान हो सकता है, मगर यह सुझाव अकादमिक बहस के स्तर से आगे नहीं बढ़ सका।

कमेटी ने निश्चय किया कि वह न्यूयॉर्क पॉइंट, अमेरिकी ब्रेल और ब्रिटिश ब्रेल की विशेषताओं के अध्ययन पर ध्यान केंद्रित करेगी। प्रत्येक प्रणाली के विभिन्न पहलुओं के बीच तुलनात्मक अध्ययन करने पर विचार किया गया। तय किया गया

कि प्रत्येक प्रणाली का विज्ञानसम्मत तरीके से परीक्षण किया जाए। उदाहरण के लिए, न्यूयॉर्क पॉइंट के तहत कोई भी अक्षर लंबवत् दो बिंदियों की सहायता से और समानांतर रूप से एक से चार बिंदियों की सहायता से लिखा जाता है, वहीं ब्रेल के तहत तीन बिंदियाँ लंबवत् और दो बिंदियाँ समानांतर रूप से इस्तेमाल की जाती हैं। इनमें से कौन सी विधि अधिक व्यावहारिक हो सकती है ?

टेस्टशीट तैयार किए गए। प्रत्येक शीट पर समान अक्षर दर्ज थे। एक शीट पर एक, दो या तीन ऊँची बिंदियाँ थीं, दूसरी शीट पर इन्हीं बिंदियों के एक, दो या तीन चौड़ी बिंदियों के रूप में दरशाया गया था। इन्हें इस तरह सजाया गया जैसे किसी पुस्तक का पृष्ठ हो और जो अक्षर मिलकर किसी शब्द का रूप लेते हों, प्रत्येक शब्द ब्रेल या न्यूयॉर्क पॉइंट के परिचायक थे।

प्रयोग के दौरान नेत्रहीन व्यक्तियों से शीट पर दर्ज अक्षरों को पढ़ने के लिए कहा गया और बिंदियों की संख्या बताने के लिए कहा गया। एक पर्यवेक्षक स्टॉप वाच की सहायता से शीट को पढ़ने में लगनेवाले समय को दर्ज कर रहा था। इस प्रयोग से पता चला कि तीन चौड़ी बिंदी वाले अक्षर (न्यूयॉर्क पॉइंट) को तेजी से कम त्रुटियों के साथ पढ़ा जा सकता है। वहीं तीन ऊँची बिंदी वाले अक्षर (ब्रेल) को अधिक सुगमतापूर्वक पढ़ा जा सकता है।

इस प्रयोग को जारी रखा गया और पाया गया कि जहाँ पहले से न्यूयॉर्क पॉइंट का प्रचलन था, वहाँ भी नेत्रहीन लोग ब्रेल को अधिक सहजतापूर्वक पढ़ पा रहे थे। अन्य पहलुओं के अंतर का अध्ययन करने पर भी विचार किया जा रहा था, मगर वित्तीय सहायता उपलब्ध नहीं होने के कारण कमेटी के सदस्यों के लिए अपने कार्य को अंजाम तक पहुँचा पाना संभव नहीं रह गया था।

सन् 1907 में 'अमेरिकन एसोसिएशन ऑफ वर्कर्स फॉर द ब्लाइंड' के सम्मेलन में कमेटी की एक रिपोर्ट पेश की गई, जो आधी-अधूरी थी। चूँकि यह गिने-चुने प्रयोगों पर ही आधारित थी, जबकि किसी ठोस नतीजे तक पहुँचने के लिए बड़े पैमाने पर परीक्षण करने की आवश्यकता थी। कमेटी ने इसके बाद भी अपने कार्य को जारी रखा।

सन् 1909 में 'अमेरिकन एसोसिएशन ऑफ वर्कर्स फॉर द ब्लाइंड' की बैठक ओहियो के कोलंबस में हुई। इस अवसर पर भी एक रिपोर्ट पेश की गई, जिसे पिछली बार की तरह ही संतोषजनक नहीं पाया गया। न्यूयॉर्क पॉइंट के प्रति पूर्वग्रह रखनेवालों को यह रिपोर्ट बिल्कुल प्रभावित नहीं कर पाई।

इसी बैठक में स्पष्ट हुआ कि कमेटी में शामिल दो सदस्य पहले न्यूयॉर्क

पॉइंट के समर्थक थे, मगर जाँच की प्रक्रिया में बेल की श्रेष्ठता का उन पर इतना गहरा प्रभाव पड़ा था कि वे अब ब्रेल के समर्थक बन गए थे। इस तरह कमेटी में अमेरिकी ब्रेल के समर्थकों की संख्या चार और ब्रिटिश ब्रेल के समर्थक की संख्या एक हो गई थी। बैठक में शामिल होनेवाले न्यूयॉर्क पॉइंट के समर्थक इस बात से नाराज हुए कि कमेटी में शामिल दो सदस्यों ने न्यूयॉर्क पॉइंट की जगह ब्रेल को समर्थन देकर विश्वासघात किया था।

न्यूयॉर्क पॉइंट के समर्थकों ने मंच पर आकर कमेटी की विश्वसनीयता पर सवाल उठाया, निशान लगाया, उनके परीक्षण के तरीकों को गलत बताया, उसके मकसद को संदिग्ध बताया और कमेटी की गतिविधियों की उच्च स्तरीय जाँच करवाने की माँग की।

नाराजगी दूर करने के लिए एक ब्रेल समर्थक के सुझाव पर कमेटी के सदस्यों की संख्या पाँच से बढ़ाकर दस करने का फैसला किया गया और कमेटी में पाँच न्यूयॉर्क पॉइंट समर्थकों को शामिल करने का भी फैसला लिया गया। नए सदस्यों में दो ऐसे थे, जो कई वर्षों से लिपि विवाद को सुलझाने की दिशा में काम कर रहे थे—मेरीलैंड अंध विद्यालय के नेत्रहीन अध्यापक एच. रेडोल्फ लाटीमर और आयोवा अंध विद्यालय की युवा स्नातक एल. पर्ल हावर्ड। सदस्यता मिलने के बाद लाटीमर कमेटी से अलग हो गए थे, मगर सन् 1911 में फिर कमेटी में शामिल हो गए।

कमेटी की सदस्यता को लेकर एल. पर्ल हार्वर्ड ने एक साक्षात्कार में बताया था—

"जब मेरे सामने कमेटी की सदस्यता का प्रस्ताव आया तो मैंने पूछा कि क्या मुझे न्यूयॉर्क पॉइंट को मान्यता दिलवाने के लिए काम करना है या एक सर्वमान्य लिपि के पक्ष में काम करना होगा। मैं ऐसी ही शर्त पर काम करना चाहती थी और इस तरह मैंने प्रस्ताव को स्वीकार कर लिया। इस निर्णय की वजह से आयोवा के मेरे कुछ दोस्त नाराज भी हो गए, जो न्यूयॉर्क पॉइंट के पक्के समर्थक हैं।"

कमेटी को कार्य करने के लिए मामूली वित्तीय सहायता मुहैया करवाई गई। कमेटी के सदस्यों को अपने पैसे खर्च कर परीक्षण कार्य करना पड़ रहा था। सन् 1911 के वसंत में कमेटी के सदस्यों ने महसूस किया कि उन्हें अपने तुलनात्मक अध्ययन के दायरे को और बढ़ाना चाहिए और अधिक-से-अधिक लोगों को प्रयोग में शामिल करना चाहिए। अर्थाभाव के बावजूद कुमारी हावर्ड, एलविन एच. पाउलर और उनकी दृष्टि वाली पत्नी मेरी को बाटविया में स्थित न्यूयॉर्क अंध विद्यालय

में प्रयोग के लिए भेजने का इंतजाम किया गया। इस विद्यालय में आधिकारिक रूप से न्यूयॉर्क पॉइंट का प्रयोग होता रहा था। कमेटी के सदस्य प्रयोग करने के साथ-साथ कुछ नए तथ्य भी जुटाना चाहते थे।

'अमेरिकन एसोसिएशन ऑफ वर्कर्स फॉर द ब्लाइंड' का अगला द्विवार्षिक अधिवेशन जून, 1911 में फिलाडेल्फिया के ओवरब्रुक में आयोजित हुआ। इस अवसर पर कमेटी के पास रिपोर्ट के नाम पर कुछ खास नहीं था। कमेटी ने बताया कि उसके पास अधिक विज्ञानसम्मत ढंग से अध्ययन करने की योजनाएँ हैं, मगर इसके लिए उसे कम-से-कम तीन हजार डॉलर की सहायता की जरूरत है। अगर संगठन की तरफ से उसे बारह सौ डॉलर मिल जाएँ तो शेष अठारह सौ डॉलर चंदे के रूप में जुटाने की वह कोशिश कर सकती है।

कमेटी ने अपनी रिपोर्ट के जरिए आम लोगों और अंध विद्यालयों के दृष्टि शक्तिसंपन्न सुपरिंटेंडेंटस का ध्यान नेत्रहीनों के संकट की तरफ़ आकर्षित करने का प्रयास किया था। कमेटी ने इस बात को विशेष रूप से रेखांकित किया था कि विभिन्न लिपियों में पुस्तकें तैयार करने के नाम पर धन का दुरुपयोग किया जा रहा था।

कमेटी ने एक दृष्टि शक्तिसंपन्न व्यक्ति चार्ल्स कैंपबेल को अधिवेशन में अपनी रिपोर्ट की व्याख्या करने का दायित्व सौंपा। कैंपबेल नेत्रहीनों के हितों के लिए निरंतर संघर्ष करते रहे थे। वह नेत्रहीनों की समस्याओं पर सशक्त तरीके से रोशनी डाल सकते थे। उन्होंने प्रभावशाली तरीके से कमेटी की रिपोर्ट को अधिवेशन में प्रस्तुत किया।

कमेटी का कहना था कि उसे दो प्रतिनिधियों को नियुक्त करने के लिए वित्तीय मदद की जरूरत थी। वह एक नेत्रहीन और एक दृष्टि वाले प्रतिनिधि को समूचे अमेरिका की यात्रा पर भेजकर विभिन्न समुदायों के नेत्रहीनों की समस्याओं की पड़ताल करवाना चाहती थी और जरूरी आँकड़े जुटाना चाहती थी। इस तरह नेत्रहीनों के लिए सर्वमान्य लिपि चुनने का फैसला करना आसान हो सकता था।

कैंपबेल के अधिवेशन के सदस्यों से कमेटी के अध्ययन को सफल बनाने के लिए आर्थिक सहायता प्रदान करने का आह्वान किया। उनके आह्वान का लोगों पर गहरा प्रभाव पड़ा। यूनिफॉर्म टाइप कमेटी के अध्यक्ष चार्ल्स डब्ल्यू होल्म्स ने इस कार्य के लिए हर महीने अपने वेतन से एक सौ डॉलर देने की घोषणा की। दूसरे लोगों ने भी इस कार्य के लिए आर्थिक सहायता देने का वचन दिया। पर्किंस इंस्टीट्यूट के निदेशक ने दो सौ डॉलर देने की घोषणा की। अगली बैठक से पहले

4133.66 डॉलर का संग्रह हो चुका था। पूँजी का प्रबंध हो जाने के बाद अब कमेटी सही मायने में अध्ययन के कार्य में जुट सकती थी।

इस बैठक में जुटाए गए चंदे की खबर अमेरिका के नेत्रहीन समुदाय के बीच फैल गई। नेत्रहीनों को लगने लगा कि अब जल्द ही लिपि विवाद का समाधान होने वाला है। हालाँकि उन्हें इस बात का अंदाजा नहीं था कि सर्वमान्य लिपि के मुद्दे पर निर्णय लेने के लिए अमेरिकी स्तर पर उन्हें और पाँच वर्षों तक इंतजार करना है। वहीं अंग्रेजी भाषी देशों के स्तर पर बीस वर्षों तक इंतजार करना है।

ओवरब्रुक में जुटाए गए चंदे की सहायता से कमेटी ने हावर्ड और फाउलर को देशव्यापी यात्रा पर भेज दिया। तथ्यों का संग्रह किया गया और कमेटी के समक्ष पेश किया गया। स्पष्ट लग रहा था कि न तो न्यूयॉर्क पॉइंट और न ही अमेरिकी ब्रेल का वजूद कायम रहनेवाला था। ब्रिटिश ब्रेल की कमजोरियाँ भी उजागर हुई थीं। इन तीनों लिपियों से बेहतर लिपि को विकसित करने पर जोर दिया गया था।

'अमेरिकन एसोसिएशन ऑफ वर्कर्स फॉर द ब्लाइंड' का द्विवार्षिक अधिवेशन 25 जून, 1913 को इलीनॉइस के जैक्सनविले में आयोजित हुआ, जहाँ कमेटी ने सुझाव दिया कि पूरे देश में न्यूयॉर्क पॉइंट और अमेरिकी ब्रेल के स्थान पर एक बिल्कुल नई प्रणाली 'स्टैंडर्ड डॉट' को लागू किया जाना चाहिए।

□

विज्ञान बदल रहा है नेत्रहीनों की दुनिया

स्टेम सेल से नेत्रहीनता दूर करने की कोशिश

ब्रिटेन के वैज्ञानिक स्टेम सेल की मदद से नेत्रहीनता दूर करने की कोशिश में जुटे हैं। इसका फायदा ऐसे लोगों को होगा, जिनके रेटिना में बढ़ती उम्र की वजह से विकार आ जाता है और वे देखने में अक्षम हो जाते हैं।

यूसीएल इंस्टीट्यूट ऑफ ऑफथैलमॉलीजी की टीम ऐसे ऑपरेशन की तैयारी कर रही है, जिसके लिए रेटिना के सेल्स लैब में ही स्टेम सेल की मदद से पैदा किए जाएँगे। उम्मीद है कि इस तकनीक से पहले मरीज का इलाज पाँच साल के अंदर हो जाएगा। खास बात यह कि इसकी मदद से ऑपरेशन महज 45 मिनट में हो जाया करेगा। इस प्रोजक्ट को पूरा करने के लिए एक अमेरिकी दानदाता ने 40 लाख पाउंड दान में दिए हैं।

वैज्ञानिकों की यह टीम ज्यादा उम्र की वजह से रेटिना में आए विकार से (मैक्यूलर डिजेनरेशन) अंधता का शिकार बने चंद मरीजों की आँखों की रोशनी लौटा भी चुकी है। खास बात यह है कि इसके लिए मरीजों की आँखों के सेहतमंद हिस्से से ही सेल्स लिये गए।

अनुमान है कि अकेले ब्रिटेन में ही 60 साल से ऊपर के 25 फीसदी लोग मैक्यूलर डिजेनरेशन का शिकार होते हैं। पूरे यूरोप में इसकी वजह से 1.40 करोड़ लोग अंधेपन की गिरफ्त में आ जाते हैं। यह बीमारी दो प्रकार की होती है—पहली होती है ड्राई। 90 फीसदी मामले इसी के होते हैं। वहीं वेट केस के 10 फीसदी मामले ही आते हैं। दोनों प्रकार की ये बीमारियाँ रेटिना के बीच में पाई जानेवाली सपोर्ट सेल्स, पिगमेंट एपीथीलियल सेल्स (आर.पी.ई.) में खराबी से होती हैं। इन

सेल्स का काम लाइट का प्रोसेस करना है, लेकिन इन कोशिकाओं में विकार की वजह से धीरे-धीरे इसमें प्रकाश किरणों का बिंब बनना कम होता जाता है और नतीजा दिखाई देना बंद हो जाता है।

अभी वेट टाइप बीमारी का ही इलाज है। लंदन में मूरफील्ड्स आई हॉस्पीटल के सर्जन लिंडन क्रूज ने इसी बीमारी के शिकार चंद लोगों की आँखों से स्वस्थ सेल्स लेकर विकारवाली जगहों पर ट्रांसप्लांट किया। ये ऑपरेशन सफल रहे। हालाँकि कुछ समस्याएँ आईं, लेकिन दो घंटे में दो और ऑपरेशन कर उन समस्याओं को भी दूर कर दिया।

ऑपरेशन की इस पूरी प्रक्रिया को आसान और जल्द पूरा करने व ज्यादा लोगों तक सुगमता से पहुँचाने के लिए शेफील्ड यूनिवर्सिटी के शोधकर्ताओं ने भ्रूण से लिये स्टेम सेल से आर.पी.ई. सेल्स उगाए हैं। उम्मीद है कि इससे आर. पी.ई. सेल्स की पूरी लेयर तैयार कर उन्हें मरीज की आँखों में इंजेक्ट किया जा सकेगा। इस पूरे ऑपरेशन में 45 मिनट लगेंगे। इस बीमारी के शिकार चूहों पर लैब में पैदा किए आर.पी.ई. सेल्स का टेस्ट कामयाब रहा है और उन चूहों की आँखों की रोशनी लौट आई। इस प्रोजेक्ट के डाइरेक्टर पीट कॉकी का कहना है कि यह सुनिश्चित करने के लिए कि इनसानों में भी यह टेस्ट पूरी तरह कामयाब रहेगा, कुछ वक्त लगेगा। लेकिन दस साल में 436 मिलीमीटर का यह सेल्स ट्रांसप्लांट अगर वैश्विक स्तर पर सफल नहीं रहा तो फिर इस रिसर्च को नाकाम ही माना जाएगा।

एक इंजेक्शन दूर कर देगा व्यक्ति का अंधापन

वैज्ञानिकों ने नेत्रहीनों की दुनिया में उम्मीद की नई किरण जगाते हुए एक ऐसा इंजेक्शन ईजाद करने का दावा किया है, जो अंधेपन को रोकने में मददगार साबित हो सकता है। अनुमान के अनुसार दुनिया भर में करीब चार करोड़ लोग नेत्रहीनता से ग्रस्त हैं।

ब्रिटेन के यार्कशायर नेत्र अस्पताल के नेतृत्व में एक अंतरराष्ट्रीय दल के हाथ लगी है एक महत्त्वपूर्ण सफलता। उन्होंने ऐसा स्टेरॉयड तैयार किया है, जो अंधेपन और इससे संबंधित बीमारी को रोकने के लिए रेटिना के पास एंटी इनफ्लेमेट्री दवा छोड़ता है। इस इंजेक्शन की कीमत दो हजार पौंड है।

ब्रिटिश अखबार 'संडे एक्सप्रेस' की रिपोर्ट के अनुसार, इसके जरिए नसों में किसी प्रकार की रुकावट के कारण अचानक कम होने वाली आँखों की रोशनी को रोका जा सकता है। इसके अलावा डायबिटीज और बढ़ती उम्र से संबंधित

समस्याओं के कारण होने वाले अंधेपन को भी दूर किया जा सकता है।

अस्पताल के एक विशेषज्ञ डॉ. रफीक रहमान का कहना है—यह बहुत ही कारगर इलाज है। नजर से संबंधित कई समस्याओं के निदान के लिए इसका इस्तेमाल किया जा सकता है।

बावन वर्षीय कैरोल जॉनी इस इलाज द्वारा आँखों की रोशनी वापस पानेवाले संभवत: पहले व्यक्ति हैं। उनकी दाईं आँख का इस इंजेक्शन से इलाज किया गया।

उन्होंने बताया, इंजेक्शन लगवाने के एक हफ्ते बाद ही मेरी आँख की रोशनी में सुधार आने लगा। इसने मुझे नई जिंदगी दी। विशेषज्ञों ने भी इस इंजेक्शन की सराहना करते हुए एक सुरक्षित उपचार बताया है। ब्रिटेन के 'रॉयल इंस्टीट्यूट ऑफ ब्लाइंड पीपुल' ने भी इसका स्वागत करते हुए कहा, 'अंधेपन के इलाज में यह एक बड़ी सफलता है।'

नेत्रहीनों की मददगार गूगल कार

नेत्रहीनों का कार चलाना अभी तक असंभव ही माना जाता था; हालाँकि ऐसी कुछ तकनीकें खोजी गईं, जो ड्राइविंग में नेत्रहीनों की मदद कर सकती हैं, लेकिन समझने के लिहाज से बेहद दुष्कर हैं। ऐसे में गूगल ने अपनी नई सेल्फ ड्राइविंग कार पेश की है, जिसके जरिए नेत्रहीनों के लिए ड्राइविंग काफी आसान मानीं जा रही है।

गूगल का दावा है कि उसकी यह कार तकनीकी रूप से इतनी समृद्ध होगी कि यह मनुष्य द्वारा कार ड्राइविंग के लगभग सभी कार्यों को संपन्न कर सकेगी और वह भी पूर्ण नियंत्रण के साथ। दिलचस्प है कि गूगल इस प्रोजेक्ट पर विगत कुछ वर्षों से कार्य कर रही थी, लेकिन इसका आधिकारिक खुलासा इसने अक्तूबर 2010 में किया।

जानकारों का मानना है कि यदि गूगल यह कार लाने में सफल रहती है तो यह बड़ी क्रांतिकारी खोज होगी।

कार परीक्षण के क्रम में गूगल ने हाल ही में एक वीडियो जारी किया है, जिसमें स्टीव महन, जो 95 फीसदी तक नेत्रहीन हैं, कार को अपनी डेली रुटीन में प्रयोग करते हैं। इस कार का पेटेंट भी कराया गया है। इस कार में कैमरों के अलावा राडार और लेजर्स का प्रयोग किया गया है। हालाँकि इस वीडियो में कार ड्राइविंग के दौरान कार को पूर्व में ही क्रमादेशित कर आवागमन के रास्ते के निर्देश दे दिए थे, लेकिन जानकारों के अनुसार गूगल जल्द इसका पूर्ण परीक्षण करेगा।

नेत्रहीनों के लिए चश्मा

जापान के सबसे बड़े मोबाइल ऑपरेटर एन.टी.टी. ने नेत्रहीनों और कमजोर नजरवालों के लिए खास चश्मा बनाया है। इस चश्मे को पहनकर व्यक्ति को अपने इर्द-गिर्द की जगह की सारी जानकारी मिल सकती है।

नजर से अक्षम लोगों को आसरा देनेवाली यह प्रणाली वाई-फाई इंटरनेट कनेक्शन का और क्लाउड कैलकुलेशन विधि का उपयोग करती है। चश्मे पर सूक्ष्म कैमरे लगे हुए हैं, जो तसवीर खींचते जाते हैं और उसे विशेष सर्वर पर भेजते जाते हैं। वहाँ उसका विश्लेषण होता है और फिर चश्मा अपने मालिक को आवश्यक सूचना बोलकर बताता है। उदाहरण के लिए, यह प्रणाली रास्ता बता सकती है, साइन बोर्ड पर क्या लिखा है, यह पढ़कर बता सकती है। रास्ते में अगर कोई बाधा है, जैसे कि आगे सीढ़ी है तो इसकी खबर भी चश्मा देता है। इस प्रणाली का उपयोग करने के लिए चश्मा पहने व्यक्ति को बस उधर सिर घुमाना होगा, जिस दिशा में उसकी दिलचस्पी है। कुछ बरसों में ही यह चश्मा बाजार में आ जाएगा।

नेत्रहीनों के लिए बायोनिक आँख

अब नेत्रहीन भी देख सकेंगे। वैज्ञानिकों ने नेत्रहीनों के लिए बायोनिक आँख बनाने में सफलता हासिल कर ली है।

वैज्ञानिकों का कहना है कि ये बायोनिक आँख तक मानवीय परीक्षण के लिए तैयार हो जाएगी। शोधकर्ताओं के अनुसार, बायोनिक आँख का प्रत्यारोपण उन लोगों के लिए कारगर होगा, जो गंभीर चोट लगने के बाद या ट्यूमर की वजह से अपनी देखने की शक्ति खो देते हैं।

इसके अलावा यह बायोनिक आँख उन लोगों के लिए भी मददगार होगी, जिनकी ग्लूकोमा या रेटिना में खराबी के कारण आँख की रोशनी चली जाती है।

छात्र ने नेत्रहीनों के लिए बनाई विशेष छड़ी

दिल्ली में बारहवीं के छात्र शांतनु गंगवार ने नेत्रहीनों के लिए एक विशेष छड़ी बनाई है, जिससे उन्हें आगे किसी भी बाधा के बारे में एक फीट पहले से ही जानकारी मिल जाएगी। वैज्ञानिक एवं औद्योगिक अनुसंधान परिषद् (सी.एस.आई. आर.) ने इसके लिए छात्र को 'डायमंड जुबली इन्वेंशन अवार्ड' से सम्मानित किया है। यह अवार्ड शोध के क्षेत्र में बेहतरीन काम करनेवाले स्कूली बच्चों को विज्ञान एवं तकनीक मंत्रालय की ओर से दिया जाता है।

शांतनु द्वारा नेत्रहीनों के लिए बनाई गई विशेष छड़ी की कीमत 800 रुपए है। इसकी प्रेरणा उसे अपने स्कूल में नेत्रहीन छात्रों से मिली। उसने पत्रकारों को बताया—"मुझे यह देखकर बुरा लगता था कि दृष्टिहीन छात्र दीवार या फर्नीचर से टकरा जाते थे। ऐसे में मैंने एक ऐसी छड़ी बनाने के बारे में सोचा, जिससे उन्हें सामने की बाधाओं की जानकारी पहले ही मिल जाए।"

इस छड़ी में इंफ्रा रेड सेंसर लगे हैं। सेंसर एक मोटर से जुड़े हैं। जब इंफ्रा रेड किरणें परावर्तित होती हैं तो छड़ी हिलने लगती है और सामने किसी बाधा के बारे में जानकारी देती है। इस उपकरण को पुरानी छड़ी में भी लगाया जा सकता है।

नेत्रहीनों के लिए फोन

इंटेक्स टेक्नोलॉजी ने नेशनल एसोसिएशन के साथ मिलकर नेत्रहीनों के लिए एक खास मोबाइल फोन डिजाइन किया है। यह इंटेक्स स्मार्ट मोबाइल फोन विजन डुअल सिम वाला है, जिसमें दो जी.एस.एम. सिम लग सकते हैं। इसमें ब्रेल की-पैड लगाए गए हैं, जिससे नेत्रहीन लोगों को की-पैड पहचानने में आसानी हो। इस स्मार्ट फोन में टॉकिंग की-पैड भी है, जो डिजिट्स को अंग्रेजी में बोलता है। खास फीचर यह है कि इसमें चार नंबरों को सेव करने और सिर्फ एस.ओ.एस. बटन पुश करके कॉल की सुविधा दी गई है।

एस.ओ.एस. बटन मोबाइल फोन के पीछेवाले हिस्से में दिया गया है। इसे दबाने से सबसे पहले फीड किए गए इमर्जेंसी नंबर पर कॉल लग जाएगी। इंटेक्ट टेक्नोलॉजी के प्रवक्ता ने कहा है कि आसान और किफायती तकनीक के जरिए नेत्रहीनों का जीवन स्तर बेहतर बनाने का प्रयत्न किया गया है। इंटेक्स विजन मोबाइल वायरलेस एफ.एम. रेडियो, ऑडियो प्लेयर, ऑटो कॉल रिकॉर्ड, मोबाइल ट्रेकर एवं फ्लैश लाइट जैसे फीचर्स से लैस है। इस फोन की मेमोरी 2 जी.बी. तक एक्सपेंडेबल है, जो ऐसे विद्यार्थियों की पढ़ाई आसान बनाती है, जिन्हें शैक्षणिक सामग्री की जरूरत होती है।

इस फोन की कीमत लगभग 2900 रुपए है।

चीन में नेत्रहीनों के लिए डिजिटल पुस्तकालय

चीन की राजधानी बीजिंग में एक डिजिटल पुस्तकालय खोला गया है, जहाँ नेत्रहीन लोग मुफ्त ऑनलाइन व्याख्यान सुनने के साथ ही गीत भी सुन सकते हैं।

राष्ट्रीय पुस्तकालय में इस विभाग की स्थापना चीन के विकलांग लोगों के

संघ, नेशनल लाइब्रेरी और चीन के ब्रेल प्रकाशन गृह ने संयुक्त रूप से की है।

इस पुस्तकालय में 200 इलेट्रॉनिक पुस्तकें, 500 ऑडियो और 500 वीडियो कार्यक्रम उपलब्ध हैं। इसमें प्राचीन चीनी संस्कृति, दवाओं, साहित्य और दैनिक जीवन से संबंधित सामग्री है। इसमें से कुछ सामग्री नेत्रहीनों के अनुरोध पर उपलब्ध कराई गई है।

नेत्रहीनों तक पहुँचाया इंटरनेट

विश्व भर के तीन करोड़ अस्सी लाख नेत्रहीन लोगों में से एक प्रतिशत से भी कम के पास स्क्रीन रीडर है। यह सॉफ्टवेयर कार्यक्रम कंप्यूटर स्क्रीन पर प्रदर्शित सामग्री को जोर से पढ़ देता है।

जिनके पास यह सॉफ्टवेयर है, उनको भी अपने कंप्यूटर से दूर होने पर अकसर इंटरनेट का उपयोग करना पड़ता है। अब तक किसी सार्वजनिक पुस्तकालय, इंटरनेट कैफे या किसी दोस्त के लैपटॉप पर ऐसी सस्ती और आसानी से उपलब्ध होनेवाली कोई चीज नहीं थी।

मई, 2008 में माइक्रोसॉफ्ट ने अपना पहला 'एक्सेसिबल टेक्नोलॉजी एचीवमेंट' अवार्ड यूनिवर्सिटी ऑफ वाशिंगटन में कंप्यूटर विज्ञान में डॉक्टरल उपाधि के 27 वर्षीय शोध छात्र जेफरी बिघम को इंटरनेट पृष्ठ पर मौजूद सामग्री को पढ़कर अपने आप बोलनेवाले सॉफ्टवेयर 'वेब एनीह्वेयर' के लिए प्रदान किया। इस सॉफ्टवेयर में नेत्रहीन लोग किसी भी कंप्यूटर पर इंटरनेट का उपयोग कर सकते हैं।

बिघम को 'वेब एनीह्वेयर' तैयार करने की प्रेरणा उनके ही शब्दों में इस बात से मिली कि हमारे जीवन में इंटरनेट का उपयोग अधिक-से-अधिक महत्त्वपूर्ण होता जा रहा है। मानव और कंप्यूटर के आपसी रिश्तों और विशेष रूप से वेब उपयोग के शोधार्थी के रूप में वह यह जानने का प्रयास कर रहे थे कि समुदाय आधारित विषयवस्तु और वेब पृष्ठों के जरिए वेब तक अधिक आसानी से कैसे पहुँचा जाए। 'वेब एनीह्वेयर' से यह संभव हो गया।

बिघम कहते हैं, ''लोग इस बात पर चर्चा करते हैं कि इ-मेल, वर्ड प्रोसेसर तथा स्प्रेडशीट का इस्तेमाल डेस्कटॉप की जगह इंटरनेट पर पहुँच रहा है। मैंने सोचा, यही काम स्वयं बोलने यानी सेल्फ वॉयसिंग वेब ब्राउजर तथा स्क्रीन रीडर जैसी एक्सेस टेक्नोलॉजी क्यों नहीं कर सकतीं ?''

बिघम 'वेब एनीह्वेयर' को खुले स्रोत के रूप में मुफ्त उपलब्ध करा रहे हैं। इसका अधिकांश सिस्टमों पर आसानी से उपयोग किया जा सकता है, यहाँ तक

कि सार्वजनिक टर्मिनलों पर भी। अपेक्षाकृत धीमे कनेक्शनों पर भी इससे तुरंत वेब ब्राउजिंग कर सकते हैं।

इसका सिस्टम जावा लिपि में लिखा गया है, जिसे सर्वर से डाउनलोड किया जा सकता है। इस कारण इसे फायरफॉक्स, इंटरनेट एक्सप्लोरर तथा सफारी जैसे अधिकांश ब्राउजरों पर चलाया जा सकता है। वेब एनीह्वेयर सर्च इंजन के रूप में काम कर सकता है या 'वेब एनीह्वेयर' की समस्त पाठ्य-सामग्री को बोलकर पढ़ सकता है। यह उपयोग करनेवाले की पिछली पसंद का भी ध्यान रखता है। बिघम के सिस्टम का लाभ उन लोगों को भी मिल सकता है, जो दृष्टि बाधा से पीड़ित हैं अथवा जिन्हें पढ़ने-पढ़ाने में समस्याएँ सामने आती हैं। बिघम इस सिस्टम में कुछ और खूबियाँ जोड़ना चाहते हैं और यह सुनिश्चित करना चाहते हैं कि बिल्ट-इन-वेब एक्सेस के साथ सेलफोन तथा अन्य प्रकार के मोबाइल उपकरणों पर भी 'वेब एनीह्वेयर' को ऑपरेट किया जा सके।

इसको डिजाइन करते समय जिन नेत्रहीन लोगों ने 'वेब एनीह्वेयर' का मूल्यांकन किया, उन्होंने इससे अपनी जरूरत के काम पूरे कर लिये, जैसे— इ-मेल देखना, बस की समय-सारणी देखना और रेस्तराँ के फोन नंबर का पता लगाना। फिलहाल इस सॉफ्टवेयर का अल्फा वर्जन सामान्य उपयोग के लिए उपलब्ध है, जिसमें समस्त खूबियाँ अभी नहीं हैं।

बिघम का कहना है, ''यह परीक्षण में खरा उतरा है। हमारी साइट को बड़ी संख्या में लोगों ने देखा और हमें फीडबैक दिया। इस तरह कोई बड़ी समस्या अभी हमारे सामने नहीं आई है। इसकी खासियत यह है कि इस पर नया संस्करण आसानी से डाला और वितरित किया जा सकता है। ऐसा करने के लिए हम बस साइट को अपडेट कर देते हैं।''

वेब एनीह्वेयर में स्क्रीन रीडर इंटरफेस है, जो पाठ्यसामग्री को आवाज में बदलकर अंग्रेजी में पढ़ता है। यह सॉफ्टवेयर वेब पेज की पाठ्यसामग्री को यूनिवर्सिटी ऑफ वाशिंगटन के सर्वर पर प्रोसेस करता है और फिर ऑडियो फाइल उपयोग करने वाले यानी यूजर के वेब ब्राउजर को भेज देता है, फिर वह चाहे फायरफॉक्स हो या इंटरनेट एक्सप्लोरर, सफारी या कोई और ब्राउजर हो।

'वेब एनीह्वेयर' एक मुफ्त और मुफ्त स्रोत वाला सॉफ्टवेयर है, इसलिए इसको सुधारने या इसमें नई खूबियाँ जोड़ने में कोई भी मदद कर सकता है। 'वेब एनीह्वेयर' फिलहाल अंग्रेजी में काम करता है, लेकिन बिघम का कहना है कि स्थानीय सर्वरों के आधार पर अन्य भाषाओं में भी इसके संस्करण तैयार किए जा

सकते हैं। उनका कहना है, ''फिलहाल किसी भारतीय भाषा में 'वेब एनीव्हेयर' उपलब्ध नहीं है, लेकिन हम चाहेंगे कि इसके अन्य भाषाओं में इस्तेमाल पर कोई काम करे, विशेषकर हिंदी, क्योंकि हमने देखा है कि भारतीय भाषाओं में न होने के बावजूद भारत से बहुत से लोग इस तक पहुँच रहे हैं।''

बिघम का कहना है कि उन्हें इस सॉफ्टवेयर का उपयोग करनेवालों की सकारात्मक टिप्पणियाँ मिल रही हैं। ''आप जब लोगों को किसी भी कंप्यूटर के जरिए नॉन-विजुअल एक्सेस के बारे में बताते हैं और वह भी मुक्तस्रोत के तथा जो मुफ्त हैं तो वे सुनकर रोमांचित हो उठते हैं।''

'वेब एनीव्हेयर' को अमेरिका के नेशनल साइंस फाउंडेशन ने आर्थिक सहायता दी है। उसे बोइंग कंपनी की सहायता भी प्राप्त है।

नेत्रहीनों के लिए ब्रेल लाइब्रेरी

मुंबई के बांद्रा में नेत्रहीन लोगों के लिए ब्रेल लाइब्रेरी की शुरुआत की गई है। इस खास पुस्तकालय में दुनिया की 10 भाषाओं में बारह हजार पुस्तकें होंगी। नेत्रहीन लोग अब महज एक क्लिक के जरिए बहुभाषीय शैक्षणिक पुस्तकों का फायदा उठा सकेंगे और ज्ञान के समुद्र में गोता लगा सकेंगे।

'नेशनल इंस्टीट्यूट फॉर हैंडिकेप्ट' के प्रवक्ता का कहना है कि इस पुस्तकालय में दस विभिन्न भाषाओं की करीब बारह हजार किताबों को यूजर फ्रेंडली फॉरमेट में उपलब्ध कराया गया है। यह सुविधा नेत्रहीन लोगों के लिए शिक्षा को और आसान बनाएगी।

नेत्रहीनों के लिए आईट्यून बना आसान

अधिकतर किशोर अपने डिजिटल म्यूजिक पर संगीत सुन लेते हैं, लेकिन नेत्रहीन कॉरी कैडलिक को आईट्यून से अपने आईपॉड के गाने चुनने के लिए दूसरों की मदद लेनी पड़ती है।

कैडलिक अपने आईपॉड को चिढ़ और गुस्से के मारे बेचने ही जा रहे थे कि मैसाच्युसेट्स की महाधिवक्ता मार्था कोकली ने एपल के साथ एक करार किया, जिसके तहत एक सॉफ्टवेयर के जरिए आईट्यून को सभी के इस्तेमाल योग्य बनाया जाएगा, जिससे नेत्रहीन भी इंटरनेट पर पढ़ सकते हैं।

वाटर टाउन के पर्किंस स्कूल फॉर ब्लाइंड में आयोजित एक संवाददाता सम्मेलन में राष्ट्रीय नेत्रहीन संघ के टोनी ओलीवरो ने इस तकनीक का प्रदर्शन

किया। ओलीवरो जहाँ-जहाँ माउस का पॉइंटर घुमा रहे थे, एक आवाज के अनुरूप आईट्यून्स द्वारा दी जानेवाली फाइल, फिल्म, गाने और टी.वी. टाइटल की सुविधाओं तक आसानी से पहुँच रहे थे।

कैडलिक ने इस तकनीक का इस्तेमाल कर आसानी से आईट्यून्स से अपने पसंदीदा गाने को डाउनलोड कर लिया।

नेत्रहीनों के लिए साइबर कैफे

नेत्रहीनों के लिए कंप्यूटर और इंटरनेट की दुनिया में आशा की नई किरण नजर आई है। नेत्रहीनों को कंप्यूटर और इंटरनेट की दुनिया से जोड़ने के लिए दिल्ली में एक गैर-सरकारी संस्था राष्ट्रीय दृष्टिहीन कल्याण संघ ने माइक्रोसॉफ्ट इंडिया के सहयोग से नेत्रहीनों के लिए साइबर कैफे खोला है।

इस कैफे में नेत्रहीन न केवल जानकारी और मनोरंजन के लिए आते हैं, बल्कि यहाँ उन्हें कंप्यूटर की शिक्षा भी दी जाती है।

नेत्रहीनों के लिए ए.टी.एम.

भारत के सबसे बड़े निजी क्षेत्र के एच.डी.एफ.सी. बैंक ने अपनी सभी ए.टी.एम. मशीनों को नेत्रहीनों के अनुकूल बनाने का फैसला किया है। देशभर में ए.टी.एम. मशीनों के नंबर ब्रेल लिपि के अनुरूप बनाए जाएँगे।

पहले चरण में डी. बोल्ड ए.टी.एम. मशीनों के नंबरों को नेत्रहीनों के अनुकूल बनाया जाएगा। ये मशीनें विशेष तौर पर भारतीय परिस्थितियों को ध्यान में रखकर तैयारी की गई हैं।

नेत्रहीनों के लिए ऑडियो लाइब्रेरी

जिंदगी में वैसे ही बहुत सी कठिनाइयाँ होती हैं और अगर कोई नेत्रहीन हो तो कठिनाइयाँ कई गुना बढ़ जाती हैं। खासकर पाकिस्तान जैसे विकासशील देश में जहाँ नेत्रहीनों के लिए शिक्षा प्राप्त करने के बहुत कम साधन है।

कुछ बरस पहले पाकिस्तान की एक गैर-सरकारी संस्था 'पाकिस्तान फाइटिंग फाउंडेशन' ने इस्लामाबाद में एक ऑडियो लाइब्रेरी की बुनियाद रखी। इस लाइब्रेरी ने नेत्रहीनों की परेशानियाँ दूर करने के लिए किताबों को आवाज के रूप में सुरक्षित रखने का काम शुरू किया। आज यह नेत्रहीनों के लिए पाकिस्तान की सबसे बड़ी ऑडियो लाइब्रेरी बन गई है।

इस लाइब्रेरी की प्रोजेक्ट डायरेक्टर सायमा अम्मार का कहना है—''आज इस लाइब्रेरी में एक हजार से ज्यादा किताबें ऑडियो कैसेट की शक्ल में तैयार हैं। क्योंकि मैं खुद भी नेत्रहीन हूँ, इसलिए विभिन्न आवाजों को मिलाकर रिकॉर्डिंग इस तरह कराई है कि ये किताबें बोलती हुई फिल्मों की तरह लगती हैं।''

आज 2300 से ज्यादा नेत्रहीन विद्यार्थी इसका फायदा उठा रहे हैं। इस लाइब्रेरी में पाँचवीं कक्षा से लेकर बी.ए. तक के पाठ्यक्रम की किताबें ऑडियो कैसेटों में सुरक्षित हैं। पाठ्यक्रम की किताबों के अलावा फिरदौस, उमराव जान अदा और बानू कुदसिया का राजा गिद्ध जैसे क्लासिक उपन्यास और पाकिस्तान के प्रसिद्ध शायरों की चुनिंदा शायरी की रिकॉर्डिंग भी इस लाइब्रेरी में मौजूद है।

इस लाइब्रेरी का फायदा उठानेवालों में एम.ए. में पढ़ रहे तलाल भी हैं। उनका कहना है कि मैट्रिक तक की किताबें तो ब्रेल लिपि में मिल जाती हैं, लेकिन उसके बाद एकमात्र जरिया है ऑडियो लाइब्रेरी। यहाँ कोई किताब उपलब्ध न हो तो वह हमारे लिए रिकॉर्ड करा दी जाती है। उदाहरण के लिए, अरबी की एक किताब यहाँ नहीं थी तो वह हमारे लिए रिकॉर्ड करा दी गई। इस तरह से हमारी हौसला अफजाई की गई।

सायमा अम्मार का कहना है कि अब वह पाठ्यक्रम की पुस्तकों के साथ ही प्रोफेशनल शिक्षा की किताबों को भी इस लाइब्रेरी में शामिल करने की कोशिश करेंगी।

इस लाइब्रेरी में मौजूद तमाम किताबें पाकिस्तान रेडियो और टेलीविजन से जुड़े एंकरों के बिना कोई फीस लिये अपनी आवाजों में रिकॉर्ड करवाई है, जिनमें खालिद हमीद, सूफिया शाहिद और शाइस्ता जैदी जैसे नाम शामिल हैं।

पाकिस्तान रेडियो से जुड़ी फरहा नाज इस लाइब्रेरी में रिकॉर्डिंग करवा रही हैं। फरहा नाज का कहना है—मैंने सायमा का इंटरव्यू टी.वी. पर सुना था। उसी दिन से मेरे दिल में खयाल पैदा हुआ कि शायद मैं भी आवाज के जरिए किसी की जिंदगी में रोशनी पैदा कर सकती हूँ।

पाकिस्तान जैसे देश में इस ऑडियो लाइब्रेरी ने बहुत से नेत्रहीनों के लिए न सिर्फ बुनियादी शिक्षा को आसान बना दिया है, बल्कि नेत्रहीनों को जिंदगी के कठिन रास्ते पर कामयाबी के साथ चलाने में भी यह लाइब्रेरी बेहद मददगार साबित हो रही है।

दृष्टिहीनों का सहारा भी है आईपैड

ब्रिटिश वैज्ञानिकों के अनुसार, आईपैड का प्रयोग कमजोर दृष्टिवाले बच्चों को पढ़ना-लिखना सिखाने में किया जा सकता है।

कंसास विश्वविद्यालय के एक दल ने 'कार्टिकल विजुएल इंपेयरमेंट' (सी.वी.आई.) से पीड़ित बच्चों के समूह को टैबलेट दिया। इस बीमारी से पीड़ित मूलतः दृष्टिहीन होते हैं।

अध्ययन दल के नेता मुरियल सांडर्स ने कहा, "जो बच्चे लोगों को देख नहीं सकते थे, किसी वस्तु की प्रतिक्रिया नहीं कर सकते थे या बार-बार दोहराने पर प्रतिक्रिया देते थे, वे आईपैड से पूरी तरह तल्लीन थे। यह अद्‌भुत अनुभव था।"

समाचार-पत्र 'डेली मेल' की रपट के अनुसार, सी.वी.आई. पीड़ित बच्चों के साथ काम कर चुके सांडर्स ने बताया कि इन बच्चों के माता-पिता इनके लिए थेरैपिस्ट के साथ लाइट बॉक्स का प्रयोग करते हैं।

सी.वी.आई. पीड़ित बच्चे तेज प्रकाश में वस्तुओं को पहचान सकते हैं। चमकीली स्क्रीन के साथ आई पैड लाइट बॉक्स की तरह होता है, लेकिन अपनी आवाज, रंग आदि गुणों के कारण यह सी.वी.आई. पीड़ित बच्चों को अपने साथ जोड़े रखता है।

नेत्रहीनों के लिए रिलायंस दृष्टि अखबार

भारत में नेत्रहीन व्यक्तियों के लिए ब्रेल लिपि में छपा एक हिंदी का पहला अखबार शुरू किया गया है। इस अखबार का नाम 'रिलायंस दृष्टि' है। यह अखबार पाक्षिक होगा। इसकी पहली प्रति मुंबई के कमला मेहता अंध विद्यालय में जारी की गई है। रिलायंस दृष्टि महीने के पहले और तीसरे मंगलवार को प्रकाशित होगी। इसे देश में नेत्रहीनों के लिए काम करनेवाली 325 संस्थाओं में निःशुल्क बाँटा जाएगा।

यह अखबार रिलायंस फाउंडेशन की ओर से निकाला जा रहा है, जो उद्योगपति मुकेश अंबानी की रिलायंस इंडस्ट्रीज लिमिटेड की परोपकारी संस्था है। रिलायंस दृष्टि का संपादन स्वागत धोराट कर रहे हैं, जो एक पाक्षिक मराठी पत्र के संस्थापक भी हैं। वर्तमान दौर में सूचनाओं के महत्त्व के कारण समाज के एक वंचित तबके के लिए ऐसे एक अखबार की बहुत आवश्यकता थी, जो रिलायंस ने पूरी कर दी।

नेत्रहीनों के लिए टी.वी. और कंप्यूटर

नेत्रहीन लोगों के लिए वैज्ञानिकों ने ऐसी डिवाइस बनाई है, जिससे वे न

केवल चेहरों को देख सकते है, बल्कि इंटरनेट और टेलीविजन का आनंद भी ले सकते हैं। इस डिवाइस को 'मेसाच्युसेट्स इंस्टीट्यूट ऑफ टेक्नोलॉजी सेंटर फॉर एडवांस विजुअल स्टडीज' की सीनियर फेलो एलिजाबेथ गोल्डरिंग और उनके सहयोगियों ने विकसित किया है।

बीस साल की मेहनत के बाद बनी इस 'सीइंग मशीन' की कीमत दो लाख रुपए है। एलिजाबेथ का कहना है कि कुछ ही समय में हम इसे सस्ती कीमत पर उपलब्ध करवा पाएँगे, फिर भी 'सीइंग मशीन' की कीमत 25 हजार रुपए तक हो सकती है।

ताज्जुब की बात है कि एलिजाबेथ गोल्डरिंग खुद भी दृष्टिहीन हैं, मगर उनकी मेहनत 'सीइंग मशीन' के रूप में रंग लाई है। इस मशीन को वीडियो कैमरा, डेस्कटॉप कंप्यूटर जैसे विजुअल सोर्स से कनेक्ट किया जा सकता है। इसमें एक डिजिटल कैमरा लगा है। इससे विजुअल्स नेत्रहीनों को दृश्य दिखने लगते हैं। गोल्डरिंग ने अपने अंधेपन को दूर करने के लिए स्कैनिंग लेजा ऑपथैल्मोस्कोप मशीन की मदद ली, ताकि वे चीजों को देख सकें, पढ़ सकें। इस मशीन की कीमत बहुत अधिक होने की वजह से उन्होंने ऐसी मशीन बनाने की ठानी, जो व्यावहारिक और किफायती हो।

दृष्टिहीनों के लिए वेबसाइट

सोशल नेटवर्किंग वेबसाइट पर मस्ती करना अब उन लोगों के लिए आसान हो गया है, जो अपनी नजरों से दुनिया को नहीं देख सकते। 'इनक्लूसिव प्लानेट' नाम से शुरू यह वेबसाइट अन्य सोशल नेटवर्किंग वेबसाइटों की तरह है। इसे नेत्रहीन लोगों को ध्यान में रखकर तैयार किया गया है।

इस वेबासाइट पर ब्लॉग या कंटेंट तैयार किए जा सकेंगे। यूजर अपने फाइल, बुक्स, आर्टिकल्स या गाने भी शेयर कर सकते हैं। इसके अलावा वे प्रोफाइल तैयार कर सकते हैं, पुराने दोस्तों को ढूँढ़ सकते हैं और कमेंट्स पोस्ट कर सकते हैं। इसमें प्रोफाइल के लिए अलग सेक्शन है। वेबसाइट को तैयार करने में जुटे लोग वीडियो अपलोड करने और तस्वीरें शेयर करने की सुविधा उपलब्ध कराने पर भी विचार कर रहे हैं।

नेत्रहीन लोगों को 'टेक्स्ट टू स्पीच' सॉफ्टवेयर इस्तेमाल करने की जरूरत होगी। यह सॉफ्टवेयर वेबसाइट पर उपलब्ध कंटेंट को पढ़ सकेगा। इस वेबसाइट पर ब्राउजिंग की बेहतर सुविधा होगी।

इनक्लूसिव प्लानेट के मार्केटिंग हेड साइमन जैकब का कहना है, "सामान्य तौर पर वेबसाइटों को दृष्टिवाले लोगों को ध्यान में रखकर तैयार किया जाता है। इनमें नेत्रहीनों के लिए कुछ सुविधाएँ जोड़ दी जाती हैं, लेकिन यह वेबसाइट खासतौर पर नेत्रहीनों के लिए ही तैयार की गई है। इसमें सामान्य लोगों के लिए कुछ सुविधाएँ हैं।"

नेत्रहीनों को ठोकरों और टकराने से बचाएगा जूता

लंदन में भारतीय मूल के एक वैज्ञानिक ने नेत्रहीनों की मदद के लिए एक ऐसा जूता तैयार किया है, जो उनको ठोकर लगने से या किसी चीज से टकराने से बचाएगा। इस जूते को पहनने के बाद नेत्रहीनों को किसी व्यक्ति या सहारे या लाठी की भी जरूरत नहीं होगी।

नेत्रहीनों के सामने अचानक सड़क पर किसी वस्तु या आदमी के आ जाने से जूता वाइब्रेट होने लगेगा। जैसे-जैसे कोई अड़चन उसके नजदीक आएगी जूता उतना ही वाइब्रेट होगा। इस जूते को किसी भी पैर में पहना जा सकता है, क्योंकि इसे दोनों पैरों में पहनने लायक बनाया गया है।

दृष्टिहीनों की छड़ी में जी.पी.एस.

ब्रिटेन में दृष्टिहीनों को राह दिखानेवाली छड़ी को जी.पी.एस. से लैस किया गया है। विजुअली इंपेयर्ड असिस्टेंट (बी.आई.ए.) नामक इस उपकरण को नोआम क्लॉपर नाम के तकनीशियन ने डिजाइन किया है। उन्होंने दृष्टिहीनों की छड़ी में चार मिनी कैमरे और ग्लोबल पोजिशनिंग सिस्टम (जी.पी.एस.) से लैस रिसीवर लगाया है।

दृष्टिहीनों को यह रिसीवर अपने हाथ में पहनना पड़ता है। छड़ी में लगे कैमरे राह में आनेवाली बाधाओं पर नजर रखते हैं। इन्हें एक स्पीकर से जोड़ा गया है, जो व्यक्ति के कान में लगा रहेगा। कैमरे रास्ते की बाधाओं के बारे में दृष्टिहीन को बताएँगे और दृष्टिहीन को सिर्फ अपने गंतव्य के बारे में उपकरण को बताना होगा। इसकी बैटरी को वायरलैस तकनीक से चार्ज किया जा सकता है।

दृष्टिहीनों के लिए वरदान 'जीन थेरेपी'

शोधकर्ताओं ने प्रोटीन की कमी से होनेवाली दृष्टिहीनता दूर करने संबंधी एक शोध के द्वारा चूहों पर सफल परीक्षण करने में सफलता अर्जित की है। भविष्य में

यह शोध दृष्टिहीन लोगों के लिए वरदान साबित हो सकता है।

मेसाच्युसेट्स जनरल अस्पताल के सेल्युलर न्यूरोबायोलॉजी लैब के निदेशक रिचर्ड मास्लैंड ने कहा, ''इससे यह साबित होता है कि एक दिन हम रेटिनाइटिस पिगमेंटोसा और मैकुलर डिजेनरेशन के कारण दृष्टिहीन हुए लोगों को दोबारा दृष्टि प्रदान करने में सफल होंगे।''

उन्होंने कहा कि शोध के क्लीनिकल परीक्षण करने से पहले हमें कुछ और मुद्दों पर काम करना है तथा मुझे उम्मीद है कि एक दिन यह दृष्टिहीनों के लिए बहुत बड़ा सहारा बनेगा।

गौरतलब है कि मनुष्यों में अंधत्व का सबसे बड़ा कारण मेलनोरिसन नामक प्रोटीन की कमी है। शोधकर्ताओं ने एक जीन की मदद से चूहों के रेटिना में इस प्रोटीन का उत्पादन बढ़ाने में सफलता पाई है।

दुनिया का पहला दृष्टिहीन ट्रेडर

लंदन में रहनेवाले आशीष गोयल की दास्तान अमेरिकी राष्ट्रपति बराक ओबामा की पुस्तक 'उम्मीद की गुस्ताखी' (ऑडेसिटी ऑफ होप) की याद दिलाती है। राष्ट्रीय विकलांग सशक्तीकरण पुरस्कार से राष्ट्रपति के हाथों सम्मानित आशीष दृष्टिहीन होने के बावजूद एक नामी वित्तीय संस्थान में ट्रेडर हैं और इस बात में यकीन रखते हैं कि चुनौतियों और विपरीत परिस्थितियों से उबरने के लिए उम्मीद की एक किरण ही काफी होती है।

आशीष वर्तमान में जे.पी. मॉर्गन के लंदन स्थित मुख्य निवेश कार्यालय में पोर्टफोलियो प्रबंधक हैं। वह विश्व के पहले बैंक ट्रेडर हैं, जो दृष्टिहीन हैं।

दृष्टिहीन होने के बावजूद उन्होंने मुंबई के नारसी मोंजी कॉलेज से स्नातक और अमेरिका के द व्हार्टन स्कूल से एम.बी.ए. किया। आज वह विश्व के पहले दृष्टिहीन बैंक ट्रेडर बन गए हैं। उनके लिए विशेष तौर पर बने दो कंप्यूटर स्क्रीन हैं। वे स्क्रीन को पढ़ सकनेवाले एक उपकरण के जरिए अपने इ-मेल संदेश, शोध रिपोर्ट और प्रेजेंटेशन, सभी कुछ आसानी से पढ़ सकते हैं।

□

लुई ब्रेल : संक्षिप्त जीवनी

4 जनवरी, 1809 : फ्रांस के कुप्रे गाँव में जन्म।

1812 : तीन वर्षीय लुई खेलते समय दुर्घटना का शिकार हो गए और दृष्टिशक्ति खो बैठे।

1815 : पादरी पॉली कुप्रे पहुँचे और स्थानीय कैथोलिक चर्च के पुरोहित बने। छह वर्षीय लुई को पादरी पॉली धार्मिक शिक्षा प्रदान करने लगे।

1819 : दस वर्षीय लुई का दाखिला पेरिस स्थित 'रॉयल इंस्टीट्यूट फॉर ब्लाइंड यूथ' नामक विद्यालय में करवाया गया।

1821 : बारह वर्षीय लुई का परिचय सेना के लिए कैप्टन बार्बर की बनाई गई कूटलिपि से हुआ, जिसे सैनिक अँधेरे में भी पढ़ सकते थे। इस कूटलिपि के साथ प्रयोग करते हुए लुई ने बाद में छह उभरे बिंदुवाली अपनी लिपि का आविष्कार किया।

1824 : पंद्रह वर्षीय लुई ने विद्यालय के निदेशक डॉ. पिगनियर के समक्ष अपनी छह बिंदुओं वाली लिपि का प्रदर्शन किया।

1826 : लुई ने ग्रेजुएशन की शिक्षा पूरी की। सत्रह वर्षीय लुई को विद्यालय का शिक्षक नियुक्त किया गया।

1829 : बीस वर्षीय लुई ने अपनी लिपि के संबंध में पहली पुस्तक का प्रकाशन किया। उनकी खोजी गई लिपि को लोग 'ब्रेल' के नाम से पुकारने लगे थे।

1833 : चौबीस वर्षीय लुई को पेरिस के सेंट निकोलस चर्च का आधिकारिक ऑर्गनवादक बनाया गया।

1834 : लुई ने अपनी खोजी गई लिपि का 'पेरिस एक्सपोजीशन ऑफ इंडस्ट्री' के दौरान प्रदर्शन किया। फ्रांस के सम्राट् ने भी प्रदर्शन को देखा, मगर उसे आधिकारिक स्वीकृति नहीं दी।

1835 : लुई की तबीयत खराब हुई और डॉक्टरों ने जाँच के बाद बताया कि वे यक्ष्मा रोग से पीड़ित है।

1839 : तीस वर्षीय लुई ने 'राफीग्राफी' की खोज की। इस विधि की सहायता से किसी भी पाठ को नेत्रहीन व्यक्ति और देखने की क्षमता रखनेवाले व्यक्ति सहजतापूर्वक पढ़ सकते हैं।

6 जनवरी, 1852 : तैंतालीस वर्ष की छोटी सी उम्र में लुई का देहावसान।

□

संदर्भ-ग्रंथ

1. लुई ब्रेल : ए टच ऑफ जीनियस : सी.माइकल मेलर
2. लुई ब्रेल : मेडेलिन डोनाल्डसन, टेड बटलर
3. लुई ब्रेल : द ब्यॉय हू इनवेंटेड बुक्स फॉर ब्लाइंड : माग्रेट डेविडसन
4. आउट ऑफ डार्कनेट : द स्टोरी ऑफ लुई ब्रेल : रसेल फ्रीडमैन
5. लुई ब्रेल : द ब्लाइंड ब्यॉय हू वांटेड टू रीड : डेनीस बी फ्राडीन
6. लुई ब्रेल : ब्रिंगर ऑफ होप टू ब्लाइंड : पेट्रिसिया लेंटियर, बेवरली बिर्च
7. लुई ब्रेल : इनवेंटर : जेनीफर फिशर ब्रियांट
8. लुई ब्रेल : स्टीफन कीलर
9. लुई ब्रेल : 1809–1852 : जीन रॉबिन
10. लुई ब्रेल : नॉर्मन वीमर
11. द अर्ली लाइफ ऑफ लुई ब्रेल : लोला एच. जेनींग्स, कोलमैन ए जेनींग्स

□□□